Moment mal! 2

Evangelische Religion

Erarbeitet von
Carmen Große, Matthias Janke

Unter Mitwirkung von
Martina Hoffmeister, Bärbel Husmann,
Joachim Jeska, Dennis Kramer,
Christhard Löber, Annette Maschmeier,
Rainer Merkel, Kirsten Rabe,
Detlev Schneider, Martina Sewerin
und Rebekka Tannen

Berater:
Gebhard Böhm

Ernst Klett Verlag
Stuttgart · Leipzig · Dortmund

So lernst du mit „Moment mal!"

Das **Inhaltsverzeichnis** gibt dir einen Überblick über die verschiedenen Kapitel in „Moment mal!".
Die Kapitel kann man in beliebiger Reihenfolge bearbeiten. Sie sind in Doppelseiten unterteilt: Die linke und die rechte Buchseite gehören immer zusammen.

Alle Kapitel haben denselben Aufbau:

Einstiegsseite
Die erste Doppelseite informiert dich darüber, auf welchen Kenntnissen, die du schon mitbringst, das Kapitel aufbaut, und was du im Kapitel lernen kannst.
Außerdem sind die beiden Methoden genannt, die in diesem Kapitel hinzukommen. Wenn du das Kapitel bearbeitet hast, kannst du die Übersicht nutzen, um dich selbst zu überprüfen: Was habe ich gelernt, was kann ich gut (oder was kann ich noch nicht so gut)?

Einstiegsaufgabe und Kapitelseiten
Jedes Kapitel beginnt mit einer Situationsbeschreibung, die eine gewisse Herausforderung darstellt. Deshalb ist sie mit einer Aufgabe verbunden. Vollständig musst du diese Aufgabe erst am Ende des Kapitels bearbeiten können. Denn du brauchst dazu in der Regel Kenntnisse, die du wahrscheinlich noch nicht hast. Dazu helfen die darauf folgenden Doppelseiten.

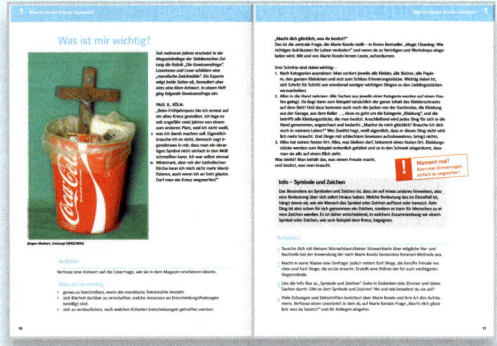

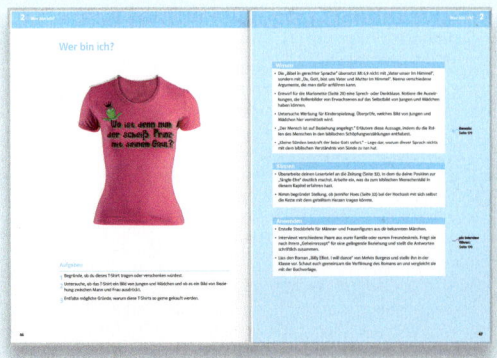

Wissen, Können, Anwenden
Auf der letzten Doppelseite wird auf das ganze Kapitel zurückgeblickt. Mit den Aufgaben zum Wissen und Können kannst du noch einmal prüfen, was du gelernt hast oder das Gelernte vertiefen. Im Bereich „Anwenden" werden Projekte oder Aufgaben vorgeschlagen, die der Erweiterung und Anwendung des erworbenen Wissens dienen.

Methoden-Karten

In jedem Kapitel sind zwei Methoden erklärt, die du auf blauen Methoden-Karten
findest. Damit du schnell auf die Karten
zugreifen kannst, sind sie im Inhaltsverzeichnis einmal komplett aufgelistet.

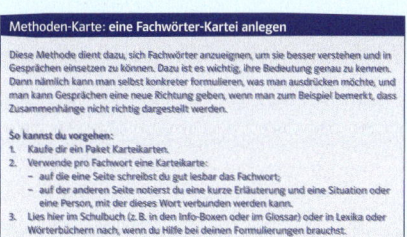

Methoden-Karte: eine Fachwörter-Kartei anlegen

Diese Methode dient dazu, sich Fachwörter anzueignen, um sie besser verstehen und in
Gesprächen einsetzen zu können. Dazu ist es wichtig, ihre Bedeutung genau zu kennen.
Dann nämlich kann man selbst konkreter formulieren, was man ausdrücken möchte, und
man kann Gesprächen eine neue Richtung geben, wenn man zum Beispiel bemerkt, dass
Zusammenhänge nicht richtig dargestellt werden.

So kannst du vorgehen:
1. Kaufe dir ein Paket Karteikarten.
2. Verwende pro Fachwort eine Karteikarte:
   – auf die eine Seite schreibst du gut lesbar das Fachwort;
   – auf der anderen Seite notierst du eine kurze Erläuterung und eine Situation oder
     eine Person, mit der dieses Wort verbunden werden kann.
3. Lies hier im Schulbuch (z. B. in den Info-Boxen oder im Glossar) oder in Lexika oder
   Wörterbüchern nach, wenn du Hilfe bei deinen Formulierungen brauchst.

Moment mal!

Das rote „Moment mal!" soll dich zum
Nachdenken anregen. Denn die Dinge sind
nicht immer so einfach, wie es scheint. Ein
„Moment mal!" ist als Anreiz zur Diskussion
gedacht und will davor schützen, sich schnell
mit einfachen Lösungen zufriedenzugeben.

Moment mal!
Was unterscheidet Gerechtigkeit
eigentlich von Fairness?

Das hängt zusammen

Fit in Religion ist man, wenn man auch zwischen unterschiedlichen Themen Zusammenhänge erkennt und Vernet-
zungen herstellt. Deshalb findest du am Rand häufiger einen
Doppelpfeil (⟷). Das Buch bietet die Möglichkeit, diese
Verweise kurz zur Kenntnis zu nehmen oder ihnen auch
ausführlicher nachzugehen.

In vielen Aufgaben wird mit Methoden gearbeitet. Falls du
unsicher bist, wie eine Methode funktioniert, kannst du im
Buch noch einmal nachschlagen. Damit du die Seite mit der
Methodenbeschreibung schnell findest, gibt es am Rand
neben der Aufgabe einen Verweis mit einem blauen Pfeil
(⟶).

Fachbegriffe

Vor manchen Begriffen findest du einen
→ Pfeil. Diese Begriffe sind am Ende des
Buches erklärt. So kannst du Grundwissen
aufbauen und nach und nach lernen, dich in
der Fachsprache auszudrücken.

Inhalt

„Ich will ein Vorbild sein."

Neue Methoden

Bekannte Methoden

1 Was ist (m)ein innerer Kompass?

soziale Gerechtigkeit

Unabhängigkeit

Spaß

Kinder

Bildung

gute Freunde

Familie

Hilfsbereitschaft

gepflegtes Aussehen

glückliche Partnerschaft

Was kannst du schon?

- anhand von Beispielen aus deinem Alltag erklären, wie ein Konflikt zustande kommt und wie er gelöst werden kann

- von verschiedenen Personen berichten, die sich für Gerechtigkeit eingesetzt haben oder einsetzen

- mithilfe von Beispieltexten erklären, inwieweit die Bibel auch als Leitfaden für unser Miteinander verstanden werden kann

Wenn du dieses Kapitel bearbeitet hast, kannst du ...

- Ursachen von Konflikten analysieren.

- Perspektiven für konstruktive Konfliktlösungen aufzeigen.

- anhand von Fallbeispielen erläutern, welche Aufgabe dem Gewissen zukommt.

- genauer erklären, was du unter Gerechtigkeit und Ungerechtigkeit verstehst.

- beschreiben, wie sich der Prophet Amos für Gerechtigkeit eingesetzt hat.

- dich begründet mit der Frage auseinandersetzen, inwiefern seine Botschaft auch heute noch eine Rolle spielt.

- Schlussfolgerungen beurteilen, die Menschen aus (religiösen) Grundsätzen für ihr Leben ziehen.

Diese Methoden wendest du an:

- ein Lernfließband durchführen

- Strukturlegen

Was ist mir wichtig?

Jürgen Markert, Entsorgt (2002/2003)

Seit mehreren Jahren erscheint in der Magazinbeilage der Süddeutschen Zeitung die Rubrik „Die Gewissensfrage". Leserinnen und Leser schildern eine „moralische Zwickmühle". Ein Experte wägt beide Seiten ab, formuliert aber stets eine klare Antwort. In einem Heft ging folgende Gewissensfrage ein:

PAUL B., KÖLN:
„Beim Frühjahrsputz bin ich erneut auf ein altes Kreuz gestoßen. Ich lege es seit ungefähr zwei Jahren von einem zum anderen Platz, weil ich nicht weiß,
5 was ich damit machen soll. Eigentlich brauche ich es nicht, dennoch sagt irgendetwas in mir, dass man ein derartiges Symbol nicht einfach in den Müll schmeißen kann. Ich war selbst einmal
10 Ministrant, aber mit der katholischen Kirche kann ich mich nicht mehr identifizieren, auch wenn ich an Gott glaube. Darf man ein Kreuz wegwerfen?"

Aufgabe

Verfasse eine Antwort auf die Leserfrage, wie sie in dem Magazin erscheinen könnte.

Dazu ist es wichtig, ...

- genau zu beschreiben, worin die moralische Zwickmühle besteht.
- sich Klarheit darüber zu verschaffen, welche Instanzen an Entscheidungsfindungen beteiligt sind.
- sich zu verdeutlichen, nach welchen Kriterien Entscheidungen getroffen werden.

„Macht dich glücklich, was du besitzt?"
Das ist die zentrale Frage, die Marie Kondo stellt – in ihrem Bestseller „Magic Cleaning: Wie richtiges Aufräumen Ihr Leben verändert" und wenn sie zu Vorträgen und Workshops eingeladen wird. Mit und von Marie Kondo lernen Leute, aufzuräumen.

Drei Schritte sind dabei wichtig:
1. Nach Kategorien ausmisten: Man sortiert jeweils alle Kleider, alle Bücher, alle Papiere, den ganzen Kleinkram und erst zum Schluss Erinnerungsstücke. Wichtig dabei ist, sich Schritt für Schritt von emotional weniger wichtigen Dingen zu den Lieblingsstücken vorzuarbeiten.
2. Alles in die Hand nehmen: Alle Sachen aus jeweils einer Kategorie werden auf einen Haufen gelegt. Da liegt dann zum Beispiel tatsächlich der ganze Inhalt des Kleiderschranks auf dem Bett! Und dazu kommen auch noch die Jacken von der Garderobe, die Kleidung aus der Garage, aus dem Keller …, denn es geht um die Kategorie „Kleidung", und die betrifft *alle* Kleidungsstücke, die man besitzt. Anschließend wird jedes Ding für sich in die Hand genommen, angeschaut und bedacht: „Machst du mich glücklich? Brauche ich dich noch in meinem Leben?" Wer Zweifel hegt, weiß eigentlich, dass er dieses Ding nicht wirklich mehr braucht. Und Dinge mit schlechtem Gewissen aufzubewahren, bringt nichts.
3. Alles hat seinen festen Ort: Alles, was bleiben darf, bekommt einen festen Ort. Kleidungsstücke werden zum Beispiel ordentlich gefaltet und so in den Schrank eingeräumt, dass man sie alle auf einen Blick sieht.

Was bleibt? Man behält das, was einem Freude macht, und besitzt, was man braucht.

> **! Moment mal!**
> Kann man Erinnerungen einfach so wegwerfen?

Info – Symbole und Zeichen

Das Besondere an Symbolen und Zeichen ist, dass sie auf etwas anderes hinweisen, also eine Bedeutung über sich selbst hinaus haben. Welche Bedeutung das im Einzelfall ist, hängt davon ab, wie ein Mensch das Symbol oder Zeichen auffasst oder benutzt. Kein Ding **ist** also schon für sich genommen ein Zeichen, sondern es kann für Menschen zu einem Zeichen **werden**. Es ist daher entscheidend, in welchem Zusammenhang wir einem Symbol oder Zeichen, wie zum Beispiel dem Kreuz, begegnen.

Aufgaben

1. Tausche dich mit deinem Sitznachbarn/deiner Sitznachbarin über mögliche Vor- und Nachteile bei der Anwendung der nach Marie Kondo benannten Konmari-Methode aus.

2. Macht in eurer Klasse eine Umfrage: Jede/r notiert fünf Dinge, die ihm/ihr Freude machen und fünf Dinge, die er/sie braucht. Erstellt eine Hitliste der für euch wichtigsten Gegenstände.

3. Lies die Info-Box zu „Symbole und Zeichen". Gehe in Gedanken dein Zimmer und deine Sachen durch: Gibt es dort Symbole und Zeichen? Wo und wie bewahrst du sie auf?

4. Viele Zeitungen und Zeitschriften berichten über Marie Kondo und ihre Art des Aufräumens. Verfasse einen Leserbrief, in dem du auf Marie Kondos Frage „Macht dich glücklich, was du besitzt?" und ihr Anliegen eingehst.

Wonach richtet sich unser Handeln?

Die Kunst der Entscheidung

Ein außergewöhnlicher Patient saß 1982 im Wartezimmer des portugiesischen Neurologen Antonio Damasio. Er hieß Elliot, einige Monate zuvor war ihm ein Tumor aus dem Gehirn operiert worden, gleich hinter der Stirn. Der Tumor war klein, doch die Folgen waren tragisch: Aus dem tüchtigen Mann war ein chronischer Zögerer geworden. Er hing stundenlang
5 am Autoradio, weil er sich nicht für einen Sender entscheiden konnte. Er konnte kein Wort schreiben, wenn ein schwarzer und ein blauer Stift zur Wahl standen. Elliot war alltagsuntauglich geworden. Denken konnte er noch bestens, sein Intelligenzquotient war unverändert. Nur sich entscheiden, das konnte er nicht mehr.

Entscheidungen – wie viele davon treffen wir jeden Tag? Die Menschen kön-
10 nen heute so viel entscheiden wie nie zuvor. Es wirkt wie die große Freiheit. Aber es hat die Menschen nicht glücklicher gemacht. Im Gegenteil. Psychologen sprechen von einer „Tyrannei der Wahl". Warum zu viel Auswahl unglücklich macht, ist nicht eindeutig geklärt. Die Forscher haben erst angefangen zu verstehen, was bei Entscheidungen in uns vorgeht. Und sie entdecken

15 dabei, wie sehr wir beeinflusst werden: von den Hormonen, den Tricks von Verkäufern, der eigenen Herkunft und der Familie und natürlich von unseren spontanen Gefühlen.

Damasio ahnte damals, dass ihn der Fall Elliot einer Erklärung näherbringen könnte. Er befragte Freunde und Verwandte seines Patienten, unterzog ihn diversen Tests und kam auf
20 die Erklärung: Elliot war emotional erkaltet. Elliot konnte sich nicht mehr entscheiden, weil alles sich gleich anfühlte. Damasio suchte nach ähnlichen Fällen und fand Menschen, die all ihr Fühlen verloren hatten – und damit ihre Fähigkeit, zu entscheiden. Es war eine völlig unerwartete Entdeckung. Von der Antike bis ins 20. Jahrhundert war die herrschende Meinung gewesen: Menschen entscheiden rational. Gefühle stören dabei nur. Damasios Patienten
25 brachten eine andere Wahrheit ans Licht: Ohne Gefühl ist der Verstand hilflos.

Das Gehirn ausschalten und dem Bauch folgen: Ist das also die Lösung? Nein, auf den Bauch allein ist ebenfalls kein Verlass. Erstaunlich leicht lassen wir uns von unseren unbewussten Vorurteilen, Ängsten und Assoziationen beeinflussen, wie der Psychologe Daniel Kahnemann gezeigt hat. Aus guten Gründen also haben Menschen beides, Gefühl und Verstand. Das Ge-
30 heimnis guten Entscheidens besteht darin, beide mitreden zu lassen. Einfach ist es, wenn eine Option klar besser erscheint als der Rest. Aber so leicht ist es nicht immer. Fast jeder hat mal Lust auf Schokolade, obwohl sie dick machen kann. Fast jeder weiß, dass er arbeiten muss, obwohl er ein bisschen faul ist. Dann gilt es, Frieden zu stiften zwischen Gefühl und Verstand.

ZEIT Wissen Nr. 6/2011

Aufgaben

1 Kläre mithilfe des Textes, welche Faktoren Menschen beim Treffen von Entscheidungen beeinflussen.

2 Betrachtet zu zweit das letzte Bild des Comics. Überlegt, wie das Gespräch weitergehen könnte und setzt die Fortsetzung als Comic um.

3 Sammelt Beispiele für Kopf- und Bauchentscheidungen aus eurem Alltag. Was sind jeweils die Vor- und Nachteile dieser Art der Entscheidungsfindung?

4 „Schere – Stein – Papier" hilft bei Entscheidungsfindungen weiter. Führt in eurer Klasse eine Pro- und Kontra-Diskussion über diese Behauptung.

→ eine Pro- und Kontra-Diskussion führen: Seite 96

Das Gewissen – das moralische Gesetz in mir?

Es schmeckt nicht!

Adventszeit, besondere Zeit. Und: Weihnachtsmarktzeit! Und der ist nur einen Katzensprung von der Schule entfernt – ein Vorzug einer Schule, die in der Innenstadt liegt! Ben und seine Freunde sind gut organisiert. Schon vor einiger Zeit haben sie ihre Eltern gefragt, und die waren tatsächlich einverstanden: Einmal in der Woche dürfen sie auf dem Weihnachtsmarkt

5 zu Mittag essen. Seitdem malen sich die Siebtklässler alles aus. Sie wollen ihr Geld zusammenlegen und dann gemeinsam auf dem Weihnachtsmarkt einkaufen gehen. Würstchen, Flammkuchen, wilde Kartoffeln, vielleicht ein Stück Spanferkel wären ein leckerer Hauptgang, dazu Punsch und Kakao und zum Nachtisch eine Waffel mit Puderzucker und eine mit Apfelmus und eine Tüte gebrannte Mandeln – was für ein Menü!

10 Endlich ist es soweit. Der Weihnachtsmarkt ist eröffnet, die erste gemeinsame Mittagspause steht an. Ben und seine Freunde können es kaum erwarten, der Magen knurrt, die Vorfreude steigt. Die sechste Stunde ist vorbei, schnell in die Jacken geschlüpft und los! Da zögert Tom: „Ich kann nicht mit, meine Eltern …"

„Aber ich dachte, sie überlegen es sich noch mal."

15 „Ja, haben sie ja auch, aber sie sind dagegen. Sie wollen nicht, dass ich auf dem Weihnachtsmarkt Mittag esse, ich soll in die Mensa gehen."

„Ach, komm schon, Tom! Sie müssen es ja nicht mitkriegen."

„Ich weiß nicht."

„Wir laden dich auch ein."

20 „Das ist nett, aber ich glaube, ich bleibe hier und esse in der Mensa."

„Bist du sicher?"

„Ja, nein … ach, jetzt geht schon!" Ben und seine Freunde ziehen los, Tom bleibt zurück und geht allein in die Mensa. Zur Mittagsschule kommen seine Freunde zurück.

„Und, wie war's?"

25 „Ja, ganz gut. Was es da alles zu essen gibt! Wir haben tatsächlich unser Menü zusammengekauft. Am Rathaus war ein Stehtisch frei, da haben wir den Tisch gedeckt – und dann: Guten Appetit! Aber so richtig geschmeckt hat es uns dann doch nicht. *Du* warst ja nicht dabei!"

„Mir hat es in der Mensa auch nicht geschmeckt. *Ihr* wart ja nicht dabei!"

Die Freunde sehen sich an. „Was machen wir bloß nächste Woche?"

Gewissen
Ich bin immer hinter dir,
jeden Tag von früh bis spät.
Ich bin in deiner Nähe,
ganz egal, wohin du gehst.
5 Ich bin das schlechte Gefühl,
das du hin und wieder kriegst
Und das du ohne Schwierigkeit
einfach zur Seite schiebst.

An deinem letzten Tag hol ich dich ein,
10 nehm dich fest in meinen Griff,
dann kommst du nicht mehr an mir vorbei
und ich zeig dir dein wahres Ich.
Den tausend Lügen von dir wirst du dich
stelln,
15 all den Tricks und Spielerein.
Ich bin dein Gewissen,
ich lass dich nicht allein.

Ich bin die Zecke,
die in deinem Nacken sitzt,
20 mich wirst du nicht los,
ob du willst oder nicht.

Dein Schlaf ist heut noch tief und fest,
weil du meinst, du kommst ohne mich aus,
aber glaube mir: selbst du
25 wachst irgendwann mal auf.

An deinem letzten Tag hol ich dich ein,
nehm dich fest in meinen Griff,
dann kommst du nicht mehr an mir vorbei
und ich zeig dir dein wahres Ich.
30 Den tausend Lügen von dir wirst du dich
stelln,
all den Tricks und Spielerein.
Ich bin dein Gewissen,
ich lass dich nicht mehr allein.

Die Toten Hosen
Text: Andreas Frege © Edition Die Toten Hosen

Aufgaben

1 Schreibt in Kleingruppen eine Fortsetzung zu der Geschichte. Versetzt euch dazu in die Lage der Personen: Was denken sie über die Situation? Wie fühlen sie sich? Die Bilder auf der linken Seite helfen euch dabei. Tragt eure Fortsetzung der Klasse vor – gern auch als kleines Theaterstück. Diskutiert anschließend im Plenum die verschiedenen Lösungsmöglichkeiten.

2 Die Toten Hosen vergleichen das Gewissen mit einer Zecke. Ergänzt zu zweit den Satz „Das Gewissen ist wie …". Findet so viele Vergleiche wie möglich. Einigt euch im Plenum auf die drei Vergleiche, die euch alle am meisten überzeugen. Haltet sie in Wort und Bild in eurem Heft fest.

3 Im Refrain des Liedes klingt an, dass dem Gewissen eine richtende Funktion zukommt. Überprüfe, inwieweit diese Vorstellung zu den Vergleichen passt, die du in Aufgabe 2 gefunden hast.

4 Der Religionspädagoge Karl Ernst Nipkow stellte die Frage: „Wer ruft, wenn das Gewissen sich meldet?" Formuliere eine Antwort auf diese Frage.

Was ist Gerechtigkeit?

Seit der Antike befassen sich nicht nur Philosophen und Theologen mit der Frage: Was ist Gerechtigkeit? Auch in der Schule, zu Hause, unter Freunden und in vielen anderen Lebensbereichen werden wir mit dieser Frage konfrontiert: Ist das eigentlich gerecht?
Anlässlich des 96. Katholikentages wurden Menschen aufgefordert, in max. 100 Worten zu erklären, was sie persönlich unter Gerechtigkeit verstehen:

Wahre Gerechtigkeit ist unserer Meinung nach selten, obwohl jeder sich Gerechtigkeit wünscht. Seit der Kindheit wünscht jeder sich Gerechtigkeit, jeder ist mit dem Wunsch danach groß geworden.
Uns geht es in den meisten Fällen um Materielles, manchmal allerdings auch um Sachen wie Gesundheit oder Schicksal. Aber solche Dinge können wir nicht beeinflussen, egal wie viel Macht wir hätten. Alle Entscheidungen trifft letztlich Gott. Je älter und vernünftiger wir werden, desto mehr ärgern uns Ungerechtigkeiten, da wir viele ungerechte Situationen erleben. Die Frage nach Gerechtigkeit bestimmt unser Leben. Aber was ist Gerechtigkeit?
von Nina und Sandra, 8a

Rechtfertigung und Nächstenliebe: Seite 60–61

Gerechtigkeit gegenüber sich selbst und gegenüber anderen. Gerechtigkeit heißt: das Leben akzeptieren und schätzen – das eigene und das der anderen. Wer Gerechtigkeit erfährt, wird auch mit anderen gerecht umgehen. Gerechtigkeit heißt auch: sich entfalten können. Damit das jeder kann, müssen aber Grenzen eingehalten werden. Gerechtigkeit heißt: sich so zu verhalten, dass auch andere sich durch das eigene Verhalten wohlfühlen können. Gerechtigkeit heißt: Respekt, Gleichheit, Toleranz, Mitdenken und Einfühlen, Zeit nehmen, Interesse zeigen, sich des Lebens bewusst sein!
von Sonne

Gerechtigkeit ist
… wenn man überall skaten darf, wo man will …
… wenn man lachen darf, wo man will …
… wenn man Meinungsfreiheit hat …
… wenn alle Leute gleich behandelt werden …
… wenn alle Kinder ein Recht auf Schulbildung haben …
… wenn niemand nach dem Aussehen beurteilt wird …
… wenn jeder gleich den richtigen Lebenspartner bekommen würde …
von Philipp und Elisa

Reich Gottes und „neue Gerechtigkeit": Seite 118–121

Grundgesetz, Artikel 3: Gleichheit vor dem Gesetz

(1) Alle Menschen sind vor dem Gesetz gleich.

(2) Männer und Frauen sind gleichberechtigt. Der Staat fördert die tatsächliche Durchsetzung der Gleichberechtigung von Frauen und Männern und wirkt auf die Beseitigung bestehender Nachteile hin.

(3) Niemand darf wegen seines Geschlechts, seiner Abstammung, seiner Rasse, seiner Sprache, seiner Heimat und Herkunft, seines Glaubens, seiner religiösen oder politischen Anschauungen benachteiligt oder bevorzugt werden. Niemand darf wegen seiner Behinderung benachteiligt werden.

! **Moment mal!**
Was unterscheidet Gerechtigkeit eigentlich von Fairness?

Methoden-Karte: **ein Lernfließband durchführen**

Ziel eines Lernfließbandes ist es, einen Text in einer Gruppe zu verfassen: eine Geschichte, eine Zusammenfassung oder die Bearbeitung einer bestimmten Frage – je nach Aufgabe. Die Methode hilft, dass sich alle Gruppenmitglieder beteiligen.

So könnt ihr vorgehen:

1. Bildet kleine Gruppen (drei bis vier Personen).
2. Ein Gruppenmitglied schreibt auf ein DIN-A4-Blatt einen Satz oder einen Gedanken zum Lerninhalt auf.
3. Gebt das Blatt immer nach links weiter. Bringt, wenn ihr an der Reihe seid, euren Satz oder Gedanken zügig zu Papier.
4. Gebt das Blatt so lange weiter, bis euch nichts mehr einfällt oder der Lehrer oder die Lehrerin die Arbeitsphase beendet.
5. Bearbeitet euren Fließband-Text, sodass ein sinnvoller Gesamttext entsteht. Tragt ihn der Klasse vor.

Aufgaben

1 Verfasst mithilfe der Methode „Ein Lernfließband durchführen" eure Definition von Gerechtigkeit. Euer Gesamttext (vgl. Arbeitsschritt 5) sollte aus max. 100 Wörtern bestehen.

2 Suche dir aus jedem der drei Texte auf der linken Seite zwei Aussagen heraus, die dir besonders wichtig erscheinen. Vergleiche sie mit eurem Text und der Erklärung auf Seite 179 bei den Fachbegriffen.

3 Wähle drei der schwarz gedruckten Begriffe aus der Grafik auf der linken Seite aus und erstelle dazu eine Collage. Verdeutliche dabei deine Vorstellung vom → „Reich Gottes" und von → „Gerechtigkeit Gottes". Beziehe auch die Seiten 118–121 mit ein.

→ eine Collage gestalten: Seite 169

4 Erkläre mithilfe des Gesetzestextes, was es mit Justitias Augenbinde, der Waage und dem Schwert auf sich hat.

5 Gestalte ein eigenes Symbol für Gerechtigkeit.

Welches Unrecht sieht der Prophet Amos?

 Prophet:
Seite 20

Amos ist auf dem Weg nach Samaria. Er kommt durch die Stadt Betlehem, ein paar Stunden später erreicht er die Stadt Gibea. Am Stadttor sitzt ein Soldat. Er hat ein rotes Gesicht, eine blaue Nase und einen Speer in der Hand. Sein Atem riecht nach Wein. „Wer bist du?", fragt der Soldat. „Amos aus Tekoa im Staat Juda." „Wohin gehst du?!" „Nach Samaria." „Wenn du
5   dich ruhig verhältst", sagt der Soldat, „und keine Beleidigungen gegen den König Jerobeam führst, kannst du nach Samaria gehen."

Amos wandert weiter. Endlich, am Morgen des dritten Tages, sieht er in der Ferne die Hauptstadt des Reiches Israel. Die Straße führt zum Stadttor hinauf. Auf dem Platz hinter dem Tor ist Markt. Auf Tüchern haben Bauern am Boden Bohnen, Zwiebeln, Knoblauch, Kümmel und
10 Dill aufgeschichtet. Eine alte Bäuerin sitzt hinter einem Honigtopf. Ein Vogelfänger verkauft eine Wachtel. Eine Magd zerrt ein Mastkalb an einem Strick hinter sich her. Das Kalb brüllt. Die Magd lacht. „Du brüllst nicht mehr lang", sagt sie zum Kalb. „Heute Abend kochst du im Kessel!"
Die Magd wendet sich an die Bäuerin hinter dem Honigtopf. „Meine Herrschaften feiern
15 nämlich ein Fest", sagt sie. „Es gibt Lammpasteten, Fische aus dem See Genezareth, Eierkuchen, und der Wein fließt in Strömen!"
Die Magd geht in eine schmale Gasse hinein. Beim Eingang der Gasse bauen zwei Männer an einem Haus. Die Mauern sind noch niedrig. Die Arbeiter schichten einen Stein auf den andern.

20 Die Magd steigt die Gasse hinauf, und Amos folgt ihr. Längs der Gasse stehen stattliche Häuser in schmucken Gärten. Einige Häuser haben Stallungen angebaut. Vor einem Stall striegelt ein Knabe einen Rappen. Sein schwarzes Fell glänzt wie Seide.
Da hört Amos hinter sich Stimmen: „Platz da! Auf die Seite!"
Vier Männer keuchen die Gasse herauf. Sie tragen ein Bett auf den Schultern. Es ist ein gro-
25 ßes Bett; fast so breit wie die Gasse. Die Träger stellen das Bett neben Amos ab und ruhen sich aus. Der Schweiß läuft ihnen über die nackten Oberkörper.
Amos schaut das Bett an. Es ist aus poliertem Zedernholz gemacht. Die Bettpfosten sind mit Schutzriemen aus Elfenbein verziert: Löwen, Elefanten, Palmen und Blumen.
Amos schüttelt den Kopf. Er schläft nie in einem Bett, sondern immer in seinen Mantel ein-
30 gewickelt auf dem Boden.
„Da staunst du, Bauer", sagt einer der Träger. „So etwas sieht man nicht alle Tage!"
„Wem gehört es?!", fragt Amos.
„Dem Michael gehört es", sagt der Träger. „Der ist einmal ein Bauer gewesen wie du. Dann ist er immer reicher geworden. Immer mehr Land hat er bekommen. Jetzt wohnt er in dem
35 Haus dort droben. Das Bett hat zweihundert Lot Silber gekostet. Davon könnten wir vier und unsere Familien zwei Jahre lang leben." Die Träger heben das Bett und gehen weiter. Im Hof des Nachbarhauses sitzen drei Männer um ein Brett und würfeln. Sie tragen Festkleider. Neben jedem Mann liegt ein kleiner Haufen Goldstücke.
„Ich setze vier Goldstücke auf den nächsten Wurf!", sagt der eine. „Ich hab genug Geld. Es
40 sind wieder zwei Bauern bankrott gegangen. Ich habe ihre Äcker und Häuser bekommen. Und gerade vorher haben sie mir mein Elfenbeinbett gebracht!"

Amos geht zur Stadt hinaus. Da rümpft er die Nase. Ein fürchterlicher Gestank schlägt ihm entgegen. Das kleine Tor ist das Misttor. Vor dem Misttor liegt der Abfallhaufen der
45 Stadt. Aller Müll von Samaria, alles, was stinkt, sammelt sich hier. Amos hört die Stimmen. Auf dem Abfallhaufen stehen zwei Frauen. Sie sind barfuß. Mit ihren Händen wühlen sie im Dreck. „Ich hab etwas!", kreischt eine der Frauen. Sie zerrt den blutigen Kopf einer geschlachteten Kuh aus dem
50 Unrat. „Das gibt eine Suppe!", schreit sie. „Eine Fleischsuppe für meine Kinder!"
Da stürzt sich die andere Frau auf sie. Sie reißt ihr den Kuh-kopf aus den Händen. „Ich hab den Kopf zuerst gesehen!", ruft sie. „Er gehört mir! Meine Kinder haben auch Hunger!"
55 Die beiden Frauen wälzen sich im Dreck. Sie reißen sich an ihren klebrigen, strähnigen Haaren. Sie schlagen mit den Fäusten aufeinander ein. Das Volk läuft zusammen. „Hau ihr eine auf den Hintern!", ruft ein Mann. Alle lachen.

Erschreckt geht Amos davon, er kommt an den verwahrlosten Zelten und den elenden, aus
60 Ästen geflochtenen Hütten vorbei. Die Trampelwege zwischen den Hütten sind glitschig und voller Kot. Schmutzige Kinder spielen vor den Zelten. Sie strecken Amos ihre mageren Arme entgegen.
„Brot!", betteln sie. „Brot!"

Werner Laubi, Pfarrer und Autor

Aufgaben

1 a) Lies die Erzählung für dich und bereite dich darauf vor, sie so anschaulich wie möglich vorzulesen.

   b) Arbeitet zu zweit weiter: Einer liest vor, der andere stellt sich die Geschichte wie einen Film im Kopf vor. Haltet fest, was der Zuhörer oder die Zuhörerin „gesehen" hat.

2 Zeichne Amos im Profil (siehe Beispiel rechts) und lege besonderen Wert auf sein Auge. Fasse die Ungerechtigkeiten zusammen, die Amos wahrgenommen hat. Notiere sie so, dass sie im Blickfeld deines gezeichneten Amos aufgelistet sind.

3 a) Ergänze die Ungerechtigkeiten, die Amos sieht, mithilfe der Textstellen Am 2,6f., Am 5,10–12, Am 6,4–6 und Am 8,4f.

   b) Stelle dar, gegen welche der Zehn → Gebote (Ex 20,1–17) die Menschen im Reich Israel verstoßen haben.

4 Gestalte einen Dialog zwischen Bauer Michael (vgl. Text, Zeile 33–41) und seinem Gewissen.

5 Stelle dir vor, Amos ginge heute durch den Ort, in dem du lebst. Beschreibe, welche Ungerechtigkeiten er sehen könnte.

→ eine Bibelstelle finden: Seite 169

Was wollte Amos?

Als Amos lebte, war das Volk Israel in ein Nordreich und ein Südreich geteilt. Israel und Juda, so wurden die zwei Staaten genannt, hatten verschiedene Könige. In Israel herrschte König Usija, in Juda König Jerobeam. Amos lebte als wohlhabender Mann im Dorf Tekoa in Juda. Eines Tages erhielt er von Gott den Auftrag, nach Israel zu gehen. Die Israeliten des Nordreichs verstanden sich als das von Gott erwählte Volk. Tatsächlich gab Amos seinen Beruf auf, verließ seine Heimat und ging ins Ungewisse. Die schlimmen Zustände, die er in Israel sah, konnte er nicht mit ansehen.

Moment mal!
Können Propheten wie Amos ein Vorbild sein?

Info – Prophet

Prophet Muhammad: Seite 133

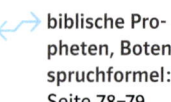

biblische Propheten, Botenspruchformel: Seite 78–79

Das Wort „Prophet" bedeutet im Alten Testament so viel wie „öffentlicher Hervor-Sager". Erst später hat man darunter Verkünder (von Zukünftigem) verstanden. Propheten – zum Beispiel Amos – galten als von Gott Auserwählte und Berufene. Sie sehen, was andere nicht sehen, und handeln im Namen Gottes. Amos gehört zu den Propheten, die Ungerechtigkeiten und Verstöße gegen Gottes → Gebote besonders scharf öffentlich verurteilen und vor schlimmen Strafen warnen.

In Israel traten Propheten besonders zwischen dem 9. und 6. Jahrhundert v. Chr. auf. Neben den „freien" Propheten gab es auch Propheten, die am Königshof oder an Kultstätten angestellt waren. Der Prophet Jeremia bezeichnet diese als „falsche" Propheten. Menschen, die ihre Stimme erheben, die warnen und auf das hinweisen, was im Sinne Gottes ist, gab es zu allen Zeiten – bis heute.

> " Hört, was der HERR, der mächtige Gott, mich schauen ließ: Ich sah, wie er einen Heuschreckenschwarm schuf. Es war nicht lange, nachdem das Gras für den König gemäht worden war; die Sommersaat ging gerade auf. Die Heuschrecken machten sich daran, alles Grün aufzufressen. Da sagte ich: „HERR, du mächtiger Gott, vergib doch deinem Volk! Wie kann es sonst überleben? Es ist ja so klein!" Dem HERRN tat es leid und er sagte: „Gut, es soll nicht geschehen."
>
> Dann ließ der HERR, der mächtige Gott, mich etwas anderes sehen: Er rief eine Gluthitze herbei, die zehrte alles Wasser auf. Als sie anfing, auch das Ackerland zu verzehren, sagte ich: „HERR, du mächtiger Gott, halt doch ein! Wie kann dein Volk sonst überleben? Es ist ja so klein!" Dem HERRN tat es leid und er sagte: „Gut, es soll nicht geschehen."
>
> Dann ließ der HERR mich wieder etwas anderes sehen: Er selbst stand auf einer Mauer aus Zinn und hielt einen Klumpen Zinn in der Hand. Er fragte mich: „Amos, was siehst du?" „Einen Zinnklumpen", antwortete ich. Da sagte er: „Ja, ich werfe einen Zinnklumpen mitten in mein Volk Israel! Ich werde es jetzt nicht mehr verschonen. Die Opferstätten der Nachkommen Isaaks und die Staatsheiligtümer Israels sollen verwüstet werden und gegen das Königshaus Jerobeams werde ich mit dem Schwert vorgehen." "

(Am 7,1–9)

Info – Vision

Bezogen auf die Bibel versteht man unter einer Vision (lateinisch „das Sehen") ein starkes Traumbild oder eine Erscheinung, die auf Gott zurückgeführt wird. Die Erscheinung wird oft von der Stimme Gottes begleitet (Audition) und ist ein intensives Erlebnis – so intensiv, dass sie als wirklich empfunden wird.
Im Alten Testament spielen Visionen vor allem bei den → Propheten eine Rolle. Diese geben die Botschaft Gottes weiter, die sie vor ihrem inneren Auge gesehen oder gehört haben.

verschiedene Visionen: Seite 56, 78–79, 80, 116–117, 132

Aufgaben

1 Neben den drei Visionen, die du oben abgedruckt findest, hatte Amos zwei weitere.

a) Lies Am 8,1–3 und Am 9,1–4

b) Zeichne die fünf Visionen des Amos als Comic. Erkläre, wie Amos seine Visionen deutet.

eine Bibelstelle finden: Seite 169

2 Tragt Amos' Worte so vor, dass man spüren kann, wie bewegt der Prophet nach seinen Visionen ist. Setzt mehrere Sprecherinnen und Sprecher ein.

3 Verfasse eine kurze, aber eindringliche Gerichtspredigt des Amos an die Bewohnerinnen und Bewohner von Samaria, die an seine Visionen anschließt.

4 Wende Amos' Kritik an den Leuten (Aufgabe 3, Seite 19) ins Positive, indem du Vorschläge formulierst, wie die Menschen ihr Verhalten ändern sollen. Tauscht euch in Gruppen aus und gestaltet Werbeplakate für Amos' Anliegen.

Utopie: Seite 117

Wie will ich *mein* Leben leben?

Vieles wird von dir verlangt: Streng dich in der Schule an! Schreib gute Noten! Guck nicht so viel Fernsehen! Kümmere dich um deine Geschwister! Hilf im Haushalt! Nimm Rücksicht auf andere! Und! Und! Und!

Wie willst *du* eigentlich leben? Was ist dir wichtig? Wo hört für dich der Spaß auf, wo fängt er an? Für was setzt du dich ein?

„Für mich ist es wichtig, meine Freizeit zu genießen! Ich will rausgehen, mit Freunden zusammen sein, Musik hören und einfach mal chillen! Klar, ich passe auch auf meinen kleinen Bruder auf – aber, hey, alles hat seine Grenzen."

Noah, 14 Jahre

„Dieses ganze Gerede davon, sich für andere engagieren zu müssen. Jeder Mensch ist für sich selbst verantwortlich. Das reicht."

Judith, 15 Jahre

„Bei mir steht Sport ganz oben auf der Liste. Ich spiele ganz gut Tennis, da will ich es zu etwas bringen. Meine Eltern haben mir gesagt, damit ich weiter trainieren darf, müssen meine Noten stimmen. Also strenge ich mich in der Schule an. Wer weiß, wenn es mit dem Tennis nicht klappt, brauche ich einen guten Beruf. Ich bin aber kein Egoist! Ich versuche schon, mich zum Beispiel für Mitschüler einzusetzen, wenn sie von Lehrern ungerecht behandelt werden."

Jan, 13 Jahre

Gutes tun? Ehrensache!

Ehrenamtlich helfen – das machen mehr Leute, als man denkt. Rund 23 Millionen Menschen in Deutschland setzen sich für andere ein, darunter viele Kinder und Jugendliche.

Ehrenamtliche bei der Telefonseelsorge: Seite 114

Die 12-jährige Nora baut sich manchmal Hügel auf die Haut und malt sich mit Kunstblut scheinbar klaffende Wunden auf Arme und Beine. Sie ist beim Deutschen Jugendrotkreuz. Lukas, 14, saß schon mal als Hund verkleidet im Gefängnis, denn er ist Mitglied in einem Tierschutzverein. Und der 13-jährige Johannes engagiert sich als „Frischer Fisch" – er ist bei Greenpeace aktiv.

Was die drei gemeinsam haben: Sie helfen ehrenamtlich. Das machen mehr Leute, als man denkt. Rund

Institutionen und Organisationen: Seite 160

23 Millionen Menschen in Deutschland setzen sich für andere ein, darunter viele Kinder und Jugendliche. Sie kümmern sich um Kranke und Alte, sorgen sich um Tiere und die Umwelt oder helfen in Vereinen, Organisationen oder in der Kirche – ohne dafür bezahlt zu werden. Johannes Klassenkameraden machen sich manchmal über ihn lustig. Sie sagen, dass er als Einzelner eh nichts bewirken kann. „Aber das stimmt nicht. Man muss halt im Kleinen anfangen", sagt er.

SPIEGEL

„Umweltschutz. Das ist mir wichtig. Deshalb gehe ich zu den Green-peace-Jugendtreffen in unserer Stadt. Da kann ich mich nicht nur für Umweltschutz engagieren, sondern treffe auch viele Freunde. Meinen Freund habe ich da auch kennengelernt."

Hanna, 15 Jahre

„Mir ist ein guter Beruf ziemlich wichtig. Ich möchte später genügend Geld haben, um mir schöne Klamotten oder auch einen tollen Urlaub leisten zu können. Ich finde es total gut, wenn andere Menschen sich für Personen engagieren, denen es nlcht so gut geht, aber ich persönlich habe leider keine Zeit dafür."

Tatjana, 13 Jahre

Methoden-Karte: **Strukturlegen**

Das Strukturlegen ermöglicht es, ein bekanntes Thema zu strukturieren. Dazu werden wichtige Begriffe dieses Themas in eine sinnvolle Ordnung gebracht. Voraussetzung ist, alle Begriffe genau erklären zu können. Die Methode eignet sich gut am Ende von Lerneinheiten, zum Beispiel zur Vorbereitung auf eine Klassenarbeit.

So kannst du vorgehen:
1. Schreibe die wichtigsten Begriffe auf kleine Kärtchen. Vergewissere dich, dass du ihre jeweilige Bedeutung erklären kannst.
2. Ordne die Kärtchen so an, dass sich eine sinnvolle Struktur ergibt (manche auf gleicher Ebene, andere untereinander, wieder andere als Verzweigung …).
3. Klebe die Kärtchen auf. Verdeutliche die Zusammenhänge zusätzlich durch Pfeile, Linien, Farben und Beschriftungen an den Pfeilen.
4. Erkläre einem anderen deine Struktur und setze dich mit den gelegten Strukturen deiner Mitschülerinnen und Mitschüler auseinander.

Aufgaben

1 Gib mit eigenen Worten wieder, was den Jugendlichen wichtig ist. Beurteile, welche Folgen die jeweilige Position für das Zusammenleben von Menschen hat.

2 Verfasse ein eigenes, ausführliches Statement zur Leitfrage dieser Doppelseite. Tausche dich in einem Kugellagergespräch mit deinen Mitschülerinnen und Mitschülern über eure Ansichten aus.

→ ein Kugellagergespräch führen: Seite 151

3 Prüft, ob die Bereitschaft, sich für andere einzusetzen, in eurer Klasse höher, geringer oder in etwa gleich ist wie die der Jugendlichen auf dieser Seite.

4 Bringe die folgenden Begriffe in eine sinnvolle Struktur: Zehn → Gebote, Amos, Israel, → Gerechtigkeit, Mitleid, Vision, → Prophet, Anklage, Unrecht, Botschaft, Erwartung, Strafe, Sehen, Verkündigung, Vorbild, Gewissen.

Was wünsche ich mir?

Keine Maschine

Einfach so weitermachen
ist keine Option
Ich muss hier ausbrechen,
wenn du das hier liest,
5 bin ich schon auf und davon
Ich will mein Leben selbst gestalten,
muss es wenigstens probier'n
Ich brauche die Kontrolle zurück,
kann nicht mehr nur funktionier'n

10 Ich bin doch keine Maschine
Ich bin ein Mensch aus Fleisch und Blut
Und ich will leben,
bis zum letzten Atemzug
Ich bin ein Mensch
15 mit all meinen Fehlern
Meiner Wut und der Euphorie
Bin keine Maschine,
ich leb' von Luft und Fantasie

Es gibt noch so viel Außergewöhnliches
20 zu erleben
Die ganze Welt steht mir offen,
ich steh' wie angewurzelt daneben
Ich lieg in Ketten
aus unausgesprochenen Regeln
25 Trete auf der Stelle,
aber muss mich frei bewegen

Ich bin doch keine Maschine
Ich bin ein Mensch aus Fleisch und Blut
Und ich will leben,
30 bis zum letzten Atemzug
Ich bin ein Mensch
mit all meinen Fehlern
Meiner Wut und der Euphorie
Bin keine Maschine,
35 ich leb' von Luft und Fantasie
von Luft und Fantasie

Bis ich die Schwerkraft besieg'
werd' ich nicht kapitulier'n
werd' ich nicht kapitulier'n

40 Ich bin doch keine Maschine
Ich bin ein Mensch aus Fleisch und Blut
Und ich will leben,
bis zum letzten Atemzug
Ich bin ein Mensch
45 mit all meinen Fehlern
Meiner Wut und der Euphorie
Bin keine Maschine,
ich leb' von Luft und Fantasie

Ich bin doch keine Maschine,
50 ich leb' von Luft und Fantasie

Tim Bendzko
Album: Immer noch Mensch.
© 2017 Sony Music Entertainment Germany GmbH

99 Wie lieb sind mir deine Wohnungen, Herr Zebaoth!

Meine Seele verlangt und sehnt sich nach den Vorhöfen des Herrn; mein Leib und Seele freuen sich in dem lebendigen Gott.

Der Vogel hat ein Haus gefunden und die Schwalbe ein Nest für ihre Jungen – deine Altäre, Herr Zebaoth, mein König und mein Gott.

Wohl denen, die in deinem Hause wohnen; die loben dich immerdar. **66**

(Ps 84,2–4)

Sehnsucht nach Geborgenheit

Manchmal sitzt mein Vater im Wohnzimmer, er sitzt einfach da, und dann fragt meine Mutter: „Was machst du, Christian?", und er antwortet: „Ich wohne." Mein Vater hat Humor. Im Wohnzimmer wohnt man, und das ist eben keine Tätigkeit wie das Kochen in der Küche, das Baden im Badezimmer oder das Schlafen im Schlafzimmer. „Wohnen" ist überhaupt kei-
5 ne Tätigkeit. Und gerade deshalb ist dieses „Ich wohne" nicht nur ein Witz, sondern zugleich Ausdruck höchster Zufriedenheit.

Wir alle wollen wohnen. Wir alle sehnen uns nach einem Haus, nach einem festen Ort. Ein Haus bedeutet Sicherheit und Gemeinschaft, bedeutet Ruhe und Bestand, ein Haus ist das Gegenteil von Unrast und Auf-der-Suche-sein und Für-sich-sorgen-müssen. Das Haus ist also
10 auch ein tief religiöses Symbol. Denn das bedeutet Glauben: Da ist einer, zu dem ich immer kommen kann, bei dem ich sicher bin. Und umgekehrt gilt dasselbe: Wenn ich einen Ort habe, an dem ich mich zu Hause fühle, ein Nest der Geborgenheit, dann ist dort ein Funke von der Herrlichkeit Gottes zu spüren. Genau das sagt der → Psalm: Wenn junge Schwalben zwitschern, singen sie Loblieder auf Gott. Denn ein Nest, ein Haus, das ist der Vorgeschmack
15 auf das → Reich Gottes, oder in der Sprache des Psalms: „der Vor-Hof" seines Könighauses. Nach so einem Haus sehnen wir uns alle, nach einem gesegneten Ort.

Doch wie und wo, um alles in der Welt, kann man ihn finden?

Suche nach dem eigenen Ort: Seite 116

Symbole und Zeichen: Seite 11

Reich Gottes: Seite 118

Moment mal!
Sind alle Menschen religiös?

Aufgaben

1 Analysiere die Situation des Ichs im Lied von Tim Bendzko.

2 a) Setze die Grafik mit Aussagen des Liedtextes in Beziehung. Sammle dazu Beispiele, die veranschaulichen, was sich hinter dem „IT" der einzelnen Stufen verbergen könnte.

b) Gestalte passend zum Liedtext und zur Grafik eine Collage.

3 Schreibe in eigenen Worten den Inhalt von Ps 84,2–4 auf. Fasse als Abschluss zusammen, wie die Psalmverse im Text „Sehnsucht nach Geborgenheit" gedeutet werden.

4 Überlegt zu zweit: Kann man den Liedtext von Tim Bendzko zu den Psalmversen in Beziehung setzen?

eine Collage gestalten: Seite 169

(Bibel-)Texte analysieren: Seite 81

Was ist (m)ein innerer Kompass?

Martin Luther, Auslegung des 1. → Gebotes im Großen Katechismus

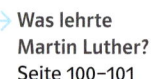
Was lehrte Martin Luther? Seite 100–101

Woran du nun dein Herz hängst und worauf du dich verlässt, das ist eigentlich dein Gott. Es ist mancher, der meint, er habe Gott und alles genug, wenn er Geld und Gut hat. Er verlässt sich darauf und brüstet sich damit so steif und sicher, dass er sonst auf niemanden etwas gibt. Siehe, dieser hat auch einen Gott, der heißt Mammon, das ist Geld und Gut, woran er
5   sein ganzes Herz hängt; und das ist der am weitesten verbreitete Abgott auf Erden. Wer Geld und Gut hat, der wähnt sich sicher, ist fröhlich und unerschrocken, als sitze er mitten im Paradies; und wiederum, wer keins hat, der zweifelt und verzagt, als wisse er von keinem Gott. Wer trotzig darauf vertraut, dass er große Kunst, Klugheit, Gewalt, Gunst, Freundschaft und Ehre hat, der hat auch einen Gott, aber nicht diesen rechten einzigen Gott. Darum sage
10   ich noch einmal, dass die rechte Auslegung dieses Gebotes des 1. Gebots sei, dass einen Gott haben heißt: etwas haben, worauf das Herz gänzlich vertraut.

EKD, Der Große Katechismus Martin Luthers, 2016

Aufgaben

1   Lies in der Bibel den Kontext des Kirchentag-Mottos nach. Erkläre, inwieweit es zu Luthers Auslegung des ersten Gebotes und damit zum ersten Gebot passt.

eine Collage gestalten: Seite 169
2   Woran hängt dein Herz? Gestalte eine Collage, die alles zeigt, was dir wichtig ist.

Wissen

- „Ein gutes Gewissen ist ein sanftes Ruhekissen" heißt ein altes Sprichwort. Erkläre, was damit gemeint ist. Erläutere außerdem anhand von Beispielen, warum so häufig vom „schlechten Gewissen" und so selten vom „guten Gewissen" die Rede ist.

- Entwirf ein Wortgitter nach dem Muster der Grafik auf Seite 16 mit dem Titel „Ungerechtigkeit". Vergleiche das, was Amos gesehen hat, mit den Einträgen in deiner Grafik.

- Erkläre, was einen biblischen → Propheten von einem Wahrsager unterscheidet.

- Kleine Löffel auf einem gedeckten Tisch nennt man auch „kleine Propheten", weil sie einen Nachtisch verheißen. Inwiefern hat dieser Ausdruck etwas mit den biblischen Propheten zu tun?

- In einem alten indianischen Sprichwort heißt es: „Alle Dinge beginnen mit einer Vision." Gib mit deinen Worten wieder, was hier mit dem Begriff „Vision" gemeint ist. Überprüfe, inwiefern das Sprichwort für Visionen im religiösen Sinne gilt.

- Martin Luther formuliert: „Woran du dein Herz hängst, das ist dein Gott." Gib mit eigenen Worten wieder, welche Vorstellung von Religion er damit ausdrückt.

Können

- Manchmal ist es besser, etwas „aus dem Bauch heraus zu tun" als sich lange mit einer Entscheidung herumzuquälen. Nimm begründet Stellung zu dieser Aussage.

- Führt eine Pro- und Kontra-Diskussion dazu, ob die Ansprüche, die die Bibel an Menschen stellt, überhaupt erfüllt werden können. Bezieht euch dabei vor allem auf Ex 20,1–17, Joh 13,12–17 und Joh 8,1–11.

→ eine Pro- und Kontra-Diskussion führen: Seite 96

Anwenden

- Schreibe dir selbst einen Brief: Liebe/r …, für die Zeit nach der Schule wünsche ich dir … Lege den Brief an einen sicheren Ort und öffne ihn erst wieder, wenn du deinen Schulabschluss gemacht hast.

- Führt in eurer Klasse eine Umfrage durch: Was ist dir wichtig? Wertet sie aus und vergleicht sie mit den Top-10-Begriffen, die die Teilnehmer bei der Umfrage „Was ist wichtig im Leben?" genannt haben (Seite 8).

- Informiere dich über die sogenannten „kleinen" und „großen" → Propheten im Alten Testament. Bereite ein Referat (8–10 Minuten) für deine Mitschülerinnen und Mitschüler vor.

Was kannst du schon?

- darlegen, welche Funktion Schöpfungsmythen für den Menschen haben

- erläutern, welche Bedeutung die Gottesebenbildlichkeit für dich und andere hat

- erklären, warum der Mensch als Ebenbild Gottes für sich selbst, für seine Mitmenschen und für seine (Um-)Welt Verantwortung trägt

Wenn du dieses Kapitel bearbeitet hast, kannst du . . .

- erklären, was die beiden biblischen Schöpfungstexte über Menschen und ihre Beziehungen sagen.

- beschreiben, dass Menschen auf Beziehungen und Bestätigung angewiesen und zugleich verführbar sind.

- erklären, was aus theologischer Sicht mit „Sünde" gemeint ist.

- überprüfen, wie eigene und gesellschaftliche Bilder von Männern und Frauen entstehen.

- darlegen, wie diese Bilder vor dem Hintergrund biblischen Redens vom Menschen zu beurteilen sind.

- einordnen, inwieweit sich diese Bilder fördernd oder einschränkend auf die Entwicklung einer eigenen Identität auswirken.

- erläutern, inwieweit das Selbstbild eines Menschen durch Rollenzuschreibungen bestimmt wird.

Diese Methoden wendest du an:

- ein Portfolio anlegen

- einen Bilddialog verfassen

Ich und ich?

Ich heirate mich selbst.
Eine Niederländerin hat endlich die Single-Ehe durchgesetzt.

Zum Glück gibt es die Niederlande. In Haarlem, bei Amsterdam, hat jetzt eine alleinstehende Frau die Single-Heirat durchgesetzt. Wen sie heiratet? Sich
5 selbst natürlich. Leicht ist ihr das nicht gefallen, aber auch andere machen es sich ja nicht leicht, bevor sie sich zu diesem schweren und folgenreichen Gang aufraffen. Wo sie den Widerstand eines
10 Partners überwinden müssen, musste Jennifer Hoes (29) nur sich selbst überwinden. Nur? Sie sei jahrelang mit sich uneins gewesen. Als der Konflikt ausgetragen war und sich Jennifer mit sich
15 selbst versöhnt hatte, beschloss sie, mit sich vor den Altar zu treten. Eine Freundin half ihr, die Festivitäten vorzubereiten. Ein Foto in der Lokalzeitung zeigt sie im cremefarbenen Brautkleid,
20 strahlend, wenn auch ohne Bräutigam beziehungsweise Braut.

Der Kulturbeigeordnete der Stadt hat als Standesbeamter die ganze Zeremonie durchgeführt, Trauzeugen einge-
25 schlossen, nur ins Register am Standesamt wolle er Jennifer nicht eintragen, so der Beamte. „Liebe deinen Nächsten wie dich selbst", fordert die Bibel, was voraussetzt, dass man sich erst ein-
30 mal selbst liebt. So gesehen ist, was Jennifer da gemacht hat, eigentlich die Voraussetzung für jede gewöhnliche Heirat. „Du musst erst mit dir im Reinen sein, bevor du dich auf jemanden ande-
35 ren einlässt", verkündete sie. „Scheiden lassen werde ich mich nicht von mir. Diese Heirat ist wirklich, bis dass der Tod uns scheidet." Uns?

Frankfurter Rundschau

 Nächstenliebe: Seite 60

 Selbstannahme: Seite 183

 Symbole und Zeichen: Seite 10–11

Aufgabe

Dieser Artikel stand vor einiger Zeit in der Zeitung. Verfasse einen Leserbrief, in dem du deine Position zur „Single-Ehe" begründet darlegst.

Dazu ist es wichtig, . . .

*   die Bedeutung partnerschaftlicher Beziehungen für das eigene Leben aufzuzeigen.
*   zu erkennen, wie der Mensch und seine Partnerschaft biblisch gedacht sind.
*   sich religiöser und gesellschaftlicher Rollenerwartungen bewusst zu werden.

Narziss und Echo

Der Halbgott Narziss war von wunderbarer Schönheit, dazu
aber überaus stolz. So verschmähte er hochmütig jeden, der
sich in ihn verliebte – auch die Nymphe Echo, die an ihrem
Schmerz über die unerwiderte Liebe schließlich sogar starb.

5 Noch manch andere Nymphe wurde unglücklich durch den
stolzen, lieblosen Narziss. So bat schließlich einer der Ver-
schmähten die Göttin Aphrodite: „So soll es auch ihm in der
Liebe ergehen, so soll auch er, was er liebt, nicht bekommen!" Aphrodite gewährte ihm die Bitte.

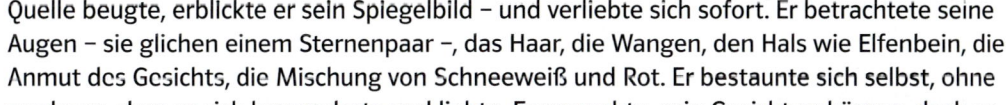

10 An einem heißen Sommertag kam Narziss an eine Quelle
mit klarem, reinem Wasser. Als er sich zum Trinken über die
Quelle beugte, erblickte er sein Spiegelbild – und verliebte sich sofort. Er betrachtete seine
Augen – sie glichen einem Sternenpaar –, das Haar, die Wangen, den Hals wie Elfenbein, die
Anmut des Gesichts, die Mischung von Schneeweiß und Rot. Er bestaunte sich selbst, ohne

15 zu ahnen, dass er sich bewunderte und liebte. Er versuchte, sein Gesicht zu küssen, doch er
küsste nur das kühle Wasser, voller Sehnsucht streckte er die Arme aus, doch vergeblich.
Narziss vergaß zu essen, er vergaß zu schlafen. Laut klagte er: „Hat je einer grausamer unter
der Liebe gelitten? Er gefällt mir, und ich sehe ihn; doch was ich sehe und was mir gefällt,
kann ich nicht finden." Und zu seinem Spiegelbild: „Wer du auch sein magst, komm zu mir

20 heraus; was täuschst du mich und wohin gehst du, Ersehnter? Du versprichst mir mit deinem
Gesicht Hoffnungsvolles, sogar die Arme streckst du mir entgegen, wenn ich sie dir ent-
gegenstrecke. Du lächelst, wenn ich lächle, sogar Tränen habe ich bei dir gesehen, während
auch ich geweint habe. Du scheinst mit mir zu sprechen, doch ich verstehe deine Worte
nicht …"

25 Da endlich erkannte Narziss: „Ich bin es selbst! Die Liebe zu mir selbst verbrennt mich und
lässt mich leiden." Er spürte, wie der Liebesschmerz ihm die Kräfte nahm. Doch auch jetzt
konnte er sich nicht von seinem Bild trennen, starrte in die Quelle und verging langsam an
seiner Liebe: „Jetzt werden wir zu zweit als ein Herz und eine Seele sterben."
Und als man seinen Leichnam am nächsten Morgen suchte,

30 fand man ihn nicht. Es stand dort aber eine Blume von
kalter und starrer Schönheit, mit weißen Blättern.

nach Ovid, römischer Dichter

Moment mal!
Kann der Mensch tatsächlich so
selbstverliebt sein? Ich auch?

Aufgaben

1 Echo hatte keine eigene Sprache und konnte immer nur das wiederholen, was andere
sagten. Stell dir vor, jemand würde, um ihr zu helfen, für sie eine Heiratsanzeige verfassen. Welche Probleme würde es geben?

2 Grafisiere und vergleiche die Situationen von Narziss und Echo.

→ Grafisieren:
Seite 174

3 Wofür brauchen wir andere Menschen und was können wir besser alleine? Lege eine
Tabelle an.

4 Lies Genesis 2,4a–24 und vergleiche diese Geschichte mit der von Narziss und Echo.
Stell dir vor, die beiden Verfasser würden sich über den Menschen unterhalten. Wären
sie einer Meinung oder nicht?

→ eine Bibelstelle
finden:
Seite 169

5 Verfasse einen inneren Monolog des Jugendlichen auf dem Foto.

→ einen inneren
Monolog ver-
fassen:
Seite 113

Es ist nicht gut, dass der Mensch allein sei

Genesis:
Seite 179

Lucas Cranach d. Ä., Adam und Eva (1533)

" [26]Dann sprach Gott: „Nun wollen wir Menschen machen, ein Abbild von uns, das uns ähnlich ist! […]" [27]So schuf Gott die Menschen nach seinem Bild, als Gottes Ebenbild schuf er sie und schuf sie als Mann und als Frau. **"**
(Gen 1,26a.27)

" [18]Gott, der HERR, dachte: „Es ist nicht gut, dass der Mensch so allein ist. Ich will ein Wesen schaffen, das ihm hilft und das zu ihm passt." […]
[21]Da versetzte Gott, der HERR, den Menschen in einen tiefen Schlaf, nahm eine seiner Rippen heraus und füllte die Stelle mit Fleisch. [22]Aus der Rippe machte er eine Frau und brachte sie zu dem Menschen. [23]Der freute sich und rief: „Endlich! Sie ist's! Eine wie ich! Sie gehört zu mir, denn von mir ist sie genommen." **"**
(Gen 2,18.21–23)

Am Anfang der Paradiesgeschichte in Gen 2,7 macht Gott aus Erde (hebräisch: *adama*) den Menschen (hebräisch: *adam*). Nach der Feststellung, es sei nicht gut, dass der Mensch allein sei, erschafft Gott in Gen 2,22 aus der Seite (hebräisch: *zela*) des Menschen die Frau. Das hebräische Wort *zela* wird unterschiedlich übersetzt: In der griechischen Übersetzung des AT heißt *zela* einfach „Seite", in der lateinischen wird *zela* mit „Rippe" übersetzt. Wenn das hebräische Wort *zela* Gen 2,22 „Rippe" heißt, dann heißt es nur an dieser Stelle des AT „Rippe". Überall sonst heißt es „Seite" und es gibt keinen Grund, warum es nicht auch hier „Seite" heißen soll. Das ist nicht unwichtig, denn es ist nicht dasselbe, ob die Frau als die eine Seite des Menschen erschaffen wurde oder aus einem überzähligen Knochen des Mannes. Die Frau wird aus der Seite des Menschen gemacht – was übrig bleibt, ist der Mann. Anders formuliert: Den Mann gibt es in der erzählten Geschichte erst in dem Moment, in dem es die Frau gibt.

Jürgen Ebach, Theologe

Moment mal!
Sind die Feinheiten einer Schöpfungserzählung wirklich wichtig?

Adam war nichts als ein roher Entwurf, und die Schöpfung des Menschen ist Gott erst völlig gelungen, als er Eva erschaffen hat.

Simone de Beauvoir, Philosophin

In dem ganzen Mythos ist Eva die intelligentere, die aggressivere und die mit dem größeren Empfindungsvermögen. Sie zitiert Gott und interpretiert das Verbot („Rühret sie auch nicht an"). Die Frau ist sowohl Theologin als auch Interpretin. Sie betrachtet den Baum und überlegt alle Möglichkeiten. Sie sieht, dass von dem Baum gut zu essen ist. Er befriedigt ein Bedürfnis des Körpers. Vor allem aber ist er verlockend, weil er klug macht. Dann nimmt sie die Frucht und isst. Die Initiative und die Entscheidung sind allein ihre. Sie berät sich nicht mit ihrem Mann. Sie bittet weder um seinen Rat noch um seine Erlaubnis. Sie handelt unabhängig.

↩→ „Die Frau schweige in der Gemeinde": Seite 84

Phyllis Trible, Theologin

Von einer Frau gestaltetes Schokoladenumschlagpapier

Aufgaben

1 Entwirf zwei Piktogramme, welche die Erschaffung des Menschen nach Gen 1 und Gen 2 zeigen. Achte dabei auf die Unterschiede bei der Erschaffung der beiden Geschlechter.

2 Analysiere das Bild von Lucas Cranach.

→ Bilder analysieren: Seite 92

3 Lies die Texte von Jürgen Eibach, Simon de Beauvoir und Phyllis Trible und gib jedem eine passende Überschrift.

4 Phyllis Trible trifft Lucas Cranach und befragt ihn zu seinem Bild: Schreibe ein mögliches Gespräch zwischen den beiden auf.

5 Erläutere, was die Gestalterin des hier abgedruckten Einschlagpapiers für Schokolade unter Versuchung versteht und welches Verhältnis von Mann und Frau damit verbunden ist.

Wie gehen wir mit dem Zerbrechen von Beziehungen um?

Emil Nolde, Verlorenes Paradies (1921), Ölfarben auf grober Leinwand (Sackleinen), 106,5 x 157 cm (Wvz. Urban 952)

Das Alte Testament hat drei verschiedene Begriffe für unser deutsches Wort „Sünde". Diese drei hebräischen Begriffe haben allerdings eines gemeinsam: Immer bezeichnet „Sünde" die Verletzung eines Gemeinschaftsverhältnisses durch den Menschen. Meistens ist die Gemein- schaft zwischen Gott und Mensch gemeint. Die *Verletzung dieser Gemeinschaft*, die „Sünde",
5 ist aber selten mit einem *Vorwurf* verbunden (Warum hast du …?), auch nicht mit einer Anklage (Du hast …!), sondern die Verletzung der Gemeinschaft ist im Alten Testament ein Grund zur *Klage* (Ach, wäre doch nicht …).
Die erste in der Bibel erzählte Verletzung der Gemeinschaft zwischen Gott und Mensch (und zwischen den Menschen selbst) nennt man „Sündenfall".

nach Wilfried Härle, Theologe

Methoden-Karte: **einen Bilddialog verfassen**

Bilddialoge vertiefen eine Bildanalyse und führen sie fort, indem man die Personen auf dem Bild zum Sprechen bringt.

So kannst du vorgehen:
1. Stelle dir vor, die Personen auf einem Bild könnten etwas (zueinander) sagen.
2. Arbeite heraus, was die Körperhaltung sowie die Blickrichtung über die jeweiligen Personen oder ihre Beziehungen zueinander aussagen. Du kannst die jeweilige Haltung nachahmen, um ein Gefühl für die Situation zu bekommen, in der die Personen sich befinden.
3. Verfasse einen fiktiven Dialog, der deine Überlegungen zu Körperhaltung und Blickrichtung einbezieht.
4. Lest eure Dialoge in der Klasse mit verteilten Rollen vor.

„Letztes Jahr haben sich meine Eltern getrennt, weil mein Vater sich neu verliebt hat. Ich finde das ziemlich mies, auch wenn seine Neue ganz nett ist und ich ihn ja lieb hab. Warum liebt er meine Mutter nicht mehr? Ich verstehe das nicht, es gab doch gar nicht so viel Streit. Jetzt muss ich jedes zweite Wochenende zu Besuch zu meinem Vater fahren. Im Grunde freue ich mich auf ihn, aber ich hab eben auch nur am Wochenende Zeit für meine Kumpels." (Marc, 13)

„Unsere Eltern haben nächstes Jahr Goldene Hochzeit. Mir graut schon vor der Feier. ,Aushalten, durchhalten, Maul halten', sagt meine Mutter zu ihrer Ehe. Sie hatte auch keine Wahl. Wovon hätte sie leben sollen? Sie war nie berufstätig, und da waren ja auch ich und meine drei Geschwister. Und mein Vater? Der ist, wie er ist. Ich find's auch nicht leicht, mit ihm auszukommen. Ich glaube, eine Trennung wäre ein Segen für beide gewesen. Lieber ein Ende mit Schrecken als ein Schrecken ohne Ende. Aber an Scheidung war damals nicht zu denken. Wenn ich nicht bei Freunden gelingende Ehen miterlebt hätte, hätte ich selbst nie den Mut zum Heiraten gehabt!" (Sabine Schmidt, 47)

Aufgaben

1 Grafisiere das Verhältnis von Gott, Adam und Eva, wie es vor und nach dem „Sündenfall" in Gen 2 und 3 dargestellt ist.

Grafisieren: Seite 174

2 Verfasse einen Bilddialog zu den Bildern von Lucas Cranach (Seite 32) und Emil Nolde.

3 Erkläre den Unterschied zwischen dem umgangssprachlichen Begriff „Sünde" und dem Begriff „Sünde" in der theologischen Fachsprache. Nutze dafür auch die kursiv gesetzten Worte im Text des Theologen Wilfried Härle.

4 „Jeder geliebte Mensch ist der Mittelpunkt eines Paradieses." Überlege, was der Schriftsteller Novalis mit diesem Satz in poetischer Sprache vielleicht sagen wollte. Formuliere eigene Sätze, die Ähnliches zum Ausdruck bringen.

5 Schreibe einen Brief an Marc oder Frau Schmidt, in dem du darauf eingehst, was dich selbst im Hinblick auf Beziehungen und Freundschaften ermutigt oder entmutigt.

Wie viel Freiheit lässt man mir?

Gender-Brille

Bereits kurz nach der Geburt lautet die erste Frage: „Ist das Kind ein Mädchen oder ein Junge?" Daraufhin werden dann in den meisten Familien die Strampler
5 entweder in Rosa oder in Blau gekauft, die Kinderzimmer mit Dinosaurier- oder Feenmuster tapeziert. Später werden dann Schulranzen mit Raumschiffen und Rennwagen oder mit Pferden und Prin-
10 zessinnen als Aufdruck ausgesucht. Ich habe mich während meiner Schulzeit oft gefragt, ob wirklich alle Jungs total gerne mit Autos spielen und alle Mädchen gerne mit Puppen oder ob sie es nur tun, weil alle anderen das auch machen oder sie
15 denken, dass es von Eltern und Großeltern erwartet wird.
Eine Frage hat mich so sehr beschäftigt, dass ich mich nach meinem Abitur entschlossen habe, Gender Studies zu studieren: Wieso wird überhaupt in unserer Gesellschaft so viel Wert auf das Geschlecht einer Person und die damit verbundenen Eigenschaften gelegt? Beispielsweise beim Buchen eines Flugtickets scheint die Frage, ob männlich oder weiblich,
20 ganz selbstverständlich zu sein.
Doch wieso ist das so wichtig? In meinem Studiengang beschäftigen wir uns unter anderem mit der Frage, welche Bedeutung die Einteilung von Menschen in zwei Geschlechter hat. Die klischeehaften Bilder von sanften, freundlichen, aber auch zickigen, kurz: emotionalen Mädchen stehen denen der Jungen gegenüber, die stark, laut und rational denkend sein
25 sollen. Doch inwiefern können diese Geschlechterstereotypen unsere Zukunft als Mann oder Frau prägen?
Während des Studiums haben wir uns neben der Frage nach der Bedeutung von Geschlecht in der Gesellschaft noch mit anderen Aspekten beschäftigt, die einen Menschen ausmachen, wie beispielsweise dem Alter, der Ethnizität, der Kultur, der Religion, der Sexualität und so-
30 zialen Stellung in der Gesellschaft. Nur weil sich jemand als Mädchen oder Junge sieht, heißt das natürlich nicht, dass alle Mädchen und Jungen gleich sind, gleich denken oder gleich fühlen. Einen Menschen machen verschiedene Aspekte und Eigenschaften aus, die nicht allein durch das Geschlecht beeinflusst werden. Deswegen sollten Jungen und Mädchen nicht auf geschlechtsspezifische Zuschreibungen reduziert werden, sondern selber bestim-
35 men können, welche Prioritäten sie sich für ihr Leben und ihre Zukunft setzen.
Merle Büter, Studentin der „Gender-Studies"

Moment mal!
Sind klare Geschlechterrollen nicht wichtig für die eigene Orientierung?

Der Jugendroman „Billy Elliot. I will dance" von Melvin Burgess erzählt die Geschichte eines Jungen, der in einer englischen Arbeiterfamilie aufwächst und entgegen allen Erwartungen und Konventionen Balletttänzer werden möchte.
Billy Elliot erzählt über seinen Vater und sich:

Ich wusste, was er wollte. Er wollte, dass ich sagte, tut mir leid. Tja, würde ich aber nicht.
5 Da konnte er ewig drauf warten. Das war bescheuert! Was hatte ich denn falsch gemacht? „Ballett", sagte er schließlich. „Mädchen, Billy.
10 Nicht Jungen. Jungen spielen Fußball oder machen Boxen oder Ringen oder so was." „Das ist doch bloß Tanzen. Weiter nichts. Was ist denn
15 daran verkehrt? Das Ding

ist ... Tja, vielleicht werde ich auch kein Bergmann. Und selbst wenn, na und? Warum tun wir so was nicht? Bloß weil das bis jetzt noch niemand getan hat, nur deswegen. Tja, aber wenn ich es tue, dann ist es doch was, was wir tun, denn ich bin ja auch einer von uns. Es kann doch wohl nicht sein, entweder bin ich wie er oder gar nichts. Ich werde doch nicht gleich ein
20 anderer Mensch, bloß weil ich gerne tanze. Oder?"
„Du willst wohl eine Tracht Prügel." „Nein, will ich nicht. Ehrlich nicht, Dad."
Er dachte, ich wäre einfach nur dickköpfig, aber ich verstand wirklich nicht, wieso er so einen Aufriss machte, um mich vom Ballett abzuhalten.
„Doch, Billy." „Das sind nicht bloß Schwule, Dad. Balletttänzer sind genauso fit wie Sportler. Das ist harte Arbeit."

Aufgaben

1 Überprüfe die Beobachtungen von Merle Büter anhand deiner Kindheitsfotos. Erläutere an einem Beispiel, was es heißt, wenn du durch eine „Gender-Brille" gesehen wirst und jemand zu dir sagt: „Ah, typisch Junge!" oder „Ah, typisch Mädchen!"

2 Befrage deine Eltern und Großeltern nach ihrem Rollenverständnis von Mann und Frau.

⟶ ein Interview führen: Seite 170

3 Erläutere den Konflikt zwischen Billy und seinem Vater und benenne die Argumente, die beide anbringen.

4 Notiert Situationen, in denen Jugendliche durch die Erwartungshaltung anderer nicht so sein können, wie sie möchten.

5 Schreibt ein Rollenspiel: Billy kommt am nächsten Tag in seine Schulklasse und erzählt den anderen, dass er von nun an Ballettunterricht nehmen wird.

Gemacht als Mann und Mann/ als Frau und Frau?

Verbotene Liebe?

Eigentlich waren es gerade mal fünf Sekunden eines zaghaften Kusses gewesen, aber er fühlte sich plötzlich so anders. Einerseits war das Gefühl schön

5 gewesen, aber dann war da noch diese brennende Angst, etwas Verbotenes getan zu haben und dabei vielleicht beobachtet worden zu sein. So als hätte man etwas aus seinem Innersten preisgege-

10 ben, das niemand hatte erfahren sollen. Ihm zitterten die Knie. Seinem Gegenüber ging es nicht besser, das konnte er sehen. Er blickte ihm ins Gesicht. Sven guckte daraufhin weg, auf den Boden.

15 Dabei hatten sie sich gerade einfach nur geküsst, er, also Christoph, und Sven. Er wusste nicht wieso, es hatte sich irgendwie ergeben. Sie kannten sich schon lange durch mittlerweile zwei gemeinsame Jahre in der Jugendfeuerwehr und waren schnell die allerbesten Freunde geworden. Zeltlager, diesen Sommer Training für die Leistungsspange*, und jetzt waren sie gerade zu zweit mit dem Rad unter-

20 wegs, zwei Freunde eben, hatten rumgealbert und gekabbelt und sich dann plötzlich still gegenübergestanden, sich in die Augen gesehen und sich geküsst. Sven nahm Christophs Hand. Sven bewegte sich nicht, sondern sah von ihm weg auf den Boden. Aber er wehrte sich nicht. Und jetzt? Was war jetzt? Nahm man als 16-jähriger Junge einen anderen einfach so an die Hand? Ihm war danach, weil er Sven nun mal so sehr mochte. Und wenn jetzt

25 jemand dort hinten um die Ecke käme? Erschrocken ließ er Svens Hand los.

* Die Leistungsspange ist die höchste Auszeichnung, die ein Jugendfeuerwehrangehöriger innerhalb der Deutschen Jugendfeuerwehr erreichen kann. Die Verleihung erfolgt nach einer erfolgreichen Abnahmeprüfung. An dieser Prüfung kann jeder Jugendfeuerwehrangehörige innerhalb einer Gruppe teilnehmen, der mindestens 15 Jahre alt und mindestens ein Jahr in einer Jugendfeuerwehr Mitglied ist.

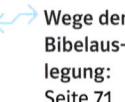 Wege der Bibelauslegung: Seite 71

Viele homosexuelle Christen leiden in → fundamentalistischen Gemeinden. Auch Tom Haus musste diese Erfahrung machen. Er war in der → evangelikalen Bewegung in Chemnitz als Liedermacher aktiv. Während eines Konzerts outete er sich. Anschließend sei er ausgegrenzt und diskriminiert worden, berichtet er in einem Beitrag des Fernsehsenders 3Sat. Es sei sein „sozialer Tod" gewesen, er habe sogar Morddrohungen über Telefon erhalten. „Das Schlimmste war", so Haus, „als ich mit einem Zeckenbiss im Krankenhaus gelegen habe. Da kam ein anonymer Anruf, wo einer sagte: Das ist jetzt die Strafe Gottes, ich hoffe, du stirbst."

Mission Gottesreich, 66

> Die christliche Religion, in der Gott die Liebe und die Quelle der Liebe ist, gebietet Respekt vor allen, die sich lieben.
> *Helga Kuhlmann, Professorin für Evangelische Theologie*

Die bekannten Stellen des Alten und Neuen Testaments zur Homosexualität sind in der Beurteilung der Homosexualität als Sünde anscheinend einhellig. Diese Stellen
5 haben aber keine homosexuelle Partnerschaft vor Augen. Vor allem weil Homosexualität in heidnischen Tempelkulten praktiziert wurde, galt sie als Götzendienst und Gräuel.
10 Da war Sexualität mit Ausbeutung verbunden.
Zur Zeit der Entstehung der biblischen Schriften war nicht bekannt, dass Homosexualität eine Prägung
15 der Sexualität ist, die nach wissenschaftlicher Erkenntnis mehr als 10 % der Menschen betrifft. Insofern ist es auch keine Verletzung der Schöpfung oder Missachtung der Ehe, wenn Homosexualität als vorgegeben verstanden wird. Homosexuelle pauschal als Gräueltäter zu disqualifizieren, entspricht nicht dem, was Jesus für das menschliche Zusammenleben erwartet.
20 *Manfred Kock, ehemaliger Ratspräsident der EKD*

Gegendemonstration zum „Christopher Street Day"

Sünde:
Seite 34

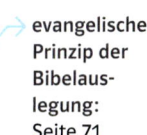 evangelisches Prinzip der Bibelauslegung:
Seite 71

Aufgaben

1 Untersuche, was Christoph und Sven aus dem Beitrag „Verbotene Liebe?" tun und fühlen. Lege dazu eine Tabelle mit zwei Spalten an, in die du kurze Zitate aus dem Text einträgst: Links stehen Verben, rechts Aussagen über ihre Gefühle, die mit den Handlungen verbunden sind.

2 Stelle dir vor, Tom Haus würde die Tabelle (Aufgabe 1) sehen und daraufhin einen Brief an Christoph schreiben. Verfasse diesen Brief.

3 Informiere dich über die Geschichte und die Ziele des „Christopher Street Day".

4 Fasse mit eigenen Worten die Position zusammen, die der Theologe Manfred Kock und die Theologin Helga Kuhlmann vertreten.

5 Informiere dich über Ziele und Grundsätze des Arbeitskreises „Homosexuelle und Kirche" (HuK).

eine Internetrecherche durchführen:
Seite 170

Bin ich das?

Der Ausweis mit dem Klick
Seit dem 1. November 2010 gibt es den Personal-
ausweis in einem anderen Format und mit neuen
Funktionen.

Die Neuerungen auf einen Blick
- Scheckkartenformat
- Postleitzahl
- Chip im Ausweis
- Online-Ausweisfunktion für den Einsatz im Internet und an Bürgerterminals
- Speicherung des Lichtbildes
- freiwillige Speicherung der Fingerabdrücke zur eindeutigen Zuordnung von Ausweis und
  Inhaber
- Unterschriftsfunktion für das rechtsverbindliche elektronische Unterschreiben von Verträ-
  gen, Anträgen, Urkunden etc. (separat zu erwerben)
- erweiterte Sicherheitsmerkmale
- besonderer Schutz der biometrischen Daten
- Personalausweislogo auf der Rückseite (auch auf Zubehör und überall dort zu finden, wo
  Sie Ihren Online-Ausweis nutzen können)

Beantragung
Den Personalausweis im Scheckkartenformat können Sie in der Personalausweisbehörde
Ihres Bürgeramts beantragen. Für wen wird der neue Ausweis ausgestellt?
- Der Personalausweis wird für deutsche Staatsangehörige ausgestellt.
- Für Kinder und Jugendliche unter 16 Jahren kann ein Personalausweis ohne Online-Aus-
  weisfunktion beantragt werden.

Diese Unterlagen werden bei der Beantragung benötigt
- gültiges Identitätsdokument (der alte Personalausweis, wenn vorhanden, sonst der Reisepass, Kinderausweis, Kinderreisepass)
- bei Antragstellern unter 16 Jahren ist der Antrag eines Erziehungsberechtigten und im
  Regelfall die Einverständniserklärung des anderen Erziehungsberechtigten erforderlich
- aktuelles Lichtbild

Anforderungen an das Lichtbild
- aktuelle Aufnahme
- Frontalaufnahme, kein Halbprofil-Bild
- das Gesicht muss zentriert auf dem Foto erkennbar sein
- die Augen müssen offen und deutlich sichtbar sein
- der Mund muss geschlossen sein und der Gesichtsausdruck neutral

Ihre Entscheidung
Über wichtige Funktionen und Eigenschaften
Ihres Personalausweises entscheiden Sie selbst.
- Online-Ausweisfunktion
- Fingerabdrücke

Moment mal!
Bin ich nicht mehr als ein Daten-Chip?

Methoden-Karte: ein Portfolio anlegen

Ein Portfolio ist eine Mappe mit gezielt ausgesuchten Einlagen. Es zeigt etwas von dir und deiner Auseinandersetzung mit einem bestimmten Thema.

So kannst du vorgehen:
1. Sammle alle Arbeiten, die du zum Thema angefertigt hast: Texte, Collagen, Bilder mit Kommentar …
2. Wähle aus deinem Material die besten Dinge aus und stelle deine Einlagen zusammen.
3. Fertige zu jeder Einlage ein Deckblatt an, das Angaben zu folgenden Punkten enthält:
   a) Titel der Einlage,
   b) was diese Einlage mit dem Thema zu tun hat,
   c) warum du diese Einlage ausgewählt hast,
   d) was die Einlage von dir und deiner Auseinandersetzung mit dem Thema zeigt.

Aufgaben

1 Notiere die Daten, die in deinem Ausweis oder deinem Reisepass stehen, auf einem Extra-Blatt. Vergleiche sie mit den Daten, die laut Text bei einem Erwachsenen-Ausweis erfasst werden.

2 Diskutiert in eurer Klasse, ob es einen einheitlichen Ausweis für alle Antragssteller geben sollte, unabhängig von ihrem Alter.

3 Einigt euch in eurer Klasse auf Kriterien für einen Steckbrief. Gestalte unter Berücksichtigung dieser Kriterien deinen eigenen Steckbrief. Halte ihn auf einem Extra-Blatt fest.

4 „Das bin ich!" – Lege ein Portfolio zu diesem Thema an. Entscheide, ob du deine Ausweis-Daten und deinen Steckbrief in dein Portfolio aufnehmen möchtest.

5 Überlege, wofür die Informationen in deinem Portfolio verwendet werden können. Besprecht in der Klasse, wer eure Portfolios lesen darf und wer nicht.

Von sich selbst ein Bildnis machen

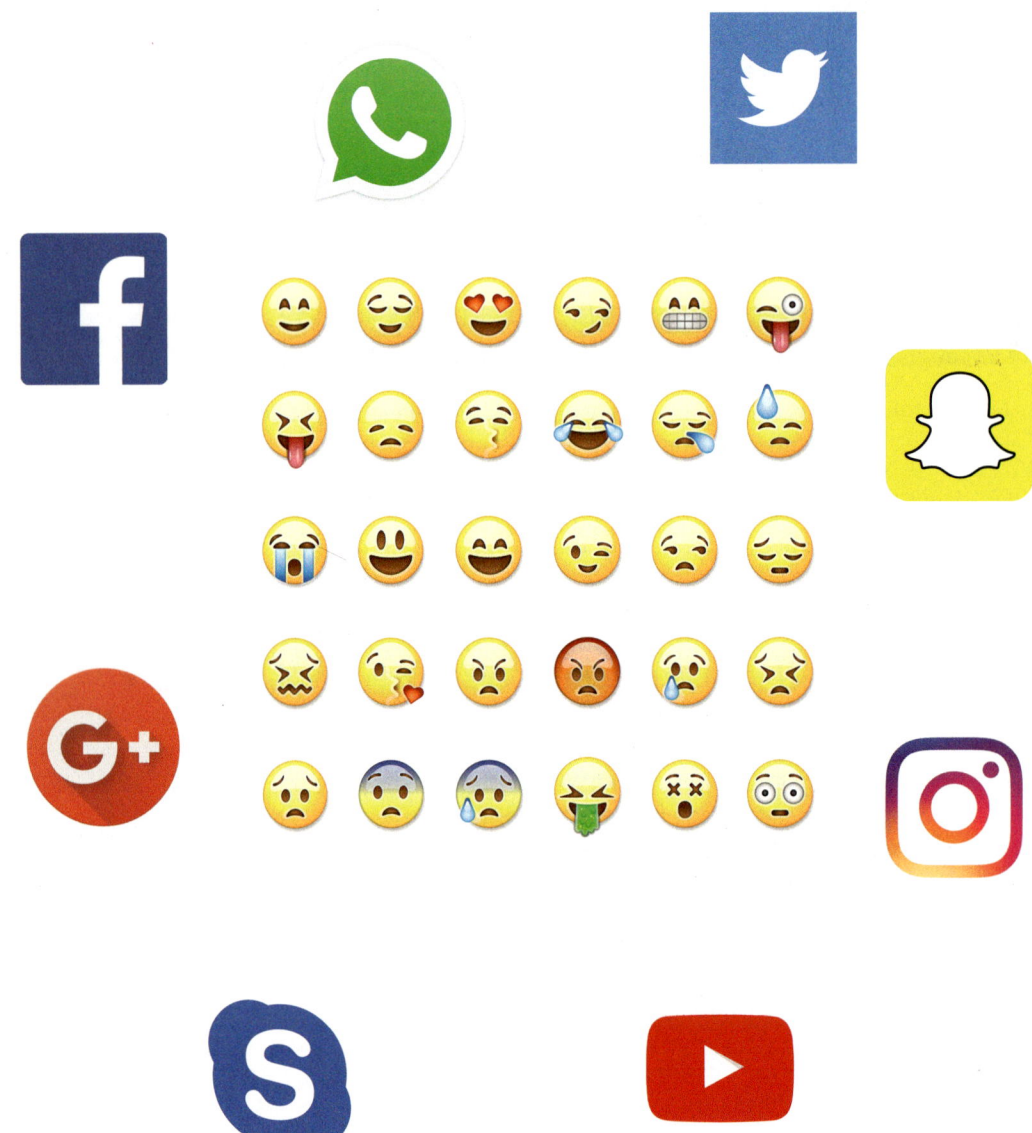

Aus dem Beitrag „Ich im Netz. Folgen der Selbstdarstellung" auf SWR 2
Ständig posten was man macht, wie man es macht, ständig auf der Suche nach Likes und
damit nach Bestätigung. Ständig damit beschäftigt, andere zu bewerten. Der Fachausdruck
hierfür ist ‚performative Ökonomie' und bezeichnet den Drang, sich ständig selbst darstellen
zu müssen.
Eine Ichsucht, die aber auch positive Seiten hat: Viele Jugendliche wünschen sich, selbst
aktiv zu werden. Nicht mehr der passive Zuschauer zu sein, der konsumiert, sondern selber
performen, hochladen, ausstrahlen.

**Auszug aus dem Buch „Das wilde Netzwerk. Ein ethnologischer Blick auf Facebook"
von Daniel Miller**

Es wäre denkbar, dass es für viele Menschen eine Notwendigkeit ist, sich selbst und ihr Verhalten von einer höheren Macht absegnen oder verdammen zu lassen. Sie wünschen sich
eine übergeordnete moralische Beurteilung ihres Tuns und Lassens – und nutzen Facebook,
um sich diese zu verschaffen. Das Netzwerk ist dann weit mehr als ein Kanal zur Kommuni-
5 kation mit Freunden, mehr auch als ein Meta-Freund. Nämlich das unverzichtbare Medium
eines öffentlichen Vorzeigens und Bezeugens. Eine übergeordnete moralische Instanz, die

uns nicht nur sagt, wer wir sind, sondern auch, wer wir sein sollen. Dann
wirkt Facebook nicht nur auf dem
10 Gebiet der Netiquette [Regeln für
das Verhalten im Internet] normativ,
sondern auch in puncto Moral – was
nicht für jeden User gilt und auch
nicht so sein muss. Doch lässt sich
15 anders kaum erklären, warum viele
Nutzer ihr Leben gleichsam zwang-
haft vor den Augen einer allgemeinen
Öffentlichkeit ausbreiten, anstatt nur
mit ausgewählten Personen darü-
20 ber zu sprechen. Wenn das stimmt,
wäre Facebook alles andere als ein
oberflächliches Medium. Für manche
könnte es das Äquivalent einer allwis-
senden Macht sein, die ihr Leben in
allen Einzelheiten begleitet und sieht.

↩ Das Gewissen –
das moralische
Gesetz in mir?
Seite 14–15

Aufgaben

1 „Von sich selbst ein Bildnis machen" ist über alle auf der linken Seite abgedruckten
Medien möglich. Stimmst du zu? Sammle zunächst für dich Argumente und tausche
dich dann mit deinem Sitznachbarn/deiner Sitznachbarin darüber aus.

2 Überlege – ausgehend vom SWR-Beitrag und dem Bild auf der rechten Seite – positive
und negative Aspekte der Selbstdarstellung in sozialen Medien. Veranschauliche deine
Überlegungen mithilfe von Beispielen.
Diskutiert anschließend im Plenum darüber, welche Seite für euch überwiegt.

3 Arbeitet zu zweit heraus, wie Daniel Miller dazu kommt, Facebook mit einer „allwissen-
den Macht" gleichzusetzen. Diskutiert im Plenum, inwieweit Facebook mit „Gott" verglichen werden kann.

4 Recherchiert zu zweit die Netiquette im Internet. Tauscht euch in Kleingruppen über
eure Ergebnisse aus und einigt euch in eurer Gruppe auf die zehn wichtigsten Regeln.
Veranschaulicht sie auf einem Plakat.

↗ ein Plakat
erstellen:
Seite 172

Einfach klein sein

Refrain
Manchmal will ich einfach klein sein,
Und ich weiß nicht, wie das geht.
Manchmal kann der Tag gemein sein,
Ohne dass man was erlebt.
5 Manchmal will ich einfach klein sein,
Und ich weiß nicht, wie das geht.
Manchmal kann der Tag gemein sein …

Meine Eltern möchten, dass ich mal Karriere mach'.
10 Deswegen soll ich tausend Sachen machen, jeden Tag.
Ich soll die Dinge lernen, um die es geht im Leben.
Deswegen muss ich Schach spielen und
15 Chinesisch reden.

Wozu ich Lust hab? Tut mir leid, mir fällt nix ein,
Denn ich muss gerade wieder irgendwo der Beste sein.
20 Und wie es aussieht, wird sich das nie wieder ändern.
Andere haben Spaß, ich hab einen Terminkalender.

Sie scheuchen mich, erst dorthin, dann
25 hierhin,
Und alles nur, weil ich angeblich so talentiert bin.
Und das muss ich euch jetzt jeden Tag beweisen
30 Und aufzählen, wie irgendwelche Neben-flüsse heißen.

Mein alter Spielplatz, du warst so farbenfroh.
Keine Zeit mehr für dich, der Ernst des
35 Lebens wartet schon.
Dabei will ich doch nur eine Runde auf dir hocken
Und später dann nach Hause kommen mit schmutzigen Klamotten.

40 Von nix kommt nix, doch von viel kommt zu viel.
Ich bin zu jung, um zu erkennen, das Leben ist kein Spiel.
Denn wenn ich ehrlich bin, auf Spielen hab'
45 ich Bock,
Und ich meine nicht Memory, heute reicht mir schon ein Stock.

Doch ich werd' beobachtet von stocklosen Augen,
50 Die nicht mit mir fühlen, weil sie nicht an Stock glauben.
Deswegen soll ich mich um wichtige Dinge kümmern,
Richtige Dinge kümmern, nicht die im
55 Kinderzimmer.

Ja, was ich brauch' sind vernünftige Ziele.
Deshalb trainier' ich jetzt für die Olympi-schen Spiele.
Weil meine Eltern mehr von mir erwarten
60 als von sich,
Hoff' ich, dass ich überall eine goldene Medaille krieg.

Denn nur dann bin ich ein echtes Goldkind.
Ich mach' alles, damit meine Eltern stolz
65 sind.
Nur zu den Miss-Wahlen zu gehen, fällt mir häufig noch schwer,
Aber Mama kommt ja mit und sie freut sich so sehr.

70 **Refrain**

Ein Kind macht keinen Spaß.
Ein Kind soll sich lohnen.
Ein Kind muss man füttern
Mit Informationen.

Deine Freunde, written by Lukas Nimscheck, Markus Pau-li, Florian Sump © Warner/Chappell Music, Inc.

Moment mal!
Ist Ehrgeiz eine schlechte Eigenschaft?

„Das Leben ist kein Ponyhof.
Es geht um Leistung. Du musst von
morgens bis abends schuften wie
ein Galeerensträfling."
Dieter Bohlen

„Nach Kraft ringen.
Das klingt alles so dramatisch.
Man tut eben, was man kann und
legt sich dann schlafen. Und auf
diese Weise geschieht es, dass man
eines Tages etwas geleistet hat."
Paula Modersohn-Becker

„Der richtige Champ ist
dazu verpflichtet, mehr zu leisten,
und zwar auf Dauer."
Boris Becker

„Man kann das Wachstum
eines Pflänzchens nicht beschleunigen,
indem man an ihm zieht."
Aus Japan

„Den Kindern sage ich,
spielt draußen."
Joachim Król

„Die größte Kunst ist,
den Kleinen alles, was sie tun
oder lernen sollen, zum Spiel und
Zeitvertreib zu machen."
John Locke

„Ein Kind kann tyrannischen
Eltern weder physisch noch psychisch
standhalten, nicht einmal
seine Gedanken sind frei."
Bernhard Bueb

„Jedes Kind ist
gewissermaßen ein Genie;
und jedes Genie ist gewissermaßen
ein Kind."
Arthur Schopenhauer

Aufgaben

1 Schreibt verschiedene Begriffe und kurze Formulierungen aus dem Liedtext „Einfach klein sein" auf Papierstreifen und bringt sie in eine sinnvolle Struktur.

→ Strukturlegen: Seite 23

2 Hört euch gemeinsam das Lied an. Entwickelt anschließend Ideen für ein Musikvideo dazu. Ihr könnt die Szenen eurer Klasse vorspielen oder sie sogar aufnehmen.

3 Wähle eines der Zitate oben aus, das dir wichtig ist, und verfasse dazu einen Kommentar, in dem du erstens erklärst, wie du das Zitat verstanden hast, und zweitens deine Meinung dazu darstellst und diese begründest.

Wer bin ich?

Aufgaben

1 Begründe, ob du dieses T-Shirt tragen oder verschenken würdest.

2 Untersuche, ob das T-Shirt ein Bild von Jungen und Mädchen und ob es ein Bild von Beziehung zwischen Mann und Frau ausdrückt.

3 Entfalte mögliche Gründe, warum diese T-Shirts so gerne gekauft werden.

Wissen

- Die „Bibel in gerechter Sprache" übersetzt Mt 6,9 nicht mit „Vater unser im Himmel", sondern mit „Du, Gott, bist uns Vater und Mutter im Himmel". Nenne verschiedene Argumente, die man dafür anführen kann.

- Entwirf für die Marionette (Seite 28) eine Sprech- oder Denkblase. Notiere die Auswirkungen, die Rollenbilder von Erwachsenen auf das Selbstbild von Jungen und Mädchen haben können.

- Untersuche Werbung für Kinderspielzeug. Überprüfe, welches Bild von Jungen und Mädchen hier vermittelt wird.

- „Der Mensch ist auf Beziehung angelegt." Erläutere diese Aussage, indem du die Rollen des Menschen in den biblischen Schöpfungserzählungen entfaltest. Genesis: Seite 179

- „Kleine Sünden bestraft der liebe Gott sofort." – Lege dar, warum dieser Spruch nichts mit dem biblischen Verständnis von Sünde zu tun hat.

Können

- Überarbeite deinen Leserbrief an die Zeitung (Seite 32), in dem du deine Position zur „Single-Ehe" deutlich machst. Arbeite ein, was du zum biblischen Menschenbild in diesem Kapitel erfahren hast.

- Nimm begründet Stellung, ob Jennifer Hoes (Seite 32) bei der Hochzeit mit sich selbst die Kette mit dem geteiltem Herzen tragen könnte.

Anwenden

- Erstelle Steckbriefe für Männer- und Frauenfiguren aus dir bekannten Märchen.

- Interviewt verschiedene Paare aus eurer Familie oder eurem Freundeskreis. Fragt sie nach ihrem „Geheimrezept" für eine gelingende Beziehung und stellt die Antworten schriftlich zusammen. ein Interview führen: Seite 170

- Lies den Roman „Billy Elliot. I will dance" von Melvin Burgess und stelle ihn in der Klasse vor. Schaut euch gemeinsam die Verfilmung des Romans an und vergleicht sie mit der Buchvorlage.

3 Was macht mich frei?

Was kannst du schon?

- deine eigenen Vorstellungen von Gott und die Gottesbilder anderer Menschen deuten

- erläutern, warum Menschen Dank, Freude, Lob, Trost und Klage mit Gott in Verbindung bringen

- biblische Texte wiedergeben, in denen sich Menschen an Gott wenden

Wenn du dieses Kapitel bearbeitet hast, kannst du . . .

- beschreiben, wie frei oder unfrei Menschen in bestimmten Situationen sind.

- aufzeigen, was der Begriff „Rechtfertigung" in der Fachsprache im Unterschied zur Alltagssprache bedeutet.

- darstellen, wie der Apostel Paulus und Martin Luther über die Rechtfertigung des Menschen denken.

- erklären, welcher Zusammenhang zwischen Rechtfertigung und Nächstenliebe besteht.

- erklären, warum der Mensch frei und zugleich verantwortlich für sich und andere ist.

- lebenspraktische Konsequenzen benennen, die der Glaube für evangelische Christinnen und Christen hat.

- erklären, welche Chancen und Herausforderungen sich aus dem Umgang mit Fremdem ergeben können.

Diese Methoden wendest du an:

- ein Schreibgespräch führen

- ein Vier-Ecken-Gespräch führen

Bin ich, was ich leiste?

Baden-Württemberg	**Theodor-Heuss-Gymnasium**
	99999 Musterstadt
	Zeugnis des Gymnasiums

Klasse	**7a**	Schuljahr	**2016/2017**

Vor- und Zuname   Corinna Lernviel

Verhalten	2	Mitarbeit	3

Leistungen in den einzelnen Fächern:

Religionslehre (ev.)	1	Mathematik	5
Deutsch	4	Physik	5
Geographie	5	Biologie	4
Geschichte	3	Sport	2
Gemeinschaftskunde	3	Musik	2
Englisch	5	Bildende Kunst	5
Französisch	3		

Teilnahme an Arbeitsgemeinschaften:

---   ---   ---   ---

Bemerkungen: ---

Datum: 19.07.2017

(Dienstsiegel der Schule)

_____   _____
Schulleiter   Klassenlehrer

Gesehen! Erziehungsberechtigte/r:

Notenstufen:
Verhalten und Mitarbeit: sehr gut = sgt, gut = gut, befriedigend = bfr, unbefriedigend = unbfr
Leistungen in den   sehr gut (1) = sgt, gut (2) = gut, befriedigend (3) = bfr,
einzelnen Fächern: ausreichend (4) = ausr, mangelhaft (5) = mgh, ungenügend (6) = ung

Samstagnachmittag, kurz nach drei Uhr. Corinna packt ihre Sporttasche und will gerade das Haus verlassen, als es klingelt. Vor der Tür steht ihre Oma, die zum Kaffeetrinken kommt: „Hallo, Corinna. Willst du gehen? Wie schade, da ich dich doch so selten sehe." „Ja, Oma", antwortet Corinna, „ich muss zum Spiel, tut mir wirklich leid." Die Mutter, die bereits den Kaffee gekocht hat, schaltet sich ein: „Corinna, eine Viertelstunde kannst du noch bleiben, dann bist du immer noch pünktlich." Corinna stellt ein wenig mürrisch ihre Sporttasche neben die Haustür und setzt sich mit an den Kaffeetisch.

„Wie geht es in der Schule, Corinna?" Klar, dass diese Frage kommen musste, denkt Corinna und kaut langsam an einem Stück Kuchen. Dann erwidert sie: „Ist schon okay da, aber nächste Woche schreiben wir drei Arbeiten und ich habe andauernd so viele Hausaufgaben auf. Ich weiß gar nicht, wie ich das alles schaffen soll." Jetzt holt Oma zu einer ihrer Grundsatzreden aus: „Lernst du was, dann kannst du was, dann hast du was, dann bist du was! Schau deinen Großvater und mich an, wir haben viel gelernt und gearbeitet und es dann auch zu was gebracht." Doch Corinna unterbricht sie und sagt: „Im Religionsunterricht haben wir aber gelernt, dass Leistung gar nicht entscheidend ist …"

Aufgabe

Arbeite heraus, was für Corinna und was für die Großmutter „Leistung" in ihrem Leben bedeutet.

Dazu ist es wichtig, …

- unterscheiden zu können, was „Leistung" im herkömmlichen und was im religiösen Sinn bedeutet.
- herauszufinden, was Gott mit der menschlichen Leistung und Freiheit zu tun hat.
- zu erkunden, wie Menschen ihre Freiheit nutzen oder missbrauchen.

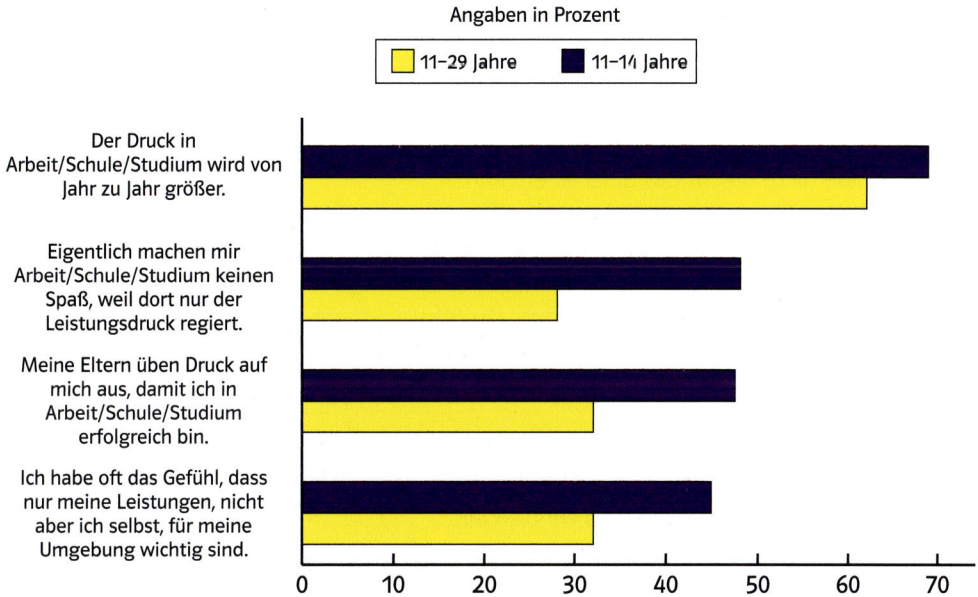

Stresserfahrungen bei Jugendlichen

Angaben in Prozent

▢ 11–29 Jahre ◼ 11–14 Jahre

Der Druck in Arbeit/Schule/Studium wird von Jahr zu Jahr größer.

Eigentlich machen mir Arbeit/Schule/Studium keinen Spaß, weil dort nur der Leistungsdruck regiert.

Meine Eltern üben Druck auf mich aus, damit ich in Arbeit/Schule/Studium erfolgreich bin.

Ich habe oft das Gefühl, dass nur meine Leistungen, nicht aber ich selbst, für meine Umgebung wichtig sind.

0 10 20 30 40 50 60 70

Quelle: tfactory, Hamburg/TIMESCOUT Welle 12 (2007): rep. für 11- bis 39-jährige Trendsetter und Early Adopters, n = 1200; Sonderauswertung 11–29 Jahre www.jugendkultur.at/Leistungsdruck%20Report_2007_jugendkultur.at.pdf

Wie gehen wir mit Leistungsdruck um?

Jugendliche leiden heute sehr unter zu hohem Leistungsdruck. Über zwei Drittel der 11- bis 14-Jährigen fühlen sich in der Schule unter starken Druck gestellt und sind der Auffassung, dass dieser Druck von Jahr zu Jahr zunimmt. Über 30 Prozent der Befragten sagen, dass sie von ihren Eltern unter Druck gesetzt werden, damit sie ihre Ziele erreichen. Diese Ziele scheinen oft von außen auferlegt, entstammen also nicht dem eigenen Wunsch der Jugendlichen. Darüber hinaus haben viele der Befragten den Eindruck, dass es ihrer Umgebung nicht in erster Linie um sie als Person geht, sondern nur um die Leistungen, die sie erbringen. Insbesondere die 11 bis 14 Jährigen empfinden den gesellschaftlichen Leistungsdruck besonders stark. So meinen fast 70 Prozent von ihnen, dass der Druck in der Schule von Jahr zu Jahr größer wird und über 45 Prozent fühlen sich von ihren Eltern unter Druck gesetzt.

Bernhard Heinzlmaier, Sozialforscher

↩ Einfach klein sein: Seite 44–45

↩ Telefon-seelsorge: Seite 114

Aufgaben

1 Lege eine Mindmap zum Thema „Leistungsdruck" an. Setze dich dazu auch mit den Erfahrungen deiner Mitschülerinnen und Mitschüler auseinander.

→ Mindmapping: Seite 175

2 Vergleiche, ob die Ergebnisse der Studie und deren Interpretation mit deinen Erfahrungen übereinstimmen.

3 Sammelt Tipps, die euch helfen können, besser mit Leistungsdruck umzugehen.

Wovon mache ich mich abhängig?

Ich bin seit Wochen unterwegs und trinke zu viel Bier und Wein.
Meine Wohnung ist verödet, meinen Spiegel schlag ich kurz und klein.
Ich bin nicht der, der ich sein will und will nicht sein, wer ich bin.
Mein Leben ist das Chaos, schau mal genauer hin.

„Selbstsucht":
Seite 31

5 Ich bin tierisch eifersüchtig und ungerecht zu Frauen.
Und wenn es ernst wird, bin ich noch immer abgehauen.
Ich frage gerade dich: Macht das alles einen Sinn?
Mein Leben ist ein Chaos, schau mal genauer hin.

Refrain: Und du glaubst, ich bin stark und ich kenn' den Weg.
10 Du bildest dir ein, ich weiß, wie alles geht.
Du denkst, ich hab alles im Griff und kontrollier', was geschieht.
Aber ich steh nur hier oben und sing mein Lied.

Ich bin dauernd auf der Suche und weiß nicht mehr wo lang.
Ich zieh nächtelang durch Bars, immer der, der am lautesten lacht.
15 Niemand sieht mir an, wie verwirrt ich wirklich bin.
Ist alles nur Fassade, schau mal genauer hin.

Refrain

Stell dich mit mir in die Sonne oder geh mit mir ein kleines Stück,
ich zeig dir meine Wahrheit für einen Augenblick.
20 Ich frage mich genau wie du, wo ist hier der Sinn.
Mein Leben ist ein Chaos, schau mal genauer hin.

Refrain

Ich und Ich, Stark
Text: Annette Humpe © Ambulanz Musikverlag

„Also, so vier bis fünf Stunden sitze ich schon jeden Tag am PC. Das ist meine Welt!"

„Ich leg' viel Wert auf die richtigen Klamotten, man will sich ja auch präsentieren."

Suchthilfe
ELAS:
Seite 161

„Ohne mein Smartphone geht gar nichts. Als ich mit meinen Eltern kürzlich in so einem kleinen Hotel auf dem Land war, da gab es keinen Empfang. Ich bin fast ausgerastet. Wie kann man da nur hinfahren?"

„Ich trinke Alkohol, weil doch sonst keine Stimmung aufkommt. Alkoholfrei ist was für Weicheier und Warmduscher."

Moment mal!
Ist es nicht wichtig, bei anderen gut anzukommen?

Es geht auch OHNE!

 Jüdische und islamische Speisevor-schriften:
Seite 140–141

Fasten im Islam:
Seite 138

Sucht:
Seite 160, 161

Aufgaben

1 Beschreibe zunächst, wie der Sänger sein Leben erfährt. Stell dir dann vor, der Sänger singt das Lied „Stark" für seine Freundin.

  a) Versetze dich, wenn du ein Mädchen bist, in die Lage dieser Freundin. Verfasse einen Brief an deine beste Freundin, um ihr von ihm zu berichten.

  b) Versetze dich, wenn du ein Junge bist, in die Lage des Sängers. Verfasse einen Brief an deinen besten Freund, und erzähle ihm, wie du dich fühlst, nachdem du deiner Freundin dieses Lied gesungen hast.

2 Startet eine anonyme Umfrage zum Thema „Sucht" an eurer Schule. Entwerft dafür einen Umfragebogen mit wenigen Fragen und wertet das Ergebnis aus, um es der Schulöffent-lichkeit zu präsentieren (zum Beispiel auf der Homepage oder mithilfe einer Wandzeitung in der Pausenhalle).

ein Interview führen:
Seite 170

eine Wandzei-tung gestalten:
Seite 173

eine Internet-recherche durchführen:
Seite 170

3 Recherchiere, wo es in eurem Umfeld Institutionen gibt, an die man sich wenden kann, wenn man Angst hat, suchtkrank zu sein oder suchtkranke Eltern hat.

  a) Stelle eine der Institutionen in einem Kurzreferat vor.

  b) Gestalte einen Flyer.

4 Gestalte einen Flyer mit dem Titel „Es geht auch OHNE", in dem du auf Alternativen zu einem Suchtmittel (zum Beispiel Alkohol) und Behandlungsmöglichkeiten für Sucht-kranke hinweist.

Frei oder unfrei?

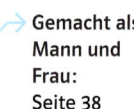 Gemacht als Mann und Frau:
Seite 38

99 Dann sprach Gott: „Nun wollen wir Menschen machen, ein Abbild von uns, das uns ähnlich ist! Sie sollen Macht haben über die Fische im Meer, über die Vögel in der Luft, über das Vieh und alle Tiere auf der Erde und über alles, was auf dem Boden kriecht." So schuf Gott die Menschen nach seinem Bild, als Gottes Ebenbild schuf er sie und schuf sie als Mann und als Frau. Und Gott segnete die Menschen und sagte zu ihnen: „Seid fruchtbar und vermehrt euch! Füllt die ganze Erde und nehmt sie in Besitz! Ich setze euch über die Fische im Meer, die Vögel in der Luft und alle Tiere, die auf der Erde leben, und vertraue sie eurer Fürsorge an." **66**
(Gen 1,26–28)

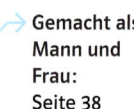 Sündenfall:
Seite 34

 Bewahrung der Schöpfung:
Seite 152–153

99 Gott, der HERR, brachte also den Menschen in den Garten Eden. Er übertrug ihm die Aufgabe, den Garten zu pflegen und zu bewahren. Weiter sagte er zu ihm: „Du darfst von allen Bäumen des Gartens essen, nur nicht vom Baum der Erkenntnis." **66**
(Gen 2,15–17a)

! Moment mal!
Warum gibt es eigentlich zwei Schöpfungserzählungen?

Methoden-Karte: ein Schreibgespräch führen

In einem „Schreibgespräch" unterhält man sich schreibend (und schweigend!) über einen Sachverhalt, eine These oder ein Bild. In kleinen Gruppen vertieft man sich auf diese Weise intensiv in ein Thema. Hintergrundmusik kann helfen, während der Durchführung des Schreibgesprächs konsequent zu schweigen.

So könnt ihr vorgehen:
1. Bildet Vierer- oder Fünfer-Gruppen und stellt die Tische zu Gruppentischen zusammen.
2. Jede Gruppe erhält ein großes Stück Papier (DIN A2), jede Schülerin, jeder Schüler nimmt einen andersfarbigen Stift.
3. Schreibt bei absolutem Schweigen zunächst eigene Gedanken, Gefühle, Fragen und Vermutungen zum Thema auf (5–10 Minuten).
4. Lest dann die Notizen der anderen Gruppenmitglieder und kommentiert, ergänzt oder kritisiert sie schriftlich. Wichtig ist dabei, dass niemand spricht (10–20 Minuten).
5. Diskutiert im Anschluss an die Schreibphase in der Gruppe über das Ergebnis und dessen Entstehung. Die Farben helfen euch, das Schreibgespräch zu rekonstruieren.
6. Stellt das Ergebnis der einzelnen Gruppen-„Gespräche" zusammengefasst im Plenum vor.

Der Apostel Paulus knüpft in seinem zweiten Brief an die Gemeinde in Korinth an die Schöpfungserzählungen des Alten Testaments an. Er vergleicht die Situation eines Menschen, der Christ geworden ist, mit einem neuen Schöpfungsgeschehen:

99 ¹⁷Wenn jemand zu Christus gehört, gehört er schon zur neuen Schöpfung. Das Alte ist vergangen. Seht doch! Etwas Neues ist entstanden! ¹⁸Das alles kommt von Gott. Durch Christus hat er uns mit sich versöhnt. Und er hat uns den Dienst übertragen, die Versöhnung zu verkünden. ¹⁹Ja, in Christus war Gott selbst am Werk, um die Welt mit sich zu versöhnen. Er hat den Menschen ihre Verfehlungen nicht angerechnet. Und uns hat er sein Wort anvertraut, das Versöhnung schenkt. Die Botschaft, dass Jesus der Christus ist. ²⁰Wir treten also anstelle von Christus auf. Es ist, als ob Gott selbst die Menschen durch uns einlädt. So bitten wir anstelle von Christus: Lasst euch mit Gott versöhnen! ²¹Gott hat Christus, der keine Sünde kannte, an unserer Stelle als Sünder verurteilt. Denn durch Christus sollten wir vor Gott als gerecht dastehen. **66**
(2 Kor 5,17–21)

Gnade:
Seite 119

Rechtfertigung bei Luther:
Seite 100–101

Aufgaben

1 Vergleiche die beiden Schöpfungserzählungen am Beginn der Bibel (Gen 1,1–2,4a und Gen 2,4b–25) und fasse die Gemeinsamkeiten und Unterschiede in einer Tabelle zusammen.

eine Bibelstelle finden:
Seite 169

2 Führt ein Schreibgespräch zu der Frage durch, wie frei oder unfrei der Mensch in den beiden Schöpfungserzählungen ist.

3 a) Grafisiere das Verhältnis zwischen Gott und den Menschen, wie es in Gen 1,26–28, in Gen 2,15–17a und in 2 Kor 5,17–21 beschrieben wird.

Grafisieren:
Seite 174

   b) Vergleiche deine drei Grafiken.

4 Führt eine Pro- und Kontra-Diskussion darüber, inwieweit ein Christ oder eine Christin frei oder unfrei ist. Bezieht die Bibeltexte in eure Diskussion ein.

eine Pro- und Kontra-Diskussion führen:
Seite 96

5 Beurteile, ob das Foto eine Deutung des Textes von Paulus darstellen kann.

Paulus – ein freier Mensch?

Caravaggio, Die Bekehrung des Paulus (1601)

Um das Jahr 32 n. Chr. erlebt Paulus eine markante Lebenswende. Darüber berichtet Lukas in der Apostelgeschichte drei Mal (Kap. 9, Kap. 22, Kap. 26). Paulus selbst berichtet von dem Ereignis etwa 20 Jahre später in seinem Brief an die Galater:

99 Brüder und Schwestern, das müsst ihr einsehen: Die Gute Nachricht, die ich verkündet habe, stammt nicht von Menschen. Denn ich habe sie nicht von einem Menschen empfangen. Ich wurde auch nicht von einem Menschen darin unterrichtet. Nein, Jesus Christus selbst hat sie mir offenbart. Ihr habt doch gehört, wie konsequent ich früher meinen jüdischen Glauben gelebt habe. Mit aller Kraft habe ich die Gemeinde Gottes verfolgt und wollte sie vernichten. Ich übertraf viele Gleichaltrige in meinem Volk darin, den jüdischen Glauben zu leben. Denn ich setzte mich mit aller Leidenschaft für das ein, was von meinen Vorfahren überliefert wurde. Aber: Gott hatte mich schon im Mutterleib ausgewählt und in seiner → Gnade berufen. Er hatte beschlossen, mir seinen Sohn zu offenbaren. Bei allen Völkern sollte ich ihn bekannt machen. **66**
(Gal 1,11–16)

Info – Wer war Paulus?

- Paulus wird als Jude geboren – wohl in Tarsus (Kilikien, in der heutigen Türkei gelegen) um die Zeitenwende.
- Er ist zunächst strenger → Pharisäer und ein scharfer Christenverfolger.
- Um 32 n. Chr. hat er auf dem Weg nach Damaskus eine Christus-Erscheinung. Er lässt sich in Damaskus taufen, setzt sich fortan für die Verbreitung des christlichen Glaubens ein und betitelt sich selbst als „Apostel".
- Wichtig bei seiner Verkündigung sind folgende Gedanken: Allein durch seinen Glauben an Jesus Christus ist der Mensch Gott recht und wird er von Gott angenommen, der Mensch braucht und kann nichts weiter dafür tun.
- Seine „Basis" ist in Antiochia, von wo aus er zwischen etwa 35–57 n. Chr. mehrere ausgedehnte Missionsreisen in das östliche Mittelmeergebiet unternimmt.
- Er gründet zahlreiche Gemeinden (unter anderem in Galatien und Korinth) und steht mit ihnen in brieflichem Kontakt. Von dem im NT Paulus zugeschriebenen Briefen sind 1 Thess, 1 Kor, 2 Kor, Gal, Phil, Phlm, Röm.
- Er wird von Beamten des römischen Staates verhaftet und wohl unter Kaiser Nero um 60 n. Chr. in Rom hingerichtet.

↔ Sakramente: Seite 183

↔ Abkürzungsverzeichnis biblischer Bücher: Seite 176

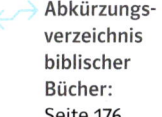
Moment mal! Heißt der nun Saulus oder Paulus?

Aufgaben

1 Beschreibe das Gemälde von Caravaggio.

2 Vergleiche Caravaggios Darstellung mit Apg 9,1–19.

3 Erarbeitet in Gruppen Standbilder, die zeigen, inwiefern Saulus/Paulus ein freier Mensch wird. Achtet dabei besonders auf die Verse Apg 9,1–2 und 17–19.

4 Vergleicht Paulus' eigenen Bericht aus dem Galaterbrief mit der Darstellung, die Lukas in der Apostelgeschichte gibt, und schreibt eine eigene Version des Berichts, in der ihr beide Sichtweisen einfließen lasst.

→ Bilder analysieren: Seite 92

→ eine Bibelstelle finden: Seite 169

→ Standbilder inszenieren: Seite 175

Kann man im Glauben stark oder schwach sein?

Paulus antwortet in seinen Briefen auf konkrete Fragen der Gemeinden. Der folgende Ausschnitt aus einem Brief an die Christen in Korinth macht deutlich, dass es dort ein Problem im Umgang mit dem sogenannten „Götzenopferfleisch" gibt. Dabei handelt es sich um Fleisch aus Opferhandlungen an griechisch-römischen Tempeln, das also im Zusammenhang mit dem Polytheismus (Glauben an zahlreiche Götter) der griechisch-römischen Religion steht. Paulus betitelt die Götter dieser Religion als → „Götzen". In der Gemeinde gibt es offenbar einen Streit darüber, ob Christen solches Fleisch essen dürfen.

99 ⁴Zurück zu unserer Frage: Darf man das Fleisch von Tieren essen, die als Opfer für → Götzen geschlachtet wurden? Wir sind uns einig: „Es gibt überhaupt keine Götzen in dieser Welt." Wir sind uns ebenfalls einig: „Es gibt keinen Gott außer dem Einen."
⁵Natürlich gibt es sogenannte Götter im Himmel wie auf der Erde. Tatsächlich sind es sogar viele solcher Götter und Herren.
⁶Aber für uns gilt: „Nur einer ist Gott: der Vater. Alles hat in ihm seinen Ursprung und er ist das Ziel unseres Lebens. Und nur einer ist der Herr: Jesus Christus. Alles ist durch ihn entstanden und durch ihn haben wir das Leben."
⁷Aber diese Einsicht teilen noch nicht alle. Nach alter Gewohnheit glauben sie: Wir verehren die Götzen, wenn wir das Fleisch von Tieren essen, die für sie geopfert wurden. Und weil sie in ihrer Überzeugung nicht sicher sind, belastet sie das.
⁸Was wir essen, wird uns nicht vor Gottes Gericht bringen: Es bringt uns keinen Nachteil, wenn wir etwas Bestimmtes nicht essen. Und umgekehrt haben wir auch keinen Vorteil, wenn wir es essen.

Speisevorschriften im Judentum und im Islam: Seite 140–141

⁹Gebt aber Acht! Die Freiheit, die ihr in Anspruch nehmt, darf die Schwachen nicht zu Fall bringen!
¹⁰Stell dir vor: Du liegst gerade in einem Götzentempel zu Tisch, wie es ja deiner Einsicht entspricht. Und dabei sieht dich jemand, der selbst unsicher in seiner Überzeugung ist. Wird ihn das nicht geradezu ermutigen, auch an einem solchen Mahl teilzunehmen, das er für Götzendienst hält?

¹¹Dann geht der Unsichere durch deine Einsicht zugrunde – der Bruder, für den Christus gestorben ist.
¹²So tut ihr euren Brüdern und Schwestern Unrecht und verunsichert sie noch mehr. Und damit tut ihr Christus Unrecht.
¹³Mein Essen kann also meinen Bruder zu etwas verleiten, was er für falsch hält. Wenn das so ist, will ich nie wieder Fleisch essen! Denn ich will meinen Bruder nicht zu irgendetwas verleiten. 99
(1 Kor 8,4–13)

Sowas brauche ich nicht.

Nein, da mache ich nicht mit.

Das sollten wir ändern.

Damit bin ich nicht einverstanden.

Es ist egal, was die anderen sagen — wir machen es trotzdem.

Hilf mir, bitte.

Das stört mich.

Was soll ich bloß tun?

Ich habe Durst.

Ganz alleine geht es auch nicht.

Ist denn keiner da?

Reformation: Seite 104–105

Martin Luther: Seite 100–101

Aufgaben

1 Erläutere die zwei von Paulus beschriebenen Möglichkeiten, mit Götzenopferfleisch umzugehen.

2 Tausche dich mit deinem Sitznachbarn oder deiner Sitznachbarin darüber aus, wo die Freiheit eines Menschen ihre Grenzen hat. Beziehe dabei das Foto von dem Verkehrsschild mit ein.

3 Teilt die Klasse in zwei Gruppen und verfasst jeweils eine Reaktion auf die Antwort des Paulus – eine Gruppe aus der Perspektive der „Schwachen" und die andere Gruppe aus der Perspektive der „Starken".

4 Für Martin Luther ist es wichtig, dass der Mensch frei ist. Dennoch hält er ihn auch für einen „dienstbaren Knecht". Erfindet, um zu zeigen, was Luther damit meint, kurze Geschichten, in denen die oben neben dem Bild stehenden Aussprüche vorkommen. Schreibt die Geschichten auf und spielt sie der Klasse vor.

5 Begründe, warum 2017 das Jahr des 500-jährigen Reformationsjubiläums ist.

eine Internetrecherche durchführen: Seite 170

Was hat Rechtfertigung mit Nächstenliebe zu tun?

⟿ Was lehrte
Martin Luther?
Seite 100–101

St. Paulus spricht an vielen Stellen vom Glauben und schätzt ihn so hoch, dass er sagt:
„justus ex fide sua vivit – der Gerechte hat sein Leben aus seinem Glauben" (Röm 1,17), und
„der Glaube ist es, um dessentwillen er vor Gott als gerecht angesehen wird" (Röm 3,28).
Besteht aber die → Gerechtigkeit im Glauben, so ist es klar, dass er allein alle → Gebote
erfüllt und alle Werke der Menschen gerecht macht, da ja niemand vor Gott gerecht ist, er
tue denn alle Gebote Gottes. Die Werke wiederum vermögen niemanden vor Gott gerecht
zu machen ohne den Glauben. Und so eifrig und mit so lauter Stimme verwirft der heilige
Apostel die Werke und preist den Glauben, dass einige über seine Worte verärgert sprachen:
„Ei, so wollen wir kein gutes Werk mehr tun", die er jedoch als Irrige und Unverständige
verdammt.

Martin Luther: Von den guten Werken, 1520

Das sogenannte → **„Doppelgebot der Liebe"**

❞ ²⁸Ein Schriftgelehrter war dazu gekommen und hatte die Auseinandersetzung mit ange-
hört. Als er merkte, wie treffend Jesus den → Sadduzäern geantwortet hatte, fragte er ihn:
„Welches → Gebot ist das wichtigste von allen?"
²⁹Jesus antwortete: „Das wichtigste Gebot ist dieses: ‚Höre, Israel! Der Herr ist unser Gott, der
Herr allein. ³⁰Und du sollst den Herrn, deinen Gott, lieben mit deinem ganzen Herzen, mit deiner ganzen Seele, mit deinem ganzen Willen und mit deiner ganzen Kraft.'

⟿ Nächstenliebe:
Seite 181

³¹Das zweite ist: ‚Liebe deinen Mitmenschen wie dich selbst.' Kein anderes Gebot ist wichtiger
als diese beiden."
³²Da antwortete ihm der Schriftgelehrte: „Ja, Lehrer, du sagst die Wahrheit: ‚Einer ist Gott,
und es gibt keinen anderen Gott außer ihm. ³³Ihn zu lieben mit ganzem Herzen, mit ganzem
Verstand und mit ganzer Kraft und seinen Mitmenschen zu lieben wie sich selbst', das ist viel
wichtiger als alle Brandopfer und anderen Opfer."
³⁴Als Jesus merkte, mit wie viel Einsicht der Schriftgelehrte geantwortet hatte, sagte er zu ihm:

⟿ Reich Gottes:
Seite 118

„Du bist nicht weit weg vom Reich Gottes." ❝
Von da an wagte es niemand mehr, Jesus etwas zu fragen.
(Mk 12,28–34)

Rechtfertigung und Freiheit

Weil Rechtfertigung Menschen befreit, kann die Rechtfertigung mit dem Stichwort *Freiheit* erläutert werden. Alle wollen frei sein, und doch erleben die meisten Menschen Enttäuschungen
5 bei ihrem Verlangen, frei zu werden, stoßen an schmerzliche Grenzen. Umso kostbarer sind die Erfahrungen, in denen Freiheit geschenkt wird – beispielsweise durch einen großzügigen Menschen, der mir Freiheit von einer Verpflichtung,
10 Freiheit von einer Schuld oder auch Freiheit von eigenen Beschränkungen schenken kann. Wird mir so Freiheit geschenkt, wird unter Umständen Leben in ganz anderer Weise möglich. Rechtfertigung bedeutet eine Gabe umfassender Freiheit,
15 die einen Menschen von der Bezogenheit auf sich selbst erlöst: Ich bin nicht mehr auf mich selbst bezogen, sondern frei für die Nächsten und die Gemeinschaft. [...]

Der Mensch wird nicht bemessen nach dem, was er nach außen darstellt oder auch wie er
20 persönlich dasteht, sondern er wird von Gott geliebt, anerkannt, gewürdigt, ganz unabhängig von seinem Bildungsstand, seinem Einkommen, sozialen Hintergrund und gesellschaftlichem Ansehen. Diese Anerkennung oder Würdigung macht ihn wahrhaft frei. Schuld belastet ihn nicht mehr, ist aber auch nicht einfach vergessen, sondern ist als bekannte Schuld vergeben und dadurch überwunden. Die ursprüngliche Zuwendung Gottes ist nicht abhängig von dem, was der Mensch tut oder denkt. Sie ermöglicht in einer Gesellschaft ehrlichen Umgang mit Schuld und damit ein menschenwürdiges Zusammenleben.

Grundlagentext des Rates der EKD, 2014

↔ Schuld und Vergebung: Seite 183

! Moment mal! Kann ich machen, was ich will?

Aufgaben

1 „Kein anderes Gebot ist wichtiger als diese beiden", sagt Jesus in Mk 12,28–34. Überlegt zu zweit, welche Begründungen Jesus für die Wichtigkeit dieser beiden Gebote anführen könnte. Klärt dazu, woher die beiden Gebote, die er zitiert, stammen. Ergänzt dann entsprechend seinen Redebeitrag.

→ eine Bibelstelle finden: Seite 169

2 Vergleiche den alltäglichen Gebrauch des Wortfeldes „Rechtfertigung"/„sich rechtfertigen" mit dem Verständnis nach Luther und der EKD. Sammle dazu in einer Tabellenspalte Alltagssätze zu diesem Wortfeld und in der anderen Tabellenspalte stichwortartig zentrale Gedanken aus den beiden Texten.

3 Die Kirchengemeinde in Duderstadt hat das „Projekt Nächstenliebe" ins Leben gerufen. Begründe, inwieweit Nächstenliebe als ein „Projekt" verstanden werden kann. Beziehe dazu auch das Bild auf der rechten Seite in deine Überlegungen mit ein.

4 „Was hat Rechtfertigung (im Sinne Luthers) mit Nächstenliebe zu tun?" lautet die Überschrift dieser Doppelseite. Formuliere eine Antwort und versuche, dabei auch die Doppelthese Luthers (s. Plakat auf Seite 59) einzubeziehen.

Wie frei sind wir im Umgang mit dem Fremden?

Zeus-Statue

99 [8]In Lystra [eine Stadt im südlichen Kleinasien, der heutigen Türkei] wohnte ein Mann, der keine Kraft in seinen Beinen hatte. Er war von Geburt an gelähmt und hatte noch nie einen Schritt getan.

[9]Dieser Mann war unter den Zuhörern, als Paulus redete. Paulus blickte den Gelähmten an. Er sah, dass der Mann fest darauf vertraute, geheilt zu werden. [10]Da rief er laut: „Stell dich auf deine Beine – gerade und aufrecht!" Da sprang der Gelähmte auf und tat die ersten Schritte.

[11]Als die Leute sahen, was Paulus getan hatte, riefen sie auf Lykaonisch [die Sprache der Bewohner der Stadt Lystra]: „Die Götter haben Menschengestalt angenommen und sind zu uns herabgestiegen!"

[12]Sie nannten Barnabas [Paulus' Begleiter] Zeus und Paulus Hermes, weil er der Wortführer war.

[13]Der Priester aus dem Zeustempel vor der Stadt brachte Stiere und Blumenkränze zum Stadttor. Zusammen mit den Leuten wollte er den beiden Opfer darbringen.

[14]Als die Apostel Barnabas und Paulus das hörten, zerrissen sie ihre Kleider. Sie stürzten sich in die Menge und riefen:

[15]„Männer, was tut ihr da? Wir sind doch Menschen genau wie ihr. Wir verkünden euch die Gute Nachricht, damit ihr euch von diesen nutzlosen → Götzen abwendet. Wendet euch dem lebendigen Gott zu! Er hat Himmel, Erde und Meer geschaffen mit allem, was darin ist.

[16]In den vergangenen Zeiten ließ Gott alle heidnischen Völker ihre eigenen Wege gehen.

[17]Und doch hat er sich auch ihnen immer wieder deutlich zu erkennen gegeben – durch all das Gute, das er tut: Vom Himmel her gibt er euch Regen und lässt die Ernte reifen. Er schenkt euch Nahrung und erfüllt euer Herz mit Freude."

[18]Doch selbst mit diesen Worten konnten Paulus und Barnabas die Leute kaum davon abhalten, ihnen Opfer darzubringen. **66**

(Apg 14,8–18)

„Was du liebst,
das lass frei. Kommt es zurück,
gehört es dir – für immer."
Konfuzius

„Denn es ist besser,
mit eignen Augen sehen
als mit fremden."
Martin Luther

„Es gibt keine Grenzen.
Weder für Gedanken
noch für Gefühle. Es ist die Angst,
die immer Grenzen setzt."
Ingmar Bergmann

„Fremd ist der Fremde
nur in der Fremde."
Karl Valentin

DUDEN-Eintrag „fremd"

Bedeutungsübersicht

1. nicht dem eigenen Land oder Volk angehörend; eine andere Herkunft aufweisend
2. einem anderen gehörend; einen anderen, nicht die eigene Person, den eigenen Besitz betreffend
3. a) unbekannt; nicht vertraut
   b) ungewohnt; nicht zu der Vorstellung, die jemand von jemandem, etwas hat, passend; anders geartet

Multikulturell oder interkulturell? – Transkulturell!

Methoden-Karte: **ein Vier-Ecken-Gespräch führen**

Diese Methode dient dazu, sich in wechselnden Gruppen mit verschiedenen Positionen oder Aspekten eines Themas zu beschäftigen.

So könnt ihr vorgehen:

1. Stellt die Tische so auf, dass in den vier Ecken des Klassenraums genug Platz ist. Hängt oder legt in jede Ecke eine Aussage oder einen ähnlichen Impuls auf je einem DIN-A4-Blatt (in der Regel sorgt eure Lehrerin oder euer Lehrer dafür).
2. Geht einmal herum, bis ihr alle Aussagen einmal gelesen habt. Ordnet euch zunächst der Aussage zu, zu der ihr die größte Nähe empfindet.
3. Führt in der jeweiligen Ecke ein Gespräch über den ausliegenden Impuls.
4. Wechselt auf ein gemeinsames Zeichen die Ecke, bis ihr überall einmal ein Gespräch geführt habt. Je nach Absprache könnt ihr die Zahl der Runden auch begrenzen.
5. Haltet eure Ergebnisse entweder schriftlich in jeder Ecke auf einem Plakat fest oder tragt sie im Anschluss mündlich zusammen.

Aufgaben

1 Erarbeitet in Gruppen ein Standbild zur Reaktion von Paulus und Barnabas aus Apg 14,8–18.

2 Beim Darbringen der Opfer unterhalten sich die Leute über das, was Paulus und Barnabas zu ihnen gesagt haben. Sie wägen ab zwischen dem Alten, Vertrauten, Eigenen, an dem sie sich bisher orientierten, und dem Neuen, Fremden, das sie von Paulus und Barnabas gehört haben. Gestaltet einen Dialog; bezieht dabei das Zeus-Bild und die Informationen aus dem Duden-Eintrag ein.

3 Erkläre mithilfe der Grafik und eines Fremdwörterbuchs, was die Begriffe „multikulturell", „interkulturell" und „transkulturell" bedeuten. Sammle Beispiele aus deinem Alltag, um sie zu veranschaulichen.

→ eine Fachwörter-Kartei anlegen: Seite 145

4 Der grüne Smiley lächelt, das Aufeinandertreffen und die Begegnung verschiedener Kulturen ist geglückt. Erläutere, was zum Gelingen beitragen kann. Überlege auch, was ein Miteinander stören oder sogar verhindern kann.

5 Führt ein Vier-Ecken-Gespräch zu den Zitaten auf der linken Seite.

Was ist, wenn ich Fehler mache?

Sieger Köder, Der verlorene Sohn

99 ¹¹Dann sagte Jesus: „Ein Mann hatte zwei Söhne. ¹²Der jüngere sagte zum Vater: ‚Vater, gib mir den Teil der Erbschaft, der mir zusteht.' Da teilte der Vater seinen Besitz unter den Söhnen auf. ¹³Ein paar Tage später machte der jüngere Sohn seinen Anteil zu Geld und wanderte in ein fernes Land aus. Dort verschleuderte er sein ganzes Vermögen durch ein verschwenderisches Leben. ¹⁴Als er alles ausgegeben hatte, brach in dem Land eine große Hungersnot aus. Auch er begann zu hungern. ¹⁵Da bat er einen der Bürger des Landes um Hilfe. Der schickte ihn aufs Feld zum Schweinehüten. ¹⁶Er wollte seinen Hunger mit den Futterschoten stillen, die die Schweine fraßen. Aber er bekam nichts davon. ¹⁷Da ging der Sohn in sich und dachte: ‚Wie viele Arbeiter hat mein Vater und sie alle haben reichlich Brot zu essen. Aber ich komme hier vor Hunger um. ¹⁸Ich will zu meinem Vater gehen und zu ihm sagen: Vater, ich habe Schuld

auf mich geladen – vor Gott und vor dir. ¹⁹Ich bin es nicht mehr wert, dein Sohn genannt zu werden. Nimm mich als Arbeiter in deinen Dienst.'

²⁰So machte er sich auf den Weg zu seinem Vater. Sein Vater sah ihn schon von Weitem kommen und hatte Mitleid mit ihm. Er lief seinem Sohn entgegen, fiel ihm um den Hals und küsste ihn. ²¹Aber sein Sohn sagte zu ihm: ‚Vater, ich habe Schuld auf mich geladen – vor Gott und vor dir. Ich bin es nicht mehr wert, dein Sohn genannt zu werden.' ²²Doch der Vater befahl seinen Dienern: ‚Holt schnell das schönste Gewand aus dem Haus und zieht es ihm an. Steckt ihm einen Ring an den Finger und bringt ihm Sandalen für die Füße. ²³Dann holt das gemästete Kalb her und schlachtet es: Wir wollen essen und feiern! ²⁴Denn mein Sohn hier war tot und ist wieder lebendig. Er war verloren und ist wiedergefunden.' Und sie begannen zu feiern. ²⁵Der ältere Sohn war noch auf dem Feld. Als er zurückkam und sich dem Haus näherte, hörte er Musik und Tanz. ²⁶Er rief einen der Diener zu sich und fragte: ‚Was ist denn da los?' ²⁷Der antwortete ihm: ‚Dein Bruder ist zurückgekommen! Und dein Vater hat das gemästete Kalb schlachten lassen, weil er ihn gesund wiederhat.' ²⁸Da wurde der ältere Sohn zornig. Er wollte nicht ins Haus gehen. Doch sein Vater kam zu ihm heraus und redete ihm gut zu. ²⁹Aber er sagte zu seinem Vater: ‚Sieh doch: So viele Jahre arbeite ich jetzt schon für dich! Nie war ich dir ungehorsam. ³⁰Aber mir hast du noch nicht einmal einen Ziegenbock geschenkt, damit ich mit meinen Freunden feiern konnte. Aber der da, dein Sohn, hat dein Vermögen mit Huren vergeudet. Jetzt kommt er nach Hause, und du lässt gleich das gemästete Kalb für ihn schlachten.' ³¹Da sagte der Vater zu ihm: ‚Mein lieber Junge, du bist immer bei mir. Und alles, was mir gehört, gehört auch dir. ³²Aber jetzt mussten wir doch feiern und uns freuen: Denn dein Bruder hier war tot und ist wieder lebendig. Er war verloren und ist wiedergefunden.'" **"**
(Lk 15,11–32)

⤸ **Versöhnung durch Christus:** Seite 54–55

Info – Gleichnis

Gleichnisse sind im NT kurze, erfundene Erzählungen. Sie werden von Jesus als Reaktion auf eine bestimmte Situation erzählt: zum Beispiel in einem Streitgespräch oder weil jemand eine Frage gestellt hat oder ein schwieriger Gedanke veranschaulicht werden soll. Meistens greift das Gleichnis eine den Hörern bekannte Alltagssituation auf und vergleicht diese mit der Ausgangsfrage. Dadurch wird Jesu Antwort für seine Zeitgenossen besser verständlich. Das Gleichnis ist also eine Beispielgeschichte, die man auf mehreren Ebenen verstehen kann.

Aufgaben

1 Teilt die Erzählung aus dem Lukasevangelium in einzelne Szenen ein. Bildet dann so viele Gruppen, wie ihr Szenen erarbeitet habt, und stellt die jeweilige Szene als Standbild dar.

→ **Standbilder inszenieren:** Seite 175

2 Beschreibe das Gottesbild, das in diesem Gleichnis durch Jesus vermittelt wird.

3 Wie gehen die drei Personen des Gleichnisses mit dem „Fehler" des jüngeren Sohnes um? Zeige, wie Sieger Köder sich in seinem Bild mit dieser Frage auseinandersetzt. Gestalte für jede Person eine Gedankenblase.

4 Erläutere, inwiefern das Gleichnis vom sogenannten „verlorenen" Sohn in der Diskussion zwischen Corinna und ihrer Großmutter (Seite 50) eine Rolle spielen könnte.

Was macht mich frei?

Laura Dekker, Weltumseglerin

Das Foto zeigt Laura Dekker, eine Niederländerin, die im Jahr 2010 mit 14 Jahren zu einer Solo-Weltumsegelung startete. Am 21. Januar 2012 kam sie auf der niederländischen Karibik-insel St. Maarten an und vollendete damit ihre Weltumsegelung nach mehr als 500 Tagen. Sie gilt damit als jüngster Mensch, der jemals allein um die Welt segelte. Allerdings erken-nen Segelverbände und die Guiness-Buch-Redaktion diese Leistung nicht als offiziellen Re-kord an. Man will nicht, dass immer jüngere Segler und Seglerinnen sich auf riskante Fahr-ten begeben.

Aufgaben

→ eine Internet-
recherche
durchführen:
Seite 170

1 Informiere dich über die Diskussion zwischen Laura, ihren Eltern, den Gerichten und der Öffentlichkeit vor ihrem Aufbruch und nach ihrer Rückkehr.

2 Nimm begründet Stellung zu der Frage, ob und gegebenenfalls wodurch Laura Dekker ein „freier" Mensch ist.

Wissen

- „Ich bin o. k. – du bist o. k." – Erkläre, weshalb dieser Satz *nicht* als „Übersetzung" von Luthers Rechtfertigungslehre gelten kann.

- „Deine ‚Rechtfertigungen' kannst du dir sparen." Erkläre mithilfe des Fachbegriffs → „Rechtfertigung", warum → evangelische Christinnen und Christen diesem Satz aus der Alltagssprache grundsätzlich zustimmen können.

- Gestaltet eine Paulus- und eine Luther-Figur für eure Klasse und klebt Zettel darauf, auf denen jeweils biografische Daten und Grundgedanken stehen.

↩→ **Martin Luther:** Seite 100–101

- Deine katholische Tante schreibt dir: „Vielen Dank für die Einladung zu deiner Konfirmation. Ich freue mich und komme gerne! Aber eine Frage habe ich doch: Ich habe immer gedacht, dass die Protestanten ihren Glauben nicht besonders ernst nehmen und auch gar keinen Einsatz für Gott zeigen müssen. Stimmt das eigentlich?" Verfasse eine Antwort.

- Martin Luther hat das Verhältnis von → Rechtfertigung und guten Taten eines Menschen häufiger mit dem Stamm und den Früchten eines Baums verglichen. Erkläre dieses Bild.

Können

- Vervollständige deine Liste der Argumente für Corinna und ihre Großmutter von Seite 50.

- Spielt die Fortsetzung der Szene als Rollenspiel.

Anwenden

- Spiele das Paulus-Online-Spiel der EKD unter www.ekd.de/paulus/.

- Überlegt euch ein „Projekt Nächstenliebe" und führt es durch. Möglich sind Projekte wie
  - Besuchsdienste mit Vorlesen im Seniorenheim,
  - Benefizveranstaltungen für das Einwerben von Spendengeldern,
  - Mitarbeit in einer lokalen „Tafel",
  - Spiele-Nachmittage in einer Einrichtung für Menschen mit Behinderung.

- Verfasse einen Bericht über euer Praxisprojekt und veröffentliche ihn schulintern oder in der lokalen Zeitung.

4 Die Bibel – ein Buch wie jedes andere?

Was kannst du schon?

- darstellen, aus welchen Büchern die Bibel besteht, und Textstellen in der Bibel nachschlagen

- in Grundzügen erklären, wie die Bücher der Bibel entstanden sind und in welchen Sprachen sie ursprünglich geschrieben wurden

- aufzeigen, dass in biblischen Geschichten erzählt wird, was Menschen mit Gott erlebt haben

Wenn du dieses Kapitel bearbeitet hast, kannst du ...

- an Beispielen zeigen, welche verschiedenen Arten von Texten es in der Bibel gibt.

- erklären, was biblische Wundergeschichten von anderen antiken Wundergeschichten unterscheidet.

- darstellen, welche Merkmale Wundergeschichten haben.

- benennen, was für eine prophetische Rede charakteristisch ist.

- erläutern, wie im Judentum und im Islam mit der Übersetzung heiliger Texte umgegangen wird.

- beschreiben, wie man mit Überlieferungen in Bibel und Koran umgehen kann, die aus heutiger Sicht problematisch sind.

- darstellen, worin die zentrale Bedeutung der Bibel für evangelische Christinnen und Christen besteht und wie die Luther-Übersetzung kulturell gewirkt hat.

Diese Methoden wendest du an:

- (Bibel-)Texte analysieren

- ein Line-Up durchführen

Gilt Gottes Wort ewig und unabänderlich?

 evangelikal:
Seite 178

Laura Schlessinger ist eine Radiomoderatorin in den USA, die Ratschläge am Telefon erteilt. Ein US-Bürger hat sich über die biblischen „Begründungen" ihrer Ratschläge so geärgert, dass er einen „offenen Brief" an die Moderatorin veröffentlicht hat, der seit einigen Jahren im Internet kursiert:

Liebe Dr. Laura,

vielen Dank, dass Sie sich so aufopfernd bemühen, den Menschen die Gesetze Gottes näherzubringen. Ich benötige ein paar Ratschläge von Ihnen im Hinblick auf einige der speziellen Gesetze und wie sie zu befolgen sind:

1. Wenn ich am Altar einen Stier als Brandopfer darbiete, weiß ich, dass dies für den Herrn einen lieblichen Geruch erzeugt (Lev 1,9). Das Problem sind meine Nachbarn. Sie behaupten, der Geruch sei nicht lieblich für sie.
2. Ich würde gerne meine Tochter in die Sklaverei verkaufen, wie es in Ex 21,7 erlaubt wird. Was wäre Ihrer Meinung nach heutzutage ein angemessener Preis für sie?
3. Lev 25,44 stellt fest, dass ich Sklaven besitzen darf, sowohl männliche als auch weibliche, wenn ich sie von benachbarten Nationen erwerbe. Einer meiner Freunde meint, das würde auf Mexikaner zutreffen, aber nicht auf Kanadier. Können Sie das klären? Warum darf ich keine Kanadier besitzen?
4. Ich habe einen Nachbarn, der stets am Samstag arbeitet. Ex 35,2 stellt deutlich fest, dass er getötet werden muss. Allerdings: Bin ich moralisch verpflichtet, ihn eigenhändig zu töten?
5. Ich weiß aus Lev 11,6–8, dass das Berühren der Haut eines toten Schweines mich unrein macht. Darf ich dennoch Fußball spielen, wenn ich dabei Handschuhe anziehe?

Ich weiß, dass Sie sich mit diesen Dingen ausführlich beschäftigt haben, daher bin ich auch zuversichtlich, dass Sie uns behilflich sein können. Und vielen Dank nochmals dafür, dass Sie uns daran erinnern, dass Gottes Wort ewig und unabänderlich ist.

Ihr ergebener Jünger und bewundernder Fan
Jake

Aufgabe

Jakes Brief ist ironisch. Entwirf einen ernsthaften Brief an Dr. Laura. Gehe dabei auf die Frage ein, ob (und wenn ja, wie) sie Begründungen für ihre Lebensratschläge aus der Bibel anführen kann.

Dazu ist es wichtig, ...

- zu erklären, wie man Bibelzitate verstehen kann, wenn man sie nicht buchstäblich nimmt.
- das Problem zu beschreiben, dass die Texte in der Bibel zeitbedingt sind.
- Möglichkeiten aufzuzeigen, wie man mit diesem Problem umgehen kann.
- sich damit auseinanderzusetzen, welche verschiedenen Arten von Texten es in der Bibel gibt und woran man sie erkennt.

Prinzipien der Bibelauslegung

Katholisch

Neben der Heiligen Schrift ist die Tradition Grundlage und Norm des Glaubens. In Zweifels-
fällen kann also das kirchliche Lehramt entscheiden, was gemeint ist und was gilt. An der
Spitze dieses Lehramtes steht der Papst, dessen Entscheidungen in Glaubens- und Sitten-
fragen seit dem Konzil von 1870 als „unfehlbar" gelten.

Biblizistisch

Die Bibel ist deshalb die Richtschnur, weil sie von Gott direkt „inspiriert" wurde und daher
wortwörtlich gilt (Verbalinspiration). Die Lehre der Verbalinspiration bildete sich erst im
17. Jahrhundert, also lange nach der → Reformation heraus. Dahinter stand das Bemühen,
Gottes Wort ganz ernst zu nehmen. Die Lehre der Verbalinspiration prägt heute vor allem
moderne → evangelikale Bewegungen.

Offenbarung
des → Koran an
Muhammad:
Seite 132–133

Umgang
mit Homo-
sexualität:
Seite 38–39

Evangelisch

Der Schlüssel zum Verständnis der Bibel ist ein inhaltliches
Kriterium. Luther nennt als Prüfstein: „was Christum treibet"
(d.h.: was Christus zur Geltung bringt). Was das heißt, wird
am besten an einem Beispiel deutlich: Vom Jakobusbrief war
Luther inhaltlich enttäuscht, weil der Brief nicht die Frohe Botschaft betont, sondern die Wichtigkeit guter Werke.
Luther nannte dieses biblische Buch daher einen „Brief aus
Stroh" und verschob ihn ans Ende der Bibel. Die Bibel muss
also mit der Frage gelesen und verstanden werden: Wo
kommt die Gute Nachricht von Jesus Christus zum Ausdruck?
Oder: Was entspricht der Botschaft Jesu?

Theologinnen und Theologen kennen noch weitere Prinzipien der Bibelauslegung:

1. Einen Bibelabschnitt, der nicht so gut verständlich oder von seiner Aussage her merkwürdig ist, sollte man durch andere Bibelabschnitte verständlich zu machen versuchen, denn
   es geht um ein biblisches Gesamtbild. Deshalb darf man sich nicht nur Lieblingsverse
   herauspicken.

2. Die Bibel wurde in Hunderten von Jahren von verschiedenen Menschen geschrieben. Deshalb ist es wichtig, zu erforschen, unter welchen historischen Bedingungen die Texte für
   welche Adressaten entstanden sind. So lassen sich die Texte der Bibel besser verstehen,
   sodass sie nicht blindlings auf heute übertragen werden.

Etwas ist also nicht deshalb erlaubt oder verboten, weil es in der Bibel vorkommt oder eben
nicht vorkommt, sondern die Frage lautet: Wie kommt in einer Bibelstelle das → Evangelium
zum Tragen?

Aufgaben

1 Zeige, woran man erkennen kann, dass Jakes Brief an „Dr. Laura" ironisch gemeint ist.

2 Grafisiere das Verhältnis von Mensch, Gott, Bibel und Tradition in den drei beschriebenen
Wegen der Bibelauslegung.

Grafisieren:
Seite 174

3 Stelle in einer Tabelle Vor- und Nachteile aller drei Wege, die Bibel zu verstehen,
zusammen.

4 Führt eine Pro- und Kontra-Diskussion zur Frage „Überfordert Luthers Position den Bibel-
leser oder die Bibelleserin?".

eine Pro-
und Kontra-
Diskussion
führen:
Seite 96

Welche Arten von Texten gibt es in der Bibel?

In der Bibel finden sich viele Erfahrungen wieder, die Menschen mit Gott gemacht haben. Und da Gott für alle Lebensbereiche wichtig war und ist, gibt es in der Bibel auch ganz unterschiedliche Arten von Texten: Liebesgedichte und strafrechtliche Bestimmungen für Einzeldelikte, hygienische Regeln und Meditationstexte, Sagen und Sozialgesetze, Lieder und Stammbäume, → Gebete und Chroniken, Sprichwörter und prophetische Texte, → Wundererzählungen und Grundgebote, Briefe und Visionen vom Weltende, → Gleichnisse und Geschichten von Jesu Leiden und Sterben.

↪ Info – Paulus:
Seite 57

↪ Gleichnis:
Seite 65

↪ Schlachten in
Deutschland:
Seite 141

99 Esst kein Fleisch, in dem noch Blut ist. Treibt keine Wahrsagerei oder Zauberei. Wenn ihr einen Toten beweint, sollt ihr nicht das Haar abschneiden, den Bart stutzen oder euch Einschnitte am Körper oder Tätowierungen machen. Ich bin der HERR! **66**
(Lev 19,26–27)

↪ Partnerschaft:
Seite 32

99 Verzaubert hast du mich, Geliebte, meine Braut! Ein Blick aus deinen Augen und ich war wie gebannt. Sag, birgt er einen Zauber, an deinem Hals der Schmuck? Wie glücklich du mich machst mit deiner Zärtlichkeit! Mein Mädchen, meine Braut, ich bin von deiner Liebe berauschter als von Wein. **66**
(Hld 4,9–10)

↪ Reich Gottes:
Seite 21, 118–
119, 126

99 Danach sah ich – sieh doch: Im Himmel stand eine Tür offen. Und die Stimme, die ich am Anfang gehört hatte, – die Stimme, die wie eine Trompete klang – sagte zu mir: „Komm hier herauf. Ich will dir zeigen, was in Zukunft geschehen muss." Sofort ergriff der Geist Gottes Besitz von mir. Sieh doch: Im Himmel stand ein Thron und auf dem Thron saß jemand. **66**
(Off 4,1–2)

99 Wer jedes Gerücht weiterträgt, plaudert auch Geheimnisse aus. Darum meide Leute, die zuviel reden! **66**
(Spr 20,19)

99 Ich bin der HERR, dein Gott! Ich habe dich aus Ägypten herausgeführt, ich habe dich aus der Sklaverei befreit. Du sollst keine anderen Götter neben mir haben. Du sollst dir kein Gottesbild anfertigen. Mach dir überhaupt kein Abbild von irgendetwas im Himmel, auf der Erde oder im Meer. **66**
(Ex 20,2–4)

99 Im 14. Regierungsjahr von Hiskija fiel Sanherib, der König von Assyrien, mit seinen Truppen in das Land Juda ein und eroberte alle befestigten Städte. Als der Assyrerkönig noch vor der Stadt Lachisch lag, schickte Hiskija Boten zu ihm und ließ ihm sagen: „Ich habe Unrecht getan. Kämpfe nicht weiter gegen mich. Ich werde alles zahlen, was du forderst." Sanherib verlangte als Tribut 300 Zentner Silber und 30 Zentner Gold. Hiskija musste alles Silber abliefern, das sich in den Schatzkammern des Tempels und des Königspalastes befand. Damals wurde auch die Goldverkleidung von den Türen und Türpfosten des Tempels entfernt und als Tribut dem König von Assyrien übergeben. Hiskija selbst hatte diese Goldverkleidung anbringen lassen. **66**
(2 Kön 18,13–16)

99 Die Tür dreht sich in ihren Angeln – und der Faulpelz in seinem Bett. **66**
(Spr 26,14)

Info – Gesetz(e) im AT

Im Alten Testament gibt es drei große Gesetzessammlungen: das „Bundesbuch"
(Ex 20,22–23,33), das „Heiligkeitsgesetz" (Lev 17–26) und die sogenannte „Deuterono-
mische Gesetzessammlung" (Dtn 12–26). Die drei Sammlungen enthalten → Gebote
und Verbote, die einander in Sprache und Inhalt sehr ähnlich sind; sie werden aber oft
unterschiedlich begründet.
In der Bibel selbst heißt es zum Umgang mit den Weisungen Gottes, man solle Tag und
Nacht darüber nachdenken und das ganze Tun „an den Geboten ausrichten" (Jos 1,8). Die
Gebote sollten also schon zur Zeit der Entstehung des AT nicht einfach blind befolgt werden, sondern waren auf Auslegung angewiesen und sollten der Zeit angepasst werden.
Im Judentum hat sich von Beginn an eine Kultur der Auslegung eingebürgert, bei der
verschiedene, auch einander widersprechende Auslegungen im → Talmud gesammelt
wurden.

Tora:
Seite 184

Zwei pharisäische Schriftgelehrte etwa zur Zeit Jesu

Zu Rabbi Schammai kam eines Tages ein Mann, der Jude werden wollte und sprach zu ihm:
„Kannst du mich die ganze → Tora lehren, während ich auf einem Bein stehe?" Schammai
jagte ihn fort. Darauf ging er zu Rabbi Hillel und trug ihm dieselbe Frage vor. Rabbi Hillel
antwortete: „Was du nicht willst, das man dir tu, das füg auch keinem andern zu. Das ist die
ganze Tora. Alles andere ist Auslegung. Geh und handle danach."

Babylonischer Talmud, Traktat „Schabbath" 31ª

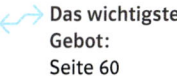
Das wichtigste
Gebot:
Seite 60

Goldene Regel:
Seite 179

Moment mal!
Was helfen die Weisungen der Bibel, wenn man
über ihre Auslegung sowieso streiten muss?

Aufgaben

1   Bestimme jeweils die Textsorte der abgedruckten Bibelabschnitte. Benenne die unterschiedlichen Merkmale.

2   Legt eine Wandzeitung an, auf der ihr beispielhafte Texte aus der Bibel mindestens zehn
verschiedenen Textsorten zuordnet. Verwendet dazu die Bibeltexte auf dieser Doppelseite, andere Bibeltexte aus diesem Buch oder selbst gewählte Texte aus der Bibel.

eine Wandzei-
tung gestalten:
Seite 173

3   Lies Lk 1,1–4. Fasse zusammen, mit welcher Absicht Lukas sein → Evangelium geschrieben hat. Untersuche dann die Weihnachtsgeschichte (Lk 2,1–20): Nenne sowohl Verse,
bei denen sich Lukas vermutlich an seine Absicht gehalten hat, als auch solche, wo er das
vermutlich nicht getan hat.

eine Bibelstelle
finden:
Seite 169

4   Nimm an, Rabbi Schammai und Rabbi Hillel würden sich am nächsten Tag begegnen.
Verfasse ein Streitgespräch der beiden über die richtige Antwort.

5   Vergleiche die Unterschiede zwischen Rabbi Hillel und Rabbi Schammai mit der
Einstellung Jesu, wie sie in Mk 12,28–31 überliefert ist.

Mit welcher Absicht wurden Wundergeschichten überliefert?

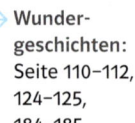 Wunder:
Seite 110, 115

Die Menschen in der Antike glaubten an die heilenden Kräfte von Wundertätern, die bei den Göttern um wirkungsvolle Hilfe bitten konnten. Religion und Medizin gehörten zusammen. Bei den Ägyptern wurde vor allem der Gott Serapis als derjenige angebetet, der Heilungen ermöglichen konnte. Im Römischen Reich wurde Vespasian als römischer Kaiser (69–79 n. Chr.) kultisch verehrt. Der römische Historiker Tacitus berichtet, wie der Kaiser einen Blinden heilt:

Während der Monate, in denen sich Vespasian in Alexandrien aufhielt, zeigten viele Wunder, die damals vorkamen, dass die Gunst des Himmels und eine gleichsam Vespasian zugeneigte Macht des Schicksals dem Vespasian günstig seien. Aus dem Volk von Alexandrien nahte sich ein Mensch, der als völlig blind bekannt war, den Knien Vespasians, indem er mit Hilferuf die
5   Heilung seiner Blindheit von Vespasian erbat, unter Berufung auf den Gott Serapis, den das Volk, das dem Aberglauben ganz besonders hingegeben ist, in erster Linie verehrte. Er bat Vespasian, dass er die Lider und die Augäpfel gnädigerweise mit seinem Speichel bestreiche. Ein anderer, der eine kranke Hand hatte, bat auf Veranlassung desselben Gottes, dass der Kaiser ihm mit dem Fuß oder Absatz einen Tritt gebe. Vespasian verlachte die Kranken und lehnte ab. Jedoch da jene darauf beharrten, ihn zu bitten, fürchtete er bald die Wankel-
10   mütigkeit des Gerüchtes, bald gab er den Bitten seiner eigenen Leute und den Stimmen der Anhänger nach und ließ sich Hoffnung geben. Schließlich befahl er, von den Ärzten ein Gutachten einzuholen, ob eine solche Blindheit oder eine solche Lähmung durch menschliche Hilfe behoben werden könne. Die Ärzte redeten Verschiedenes hin und her und meinten, sie könnten diesem nicht die Kraft des Augenlichtes wiedergeben, selbst wenn sie mit ganz be-
15   sonderer Hartnäckigkeit darum angegangen würden. Das sei vielleicht die Sache des erwählten Fürsten, der im Herzen der Götter und im Dienste der Götter stehe. Schließlich gereiche die gelungene Heilung zum Ruhm des Cäsar, während bei einem Misserfolg der Spott auf die Kranken zurückfalle. Aus diesem Grunde entschloss sich Vespasian, alles, was ihm sein
20   Schicksal entgegenbringe, zu erdulden und auch Unglaubliches nicht zu vermeiden. Mit fröhlichem Antlitz führte er deshalb aus, um was er gebeten war, umringt von der Menschenmenge. Sobald er mit seinen Händen das Auge berührt hatte, erhielt der Blinde das Augenlicht zurück. Manche, die damals dabei waren, erinnern sich jetzt noch an den Vorgang, wo doch eine diesbezügliche Lüge in keiner Weise belohnt würde.

Tacitus Hist. IV, 81

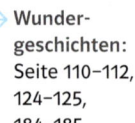 Wundergeschichten:
Seite 110–112,
124–125,
184–185

Jesus heilt einen Blinden

99 ²²Und Jesus und seine Jünger kamen nach Betsaida. Dort brachten die Leute einen Blinden zu ihm. Sie baten Jesus: „Berühre ihn!" ²³Und er nahm den Blinden bei der Hand und führte ihn aus dem Dorf heraus. Dann spuckte Jesus ihm auf die Augen, legte seine Hände darauf und fragte ihn: „Was siehst du?" ²⁴Er blickte auf und antwortete: „Ich sehe Menschen. Sie sehen aus wie Bäume, die herumgehen." ²⁵Noch einmal legte Jesus ihm die Hände auf seine Augen. Da konnte er klar sehen. Er war geheilt und konnte alles deutlich erkennen. ²⁶Jesus schickte ihn nach Hause und sagte: „Geh aber nicht in das Dorf hinein." 66
(Mk 8,22–26)

Christus als Apotheker

Übertragung der Texte im Bild:

99 Selig sind, die Gottes Wort hören und dasselbe behalten. 66
(Lk 11,28)

99 Kommt her zu mir alle, die ihr mit müseligkeit beladen seyd, ich will euch erquicken, rufet mich an, ich will euch erhören, suchet, so werdet ihr finden, bittet, so werdet ihr empfangen, klopfet an, so wird euch aufgetan werden. 66
(Mt 11,28 und Mt 7,7)

⇔ Jesus als Seelsorger: Seite 115

Info – Religiöse Kunst

Religiöse Kunst bringt religiöse Inhalte in verschiedenen Medien zum Ausdruck: in Musik, Malerei, Skulpturen oder Architektur.
In der Malerei tauchen einige Motive über verschiedene Epochen hinweg immer wieder auf. So trägt zum Beispiel Maria, die Mutter Jesu, häufig einen blauen Umhang oder zeigt Jesus auf manchen Bildern eine besondere Handhaltung, die als Segensgeste gedeutet oder auf die zwei Naturen Christi (wahrer Gott und wahrer Mensch) bezogen werden kann.

Aufgaben

1 Gliedere den Bericht des römischen Schriftstellers Tacitus in Sinnabschnitte.

2 Vergleiche den Ablauf der Heilung mit Mk 8,22–26. Stelle die Gemeinsamkeiten und Unterschiede in einer Tabelle dar.

3 Markus und Tacitus haben zwar etwa zur selben Zeit gelebt, aber mit ganz unterschiedlichen Absichten geschrieben. Vergleiche die Form der beiden Texte und lege dar, was die beiden Autoren jeweils bewirken wollen.

4 Analysiere das Bild „Christus als Apotheker". Erkläre mithilfe der Info zur religiösen Kunst, warum er so dargestellt wird.

→ (Bibel-)Texte analysieren: Seite 81

→ Bilder analysieren: Seite 92

Wie sind Wundererzählungen aufgebaut?

Codex Aureus von Echternach (11. Jh.)

↪ Wunder-
geschichten:
Seite 112–113

Es gibt ganz verschiedene Wundererzählungen im Neuen Testament: Neben Heilungen, Dämonenaustreibungen und den Auferweckungen Toter wird erzählt, wie Jesus Menschen rettet (zum Beispiel aus Seenot) oder ihnen in ihrem Mangel und ihrer Bedrängnis hilft (zum Beispiel in den Speisungsgeschichten).

Die neutestamentlichen → Wundergeschichten folgen in etwa einem festen Schema. Sie zeigen die göttliche Vollmacht Jesu, seine Zuwendung zu den Menschen und das Erstaunen, das sie auslösen. Die Wunder Jesu stehen in enger Verbindung mit dem Glauben, den sie bewirken oder voraussetzen.

> ⁹⁹ ²³In der → Synagoge war ein Mann, der von einem bösen Geist beherrscht wurde. ⁶⁶

Einleitung
Die Situation wird beschrieben.

> ⁹⁹ Der schrie auf: ²⁴„Was willst du von uns, Jesus aus Nazaret? Du bist gekommen, um uns zu vernichten. Ich weiß, wer du bist: Du bist der Heilige Gottes!" ⁶⁶

Vorbereitung
Der Kontakt mit Jesus wird hergestellt.

> ⁹⁹ ²⁵Jesus befahl dem bösen Geist streng: „Sei still! Gib den Mann frei!" ⁶⁶

Durchführung
Kurze Worte oder eine Handlung bewirken das Wunder.

> ⁹⁹ ²⁶Da schüttelte der Geist den Mann durch heftige Krämpfe und ließ ihn frei mit lautem Gekreische. ⁶⁶

Demonstration
Es zeigt sich, dass das Wunder geschehen ist.

> ⁹⁹ ²⁷Alle, die dabei waren, erschraken und fragten sich gegenseitig: „Was geschieht hier? Seine Lehre ist neu. In ihr zeigt sich Gottes Macht. Er gibt den bösen Geistern Befehle und sie gehorchen ihm." ²⁸Schnell breiteten sich die Berichte über Jesus in ganz Galiläa aus. ⁶⁶

Reaktion
Gott oder der Wundertäter werden gepriesen.

(Mk 1,23–28)

Rabbi, der Mann bringt dich um

Luise Rinser schildert in ihrem Roman „Mirjam" die in Mk 5,1ff. erzählte Heilung eines Besessenen so:

Kaum waren wir am Nordufer an Land gegangen, hörten wir Gebrüll. Es war nicht menschlich und doch auch nicht tierisch, und es kam aus einer der verlassenen Grabhöhlen. Ich erinnerte mich sofort: Das war der Kinderschreck, den gab's schon seit vielen Jahren. Geht nicht zu den Grabhöhlen, sagte man den Kindern, dort ist der wilde Mann, der euch fängt und

5 frisst, hört ihr, schon rasselt er mit seinen Ketten!

Manchmal hörten wir Kinder es sogar wirklich. Dann hatte er wieder einmal die Ketten zerrissen, mit denen ihn zu fesseln bisweilen gelang, wenn er im Tiefschlaf lag.

Der Mann war ein Kranker, ein Fallsüchtiger, ein Tobsüchtiger, ein gewalttätiger Irrer. Er ist besessen, sagte man, und seine Kraft kommt von den Dämonen, die er in sich hat.

10 Rabbi, wohin gehst du! Der Mann ist gefährlich.

Doch Jeschua ging weiter, geradewegs auf die Höhle zu, aus der das Brüllen kam. Rabbi, der Mann bringt dich um!

Jeschua wies uns mit einer strengen Geste zurück und ging weiter. Wir zitterten vor Angst. Doch kam alles anders, als wir fürchteten. Unbegreiflich anders. Als Jeschua vor dem Höhlen-

15 grab stand, stürzte der Irre heraus. Das war kein Kinderschreck, kein schwarzer Mann; so wie er war, so stellten wir uns Beelzebul, den obersten der Dämonen, vor. Das war kein Mensch mehr. Er drohte mit den Ketten und schrie Unverständliches. Jeschua blieb stehen. Da blieb der Irre auch stehen. So standen sie sich gegenüber auf drei Schritte. Plötzlich ein Schrei, und der Irre stürzte zu Boden. Jeschua beugte sich über ihn, berührte ihn sanft und sprach

20 mit ihm. Was er sagte, hörten wir nicht. Der Irre bäumte sich noch einmal auf und schlug mit Händen und Füßen um sich. Dann lag er still. Jeschua fuhr fort, ihm über das verfilzte Haar zu streichen und mit ihm zu sprechen wie zu einem Kind, das es zu beruhigen galt. Nach einer Weile sagte er zu uns: Jetzt schläft er. Wenn er aufwacht morgen früh, wird er sich an nichts erinnern, er wird gesund sein.

25 Wir zitterten noch lange, und im Weggehen wandte sich immer wieder einer von uns um.

Luise Rinser, Schriftstellerin

⟵ **Jesus schenkt neue Hoffnung:** Seite 115

Aufgaben

1 Beschreibe mit eigenen Worten die Schritte, in denen das kurze Wunder Mk 1,23–28 die Besonderheiten Jesu zum Ausdruck bringt.

2 Erkläre, welche typischen Elemente von Wundererzählungen die Darstellung von Lk 17,11–19 aus dem Codex Aureus besonders betont. Gliedere diese Erzählung und vergleiche.

↪ **eine Bibelstelle finden:** Seite 169

3 Der Evangelist Markus schildert weniger, dass Menschen mit Lobpreis auf die „Wunder" reagieren. Prüfe an verschiedenen Beispielen (Seite 74, 112), welche Reaktion ihm wichtig ist. Nenne mögliche Gründe.

4 Lies den Text von Luise Rinser laut vor und beschreibe deine Eindrücke. Arbeite heraus, wie die Schriftstellerin die Elemente einer Wundererzählung im Einzelnen gestaltet.

Wie redet und was sieht ein Prophet?

Prophet:
Seite 20

> „¹Dies sind die Worte Jeremias […]: ⁴Das Wort des HERRN erging an mich, er sagte zu mir: ⁵„Noch bevor ich dich im Leib deiner Mutter entstehen ließ, hatte ich schon meinen Plan mit dir. Noch ehe du aus dem Mutterschoß kamst, hatte ich bereits die Hand auf dich gelegt. Denn zum Propheten für die Völker habe ich dich bestimmt." ⁶Ich wehrte ab: „Ach, HERR, du mein Gott! Ich kann doch nicht reden, ich bin noch zu jung!" ⁷Aber der HERR antwortete mir: „Sag nicht: ‚Ich bin zu jung!' Geh, wohin ich dich sende, und verkünde, was ich dir auftrage! ⁸Hab keine Angst vor Menschen, denn ich bin bei dir und schütze dich. Das sage ich, der HERR." ⁹Dann streckte der HERR seine Hand aus, berührte meine Lippen und sagte: „Ich lege meine Worte in deinen Mund. ¹⁰Von heute an hast du Macht über Völker und Königreiche. Reiße aus und zerstöre, vernichte und verheere, baue auf und pflanze an!" ¹¹Wieder erging das Wort des HERRN an mich, er sagte: „Was siehst du, Jeremia?" Ich antwortete: „Einen Wacholderzweig!" ¹²„Du hast richtig gesehen", sagte der HERR, „ich wache darüber, dass geschieht, was ich dir sage." "
> (Jer 1,1a.4–12)

Zeichen:
Seite 10–11

Raffael, Die Vision des Ezechiël (1518)

Moment mal!
Wo kommt eigentlich die Vorstellung her, Gott sei ein alter Mann mit Bart?

> „¹In diesem Buch steht, was der HERR durch Zefanja verkünden ließ. […] ¹⁴Der große Tag des HERRN ist nahe, schnell rückt er heran. Hört ihr nicht die Schreckensrufe? Selbst die Tapfersten schreien um Hilfe! ¹⁵Ein Tag des Gerichts ist dieser Tag, ein Tag voll Angst und Not, voll Sturm und Verwüstung, voll drohender schwarzer Wolken, ein finsterer Tag, ¹⁶ein Tag, an dem sich Kampfgeschrei erhebt, an dem zum Sturm geblasen wird auf die befestigten Städte und hohen Türme. ¹⁷Die Menschen werden vor Angst vergehen und wie Blinde umhertappen. Ihr Blut tränkt den Staub, ihre Eingeweide liegen im Straßenkot. Das alles bricht über sie herein, weil sie sich gegen den HERRN aufgelehnt haben. ¹⁸Ihr Silber und Gold kann sie nicht retten, wenn der HERR Gericht hält. Wie ein Feuersturm wird sein Zorn das Land verwüsten und alle seine Bewohner unversehens vertilgen. "
> (Zef 1,1.14–18)

"" [1]Prophetische Botschaft [des Sacharja]: [8]„Ich selbst", sagt der HERR, „stelle mich als Wache vor mein Haus und meine Stadt, sodass kein fremder Herrscher mit seinem Heer mehr dort einfällt. Ich selbst kümmere mich jetzt um mein Volk."
[9]Freue dich, du Zionsstadt!
Jubelt laut, ihr Bewohner Jerusalems!
Seht, euer König kommt zu euch!
Er bringt → Gerechtigkeit,
Gott steht ihm zur Seite.

Demütig ist er vor seinem Gott.
Er reitet auf einem Esel,
auf einem starken Eselshengst.
[10]Er schafft die Pferde und Streitwagen ab
in Jerusalem und ganz Israel,
auch die Kriegsbogen werden zerbrochen.
Er stiftet Frieden unter den Völkern.
Von Meer zu Meer reicht seine Herrschaft,
vom Eufratstrom bis zu den Enden der Erde. **""**
(Sach 9,1.8–10)

Info – „Botenspruchformel"

Im Alten Orient gab es eine feste Formel, mit der Diplomaten etwas ausgerichtet oder Referenten amtliche Briefe verfasst haben: die sogenannte Botenspruchformel. Sie lautet „So hat xy gesprochen". Dieselbe Formel steht in manchen Prophetenbüchern („So hat der HERR* gesprochen") – vor allem bei Jeremia und Ezechiël, aber auch bei Micha und Amos.

 Amos: Seite 18–21

* Der Gottesname JHWH wird nicht übersetzt, sondern in den meisten Übersetzungen mit „der HERR" übertragen.

Aufgaben

1 Vergleiche die Berufung des Jeremia mit der des Jesaja (Jes 6).

2 Der → Prophet Ezechiël leitet die Beschreibung seiner Vision so ein: „An jenem Tag öffnete sich der Himmel und ich hatte eine Vision. Ich sah …" (Ez 1,3b). Vervollständige Ezechiëls Visionsbericht, indem du dich an dem Gemälde Raffaels orientierst. Vergleiche anschließend mit Ez 1,4–28a.

eine Bibelstelle finden: Seite 169
Vision: Seite 21

3 Luther hat Sach 9,9 übersetzt mit „Du, Tochter Zion, freue dich …". Vergleiche die Luther-Übersetzung mit dem Adventslied „Tochter Zion" (Evangelisches Gesangbuch Nr. 13). Erläutere, wie die Vision Sacharjas von Christinnen und Christen verstanden wird.

4 Arbeite heraus, was mit der sogenannten „Botenspruchformel" über das Selbstverständnis des jeweiligen Propheten ausgedrückt werden soll. Formuliere dein Ergebnis mit eigenen Worten.

5 Inszeniere die zitierten kurzen Abschnitte aus den Prophetentexten (oder selbst gewählte Texte aus den Prophetenbüchern) als gesprochene Anreden: Lerne ein bis zwei Verse auswendig und trage sie vor. Nutze dazu eure Aula oder das Schulforum und ein Rednerpult. Beschreibe die Wirkung der „Prophetenreden" auf die Zuhörerschaft.

Was bedeutet Luthers Bibel-übersetzung für die evangelische Kirche?

Luther übersetzt die Bibel ins Deutsche

Ende 1521, vieles deutet auf den 21. Dezember hin, verwirklichte Luther einen Plan, dessen Schwierigkeiten ihm wohl bewusst waren: die Übersetzung der Bibel, genauer des Neuen Testaments, ins Deutsche.

Braucht die Kirche eine neue Sprache? Seite 102–103

Martin Luther kleidete seine Gedanken in eigenwillige Ausdrücke, schuf poetische Bilder
5 und erfand (manchmal nach tagelangem Grübeln) neue Wortspiele. Sein Deutsch wirkte stil- und sprachbildend für Jahrhunderte. Er ersann Ausdrücke wie Feuertaufe, Bluthund, Selbstverleugnung, Machtwort, Schandfleck, Lückenbüßer, Gewissensbisse, Lästermaul und Lockvogel.

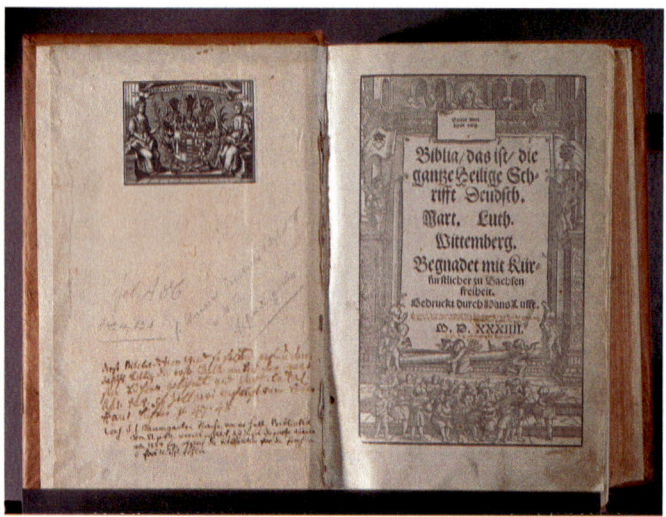

Die erste vollständige Bibelübersetzung von Martin Luther 1534

Heute ist kaum nachzuvollziehen, wie
10 Luther dieses riesige, mehr als 220 Seiten umfassende Werk binnen nur elf Wochen in solcher Perfektion vollenden konnte. Dabei litt er nach eigenem Bekunden häufig unter Visionen. „Tausend Teufeln
15 bin ich ausgesetzt", schrieb er. Dass er den Satan durch einen Wurf per Tinten-fass verjagt habe, ist eine nette Legen-de, die wohl auf seine Bemerkung „Ich habe den Teufel mit Tinte bekämpft"
20 zurückgeht.

Durch seine sinnhafte und dichterische Qualität hat Luther die deutsche Schrift-sprache wesentlich geprägt. Die Überset-zung des Neuen Testaments erschien am
25 21. September 1522 in Wittenberg mit der für damalige Verhältnisse sehr großen Auflage von 3000 Exemplaren. Diese „September-bibel" war so rasch ausverkauft, dass ihr drei Monate später die nächste Auflage folgte. Bald wurde sie auf den Kanzeln zitiert, im Schulunterricht verwendet, als Volksbuch geschätzt.

Jan von Flocken, Historiker und Journalist

Info – Lutherübersetzung

Martin Luthers Bibelübersetzung gab erstmals auch einfachen Leuten die Möglichkeit, die Bibel selbst zu lesen. Luther wollte den ursprünglichen Text ganz genau wiederge-ben und zugleich deutlich machen, was die Bibel eigentlich meint. Die enorme kulturel-le Wirkung verdankte die „Lutherbibel" nicht zuletzt der neu erfundenen Technik des Buchdrucks.

Die Lutherbibel 2017 – Hinweise zu dieser Ausgabe

Nach den großen kirchenamtlichen Revisionen des letzten Jahrhunderts (1912 und 1984) wurde der Text der Lutherbibel in den Jahren 2010 bis 2015 einer erneuten Überprüfung unterzogen. Dies geschah durch einen Kreis von Fachleuten, die die Evangelische Kirche in Deutschland berief, und in Zusammenarbeit mit der Deutschen Bibelgesellschaft. Grundanliegen der Revision 2017 war es, die Übersetzung Martin Luthers anhand der hebräischen und griechischen Ausgangstexte auf exegetische und sachliche Richtigkeit zu überprüfen. Auf sprachliche Modernisierungen wurde weitestgehend verzichtet. Nur dort, wo Worte oder Ausdrücke nicht mehr oder falsch verstanden werden können, kam es zu einer sprachlichen Anpassung. So wurde zum Beispiel der nicht mehr verständliche Begriff „Wehmutter" durch das heute gebräuchliche Synonym „Hebamme" ersetzt (1. Mose 35,17). An etlichen anderen Stellen kehrte man dagegen sogar zum Wortlaut der Übersetzung Martin Luthers zurück. In Römer 10,10 heißt es jetzt wieder wie bei Luther selbst: „Wer mit dem Herzen glaubt, wird gerecht; und wer mit dem Munde bekennt, wird selig." Die vorhergehende Revision hatte – sachlich durchaus richtig – hier den Begriff „gerettet" eingesetzt, damit aber einen zentralen theologischen Begriff preisgegeben, der einen festen Bestandteil der evangelisch-lutherischen Tradition darstellt.

Lutherbibel. Revidiert 2017.

Was hat Rechtfertigung mit Nächstenliebe zu tun? Seite 60–61

Methoden-Karte: (Bibel-)Texte analysieren

Texte werden von Menschen in ganz bestimmten Situationen zu einem ganz bestimmten Zweck geschrieben. Das gilt auch für die biblischen Texte. Um einen Text richtig zu verstehen, ist es hilfreich, sich klar zu machen, wer ihn wann wozu geschrieben hat.

So kannst du vorgehen:

1. Stelle fest, um welche Art von Text es sich handelt: Ist es zum Beispiel ein Brief, der einen bestimmten Empfänger vor Augen hat? Oder ein poetischer Text? Oder eine fiktive Erzählung, mit der der Verfasser etwas veranschaulichen will?
2. Recherchiere (soweit möglich), von wem, mit welcher Absicht und wann der Text vermutlich geschrieben wurde und was sein Verfasser (manchmal waren es auch mehrere!) damals vermutlich beabsichtigt hat.
3. Teile den Text in Sinnabschnitte ein, formuliere für jeden Sinnabschnitt eine Zwischenüberschrift und fasse den (oder die) Kerngedanken des Textes zusammen.
4. Untersuche, in welchem Zusammenhang der Text oder Textabschnitt steht.
5. Beurteile, ob die Aussage des Textes zeitgebunden oder zeitlos ist. Beantworte für dich die Frage: Was sagt der Text *mir* heute?

Aufgaben

1 Erkläre, warum die Frage nach dem richtigen Umgang mit der Heiligen Schrift bereits bei der Übersetzung anfängt.

2 Recherchiere zum Beispiel in „Moment mal! 1" oder in diesem Buch die Geschichte, unter welchen Umständen Luther 1521/22 das Neue Testament übersetzt hat und erzähle sie nach.

Luther: Seite 80, 100–101

3 Analysiere die beiden Bibeltexte (1 Kor 14,33–35 und Gal 3,26–28) auf Seite 84.

Mit anderen Worten? – Wie gehen Christen, Juden und Muslime mit Übersetzungen heiliger Texte um?

Arabisches Sprichwort:	Wörtliche Übersetzung:	Deutsche Entsprechung:
„Kull bayt wa fihi balua."	„Jedes Haus hat seinen Speicher."	„Es gibt in jeder Familie ein schwarzes Schaf."

Muslime

← Woher kommt der Islam? Seite 132–133

Die Autorität des → Korans für den Glauben und die Lebenspraxis der Muslime hängt mit seinem göttlichen Ursprung zusammen. In unzähligen Versen bezeichnet der Koran die Botschaft, die er enthält, als eine göttliche Offenbarung, welche Muhammad durch den Engel Gabriel übermittelt wurde. Bei dieser himmlischen Botschaft geht es überdies um die
5 Abschrift eines im Himmel aufbewahrten Urbuches, welches als das Original aller heiligen Schriften gelten kann. Der Koran ist also Gottes Wort, er ist die arabische Ausgabe aus dem himmlischen Urbuch und er ist von Gott dem Muhammad wörtlich eingegeben worden. Der göttliche Ursprung des Korans ist die Grundlage seiner unbestrittenen und absoluten Autorität für die Muslime. Der Koran ist unfehlbar. Er kann Anspruch auf uneingeschränkten
10 Gehorsam erheben.

Erst nach langem Zögern wurden Übersetzungen des Korans in Fremdsprachen zugelassen, dies angesichts der Anforderungen des praktischen Lebens, d. h. der Notwendigkeit, den Inhalt des
15 Korans den Nichtarabern verständlich zu machen. Der Widerwille der Muslime in Bezug auf die Übersetzungen des Korans hat auch seine Wurzel in der dogmatisch begründeten Ehrfurcht vor der koranischen Sprache.
20 Der Koran ist in arabischer Sprache offenbart worden. Diese Tatsache bedeutet für die Muslime eine Art Weihe der arabischen Sprache, welche den Status einer göttlichen Sprache erhält. Als solche ist die Sprache des Korans heilig, erhaben, geheimnisvoll. Und es wundert niemanden, dass sie nicht
25 für alle und in allen Punkten für die Menschen verständlich ist. Gerade dieser göttliche Charakter der Sprache des Korans erklärt die Faszination, die sie auf die Gläubigen ausübt.

Adel Theodor Khoury, Priester, Theologe, Islamwissenschaftler, Koranübersetzer und emeritierter Universitätsprofessor

Juden

In halachischer Hinsicht [Halacha: jüdisches Gesetz] ist die → Tora – wie der ganze → Tanach – nur auf Hebräisch gültig. Von der talmudischen Ära bis heute bildet das hebräische Original unserer heiligen Schrift die Grundlage für Auslegung, Debatte und gelegentlichen Streit unter Rabbinern, Wissenschaftlern und interessierten Laien. Auch die Tora-Lesung am →
5 Schabbat, am Montag und Donnerstag sowie an Fest- und Fasttagen findet im Gottesdienst traditionell auf Hebräisch statt.

 Talmud: Seite 184

Dennoch übersetzen auch Juden die Tora oder den ganzen Tanach, also die hebräische Bibel, und zwar schon seit mehr als zweitausend Jahren. Auch wenn den Übersetzungen in
10 religiöser Hinsicht keine gleichwertige Bedeutung zukommt, so waren unsere Vorfahren Pragmatiker. Da das Hebräische schon früh in der jüdischen Geschichte nicht mehr Umgangssprache der Juden war, wurde die Bibel übersetzt, damit alle Gläubigen und nicht nur die gelehrteren unter ihnen den
15 hebräischen Text nachvollziehen, ihn besser verstehen und über ihn diskutieren konnten.

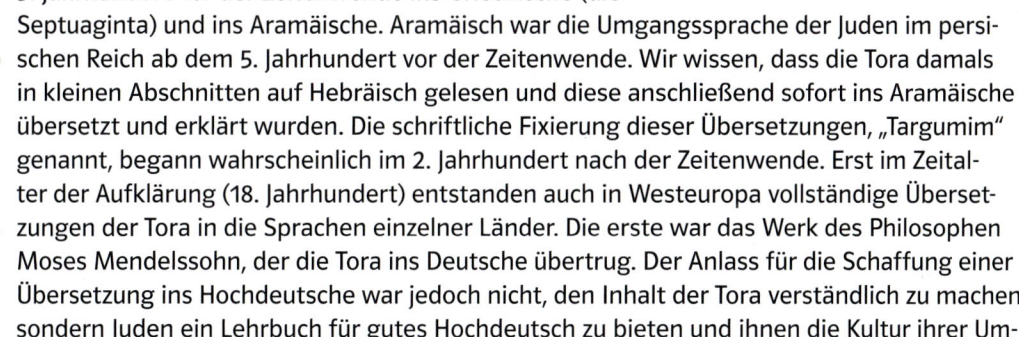

Die ersten jüdischen Übersetzungen erfolgten ab dem 3. Jahrhundert vor der Zeitenwende ins Griechische (die Septuaginta) und ins Aramäische. Aramäisch war die Umgangssprache der Juden im persi-
20 schen Reich ab dem 5. Jahrhundert vor der Zeitenwende. Wir wissen, dass die Tora damals in kleinen Abschnitten auf Hebräisch gelesen und diese anschließend sofort ins Aramäische übersetzt und erklärt wurden. Die schriftliche Fixierung dieser Übersetzungen, „Targumim" genannt, begann wahrscheinlich im 2. Jahrhundert nach der Zeitenwende. Erst im Zeitalter der Aufklärung (18. Jahrhundert) entstanden auch in Westeuropa vollständige Überset-
25 zungen der Tora in die Sprachen einzelner Länder. Die erste war das Werk des Philosophen Moses Mendelssohn, der die Tora ins Deutsche übertrug. Der Anlass für die Schaffung einer Übersetzung ins Hochdeutsche war jedoch nicht, den Inhalt der Tora verständlich zu machen, sondern Juden ein Lehrbuch für gutes Hochdeutsch zu bieten und ihnen die Kultur ihrer Umgebung näherzubringen.

Annette M. Boeckler, Dozentin für Bibel und jüdische Liturgie

Aufgaben

1 Sammle im Unterricht und in deinem Alltag Redewendungen und Sprichwörter in verschiedenen Sprachen. Lege dazu eine Tabelle an: eine Spalte mit der deutschen, eine Spalte mit der fremdsprachlichen Fassung und eine mit der wortwörtlichen Übersetzung. Ein erstes Beispiel findest du auf der linken Seite.

2 Überlegt in Kleingruppen, welche Schwierigkeiten aufgrund von Übersetzungsproblemen auftreten können. Gestaltet dazu in eurer Gruppe ein kleines szenisches Spiel, das mit einer Lösung für das Kommunikationsproblem endet. Als Startpunkt für die Szene könnt ihr zum Beispiel eine der in Aufgabe 1 gefundenen Redewendungen nehmen.

3 Stellt euch vor, Abel Theodor Khoury, Annette M. Boeckler und Martin Luther wären zu einer Podiumsdiskussion zum Thema „Mit anderen Worten? – Wie Christen, Juden und Muslime mit Übersetzungen heiliger Texte umgehen" eingeladen. Erarbeitet in eurer Klasse mithilfe der Texte auf dieser Seite und auf der Doppelseite 80–81 und Doppelseite 102–103 die verschiedenen Positionen und führt die Diskussion.

Wie gehen Christen und Muslime mit frauenfeindlichen Traditionen um?

Sowohl in der Bibel als auch im → Koran gibt es einige Textstellen, die für uns schwierig sind, weil wir heute in einer ganz anderen Gesellschaft leben. Das zeigt sich beispielsweise dann, wenn es um das Verhältnis von Mann und Frau geht.

Paulus an die Gemeinde in Korinth

99 ³³Denn Gott geht es nicht um Unordnung, sondern um Frieden! Wie für alle Gemeinden der Heiligen gilt auch für euch: ³⁴Die Frauen sollen in der Gemeindeversammlung schweigen. Ihnen ist es nicht erlaubt, hier zu reden. Im Gegenteil: Sie sollen sich unterordnen, wie es das Gesetz vorschreibt. ³⁵Wenn sie etwas genauer wissen wollen, sollen sie zu Hause ihren Ehemann fragen. Denn für eine Frau ist es eine Schande in der Gemeindeversammlung öffentlich zu sprechen. **66**
(1 Kor 14,33–35)

Moment mal!
Darf man gar keine Bibelstelle mehr wörtlich verstehen?

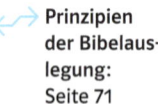
**Prinzipien der Bibelauslegung:
Seite 71**

Das für mich entscheidende Argument dafür, dass 1 Kor 14,34.35 nicht von Paulus stammt und erst nachträglich eingefügt wurde, hat Marlene Crüsemann (1996) genannt: Ein Verbot des Redens der Frauen in der Öffentlichkeit hat keine jüdischen Parallelen, wohl aber solche bei griechisch-römischen Autoren. Ein Beispiel für das Reden einer Frau in der → Synagoge
5 liegt in Lk 13,13 vor. Dieses Argument gegen die paulinische Verfasserschaft ist für mich deshalb überzeugend, weil sich Paulus durchgehend im Rahmen der zeitgenössischen jüdischen Diskussion und Praxis bewegt. Seine Vorstellung vom Gottesdienst ist geprägt vom Synagogengottesdienst, an dem sich Frauen redend beteiligen. In dem konkreten Fall von 1 Kor 14,34.35 bedeutet das, dass es sich hier um bewusste frauenpolitische Text-
10 manipulationen handelt. Deshalb spreche ich von „Fälschung".
Luise Schottroff, Theologin

**Paulus:
Seite 57**

Paulus an die Gemeinde in Galatien

99 ²⁶Ihr seid jetzt nämlich alle Kinder Gottes – weil ihr durch den Glauben mit Christus Jesus verbunden seid. ²⁷Denn ihr alle, die ihr getauft worden seid und dadurch zu Christus gehört, habt Christus angezogen. ²⁸Es spielt keine Rolle mehr, ob ihr Juden seid oder Griechen, unfreie Diener oder freie Menschen, Männer oder Frauen. Denn durch eure Verbindung mit Christus Jesus seid ihr alle wie *ein* Mensch geworden. **66**
(Gal 3,26–28)

Sure 4,34 in der Übersetzung von Adel Khoury

99 *Die Männer haben Vollmacht und Verantwortung gegenüber den Frauen, weil Gott die einen vor den anderen bevorzugt hat und weil sie von ihrem Vermögen (für die Frauen) ausgeben. Die rechtschaffenen Frauen sind demütig ergeben und bewahren das, was geheim gehalten werden soll, da Gott (es) bewahrt. Ermahnt diejenigen, von denen ihr Widerspenstigkeit befürchtet, und entfernt euch von ihnen in den Schlafgemächern und schlagt sie. Wenn sie euch gehorchen, dann wendet nichts Weiteres gegen sie an. Gott ist erhaben und groß.* **66**
Der Koran. Übersetzung von Adel Theodor Khoury unter Mitwirkung von Muhammad Salim Abdullah

Sure 4,34 in einer sinngemäßen Übertragung

,, *Männer stehen in fester Solidarität den Frauen zur Seite. Angesichts der vielfältigen Gaben, die Gott ihnen gegenseitig geschenkt hat, und angesichts des Reichtums, den sie in Umlauf bringen. Integere Frauen, die offen sind für die göttliche Gegenwart, sind Hüterinnen des Verborgenen, in dem Sinn, wie Gott bewahrt. Die Frauen aber, deren antisoziales Verhalten ihr befürchtet, gebt ihnen guten Rat, überlasst sie sich selbst in ihren privaten Räumen und legt ihnen mit Nachdruck eine Verhaltens-änderung nahe. Wenn sie aber eure Argumente einsehen, dann sucht keinen Vorwand, sie zu ärgern. Gott ist erhaben und groß.* ,,*

A. F. in einem Leserinnenbrief an „Huda. Netzwerk für muslimische Frauen e. V."

→ Partnerschaft in der Bibel: Seite 32–33

Eine überlieferte Aussage des → Propheten Muhammad

Die Frauen sind die Zwillingshälften der Männer. Gott erlegt euch auf, eure Frauen gut zu behandeln, denn sie sind eure Mütter, Töchter und Tanten. Die ihre Frauen schlagen, handeln nicht gut. Gib deiner Gattin gute Ratschläge und schlage sie nicht wie einen Sklaven. Die Rechte der Frau sind heilig. Sorge dafür, dass ihr die Rechte gegeben werden, die ihnen zustehen.

Muhammad Salim Abdullah, muslimischer Theologe

→ Sunna: Seite 184

→ Frauen im Islam: Seite 142–143

Methoden-Karte: ein Line-Up durchführen

Die Methode „Line-Up" verhilft dazu, deine eigene Position zu einer Frage zu finden und sie zu vertreten. Führt man die Methode zweimal durch, nämlich vor und nach einer intensiven Bearbeitung, zeigt sich, ob sich an deiner Meinung etwas geändert hat. Auf diese Weise kann man auch das Meinungsbild einer Gruppe sichtbar machen.

So könnt ihr vorgehen:

1. Zieht im Klassenzimmer eine (gedachte) Linie, die auf der einen Seite mit einem „Ja-Schild", auf der anderen Seite mit einem „Nein-Schild" endet.
2. Denkt, ohne zu sprechen, darüber nach, ob ihr die Frage, die die Lehrerin oder der Lehrer formuliert hat, mit Ja oder mit Nein beantworten würdet. Nehmt euch Zeit, bis jeder in Gedanken die richtige Position auf der Linie gefunden hat. Natürlich sind alle Abstufungen möglich.
3. Stellt euch an der für euch passenden Position der Linie auf. Begrenzt die Zahl der teilnehmenden Personen so, dass das Gesamtbild übersichtlich bleibt.
4. Begründet die Wahl eures Standpunktes.

Aufgaben

1   Was das Verhältnis von Mann und Frau betrifft, fallen die Auszüge aus den Briefen des Paulus an die Korinther und die Galater sehr unterschiedlich aus. Nenne mögliche Gründe dafür. Beziehe auch die Erklärung und die Argumente Luise Schottroffs und die verschie-denen Prinzipien der Bibelauslegung (Seite 71) mit ein.

2   Recherchiere mithilfe eines Internet-Nachschlagewerks, welche Koranübersetzungen es vom Arabischen ins Deutsche gibt und wie die hier abgedruckten Übersetzungen zu beurteilen sind.

→ eine Internet-recherche durchführen: Seite 170

3   Führt ein Line-Up zu folgender Frage durch: „Sind Islam und Christentum frauenfeind-liche Religionen?"

Die Bibel – ein Buch wie jedes andere?

Mark Twain (1835–1910), amerikanischer Schriftsteller:

> Die meisten Menschen haben Schwierigkeiten mit den Bibelstellen, die sie nicht verstehen. Ich für meinen Teil muss zugeben, dass mich gerade diejenigen Bibelstellen beunruhigen, die ich verstehe.

Adolf Schlatter (1852–1938), evangelischer Theologe:

> Ohne Bibel wird der → evangelische Pfarrer zum Schwätzer und der katholische Priester zum Zauberer.

Franziskus
von Assisi:
Seite 159

Franziskus von Assisi (1181/82–1226):

> Die heilige Schrift lesen, heißt von Christus Rat holen.

Martin Luther:
Seite 80–81,
100–101,
156–157

Martin Luther (1483–1546):

> Ich hab nun 28 Jahr, seit ich Doktor geworden bin, stetig in der Biblia gelesen und daraus gepredigt, doch bin ich ihrer nicht mächtig und find' noch alle Tage etwas Neues drinnen.

Aufgabe

Erläutere eine der Aussagen zur Bibel, die dich besonders interessiert, anhand einer Bibelstelle, die in diesem Kapitel vorkommt.

Wissen

- Benenne, was Am 5,4, Mi 3,5 und Jer 16,5 gemeinsam ist.

- Die politische „Partei Bibeltreuer Christen" (PBC) vertritt die Position, „dass die Weisheit der Bibel besser ist als vom Zeitgeist bestimmte Meinungen". Erkläre, welches Bibelverständnis hinter dieser Aussage zu vermuten ist. Lege deine Auffassung, wie die Bibel zu verstehen ist, in einer fiktiven E-Mail an den Bundesvorsitzenden der PBC dar.

- Nenne fünf verschiedene Textarten, die in der Bibel vorkommen, und erläutere, woran man sie erkennt.

- Begründe, weshalb die folgenden biblischen Bücher geeignet oder nicht geeignet sein könnten, um einen Konfirmationsspruch zu finden: Levitikus, 2. Könige, Sprichwörter, Hohes Lied, Ezechiël, 1. Korinther, Matthäusevangelium, → Psalmen.

→ eine Bibelstelle finden: Seite 169

Können

- Überarbeite deinen ersten Antwortbrief an „Dr. Laura" (Seite 70). Berücksichtige jetzt dabei, was du Neues über die Bibel gelernt hast.

- Der Karikaturist Ivan Steiger hat die Karikatur auf Seite 68 zur Bibelstelle 1 Kor 1,10–13 entworfen. Erläutere den Zusammenhang von Bild und Text. Vergleiche die Argumentation des Paulus mit Luthers Kriterium, „was Christum treibet" und zeichne selbst eine Illustration oder Karikatur dazu.

- Erst seit 1991 können in *allen* → evangelischen Landeskirchen Frauen Pfarrerin werden. Damals haben manche evangelische Theologen mit 1 Kor 14,34 argumentiert: Die Kirche dürfe sich nicht dem Zeitgeist anpassen, sondern müsse sich „an die Bibel halten". Prüfe, ob diese Argumentation den evangelischen Prinzipien der Auslegung der Heiligen Schrift gerecht wird.

→ eine Bibelstelle finden: Seite 169

Anwenden

- Schreibe eine Erzählung zu einer biblischen Heilungsgeschichte. Plane vorher, wo du den Schwerpunkt setzen willst. Führt gemeinsam eine Schreibkonferenz durch.

- Bereitet ein öffentliches Streitgespräch zum Thema „Bibel heute" an eurer Schule vor. Plant, welche aktuellen Fragestellungen und welche Positionen ihr diskutieren wollt. Ladet entsprechende Experten in die Schule ein.

- Entwirf ein Bibeltagebuch, in dem du deine persönlichen Leseerfahrungen mit biblischen Texten aufschreibst.

→ eine Schreibkonferenz durchführen: Seite 115

5 Wie modern muss die Kirche sein?

Was kannst du schon?

- Aufgaben von Kirche als Gemeinschaft benennen
- Besonderheiten von katholischen und evangelischen Kirchengebäuden erklären
- eine Kirche mit einer Moschee und einer Synagoge vergleichen

Wenn du dieses Kapitel bearbeitet hast, kannst du ...

- den Zusammenhang zwischen moderner Kunst und moderner Kirche beschreiben.
- die reformatorischen Grundeinsichten erklären.
- darstellen, wie es zur Trennung in katholische Kirche und evangelische Kirchen gekommen ist.
- erklären, warum evangelische Kirchen die Zeit ihrer Entstehung als „Reformation" bezeichnen.
- an Beispielen erläutern, welche Reformvorstellungen die evangelischen Kirchen bis heute in Bezug auf ihre Organisation, ihre Projekte und ihre Kirchengebäude prägen.
- aufzeigen, welche lokalgeschichtlichen Spuren die Reformation in deiner Umgebung hinterlassen hat.

Diese Methoden wendest du an:

- Bilder analysieren
- eine Pro- und Kontra-Diskussion führen

Setzt sich die Kirche ins rechte Bild?

1990 wurde ein neues Altarbild in der evangelischen Kirche der Nordseeinsel Langeoog enthüllt. Unter den Gemeindegliedern gab es Ärger, Lob und viele Diskussionen. Bis heute gilt das Gemälde des Malers Hermann Buß als eine Besonderheit. Viele Besucher aus anderen Kirchengemeinden besichtigen das Altarbild, weil sie überlegen, ob auch sie für ihre Kirche eine Modernisierung mit einem Kunstwerk von Buß ins Auge fassen sollten. Inzwischen hat der Künstler auch für weitere Gemeinden moderne Altarbilder gestaltet.

In der Diskussion wurden verschiedene Standpunkte vertreten:

> Alles soll immer modern sein!
> Mit diesem Bild kann doch niemand etwas anfangen. Das will ich mir nicht jeden Sonntag ansehen müssen.
> Ein Altarbild sollte schön sein!
> Kein Wunder, dass auf diesem Bild der Tisch leer bleibt!

> Wo soll da die gute Botschaft stecken? Das passt nicht zu dem, was ich von der Kirche erwarte. Man stelle sich mal vor, was ein Pfarrer noch predigen kann, mit diesem Bild vor Augen, und wenn er weiß, wie das Bild auf uns Besucher wirkt!

> Was erwartet ihr?
> Wer hier schimpft, sollte sich lieber fragen, welchen Platz im Bild er sich schon ausgesucht hat.

Ein Schiff, das sich Gemeinde nennt:
Seite 97

> Mein Gott, das trifft zu! Ein Schiff, das sich Gemeinde nennt … Wir sind in eine ganz schöne Schieflage geraten. Bei einem gestrandeten Schiff, da bewegt sich nichts mehr.

Aufgabe

Formuliere deine Gedanken zu dem Gemälde für einen Eintrag in das Langeooger Gästebuch, das in der Kirche ausliegt.

Dazu ist es wichtig, …

- die bildlichen „Botschaften" des Gemäldes zu entschlüsseln.
- zu überprüfen, wie das Bild zu einer evangelischen Kirche und ihren Glaubensvorstellungen passt.
- dich damit auseinanderzusetzen, was „modern" ist.
- einen eigenen Standpunkt dazu einzunehmen, ob das Bild einen gelungenen Beitrag für eine moderne Kirche leisten kann.

Hermann Buß, Altarbild,
Ev. Inselkirche Langeoog
(1990)

Aufgaben

1 Begründe, welchen Äußerungen auf Seite 90 du spontan zustimmst. Führt gemeinsam eine Vor-Abstimmung für oder gegen das Altarbild durch.

2 Arbeite mithilfe der Methode „Bilder analysieren" heraus, was bei Buß' Altarbild vermutlich Diskussionen und Streit ausgelöst hat.

→ Bilder analysieren: Seite 92

3 Beschreibe, welche Aspekte von Kirche im Bild auf Seite 88 angesprochen werden.

Kann jeder in der Kirche seinen Platz finden?

Jesus erzählt ein → Gleichnis von einem großen Gastmahl

99 Ein Mann veranstaltete ein großes Festessen und lud viele Gäste ein. Als das Fest beginnen sollte, schickte er seinen Diener los und ließ den Gästen sagen: „Kommt, jetzt ist alles bereit!" Aber einer nach dem anderen entschuldigte sich. Der erste sagte zu ihm: „Ich habe einen Acker gekauft. Und jetzt muss ich unbedingt gehen und ihn begutachten. Bitte, entschuldige mich!", ein anderer sagte: „Ich habe fünf Ochsengespanne gekauft und bin gerade unterwegs, um sie genauer zu prüfen. Bitte, entschuldige mich!" Und wieder ein anderer sagte: „Ich habe gerade erst geheiratet und kann deshalb nicht kommen."

Der Diener kam zurück und berichtete alles seinem Herrn. Da wurde der Hausherr zornig und sagte zu seinem Diener: „Lauf schnell hinaus auf die Straßen und Gassen der Stadt. Bring die Armen, Verkrüppelten, Blinden und Gelähmten hierher." Bald darauf meldete der Diener: „Herr, dein Befehl ist ausgeführt – aber es ist immer noch Platz." Und der Herr sagte zu ihm: „Geh hinaus aus der Stadt auf die Landstraßen und an die Zäune. Dränge die Leute dort herzukommen, damit mein Haus voll wird! Denn das sage ich euch: Keiner der Gäste, die zuerst eingeladen waren, wird an meinem Festmahl teilnehmen!" **66**
(Lk 14,15–24)

Methoden-Karte: **Bilder analysieren**

„Ein Bild sagt mehr als tausend Worte" behauptet ein Sprichwort. Manche Bilder erschließen sich auf Anhieb, bei anderen sollte man dem Dreischritt der Bildanalyse folgen: „Wahrnehmung – Beschreibung – Deutung".

So kannst du vorgehen:

1. Lass deinen Blick über alle Teile und Bereiche des Bildes wandern. Achte darauf, was du spontan **wahrnimmst**, was deinen Blick anzieht oder abstößt. Nimm auch wahr, was das Bild in dir auslöst: Gefühle, Stimmungen, Erinnerungen, Einfälle.
2. **Beschreibe** genau, was wie auf dem Bild dargestellt ist, ohne Mutmaßungen anzustellen, was das jeweils bedeuten soll: Figuren, Formen, Farben, Linienführung, Lichtführung, Hell-Dunkel- oder Farb-Kontraste. Beachte, was im Zentrum steht und/oder beleuchtet ist.
3. Mache die Bildkomposition **sichtbar**, indem du ein Pergamentpapier oder eine Folie auf die Abbildung legst und Linienführung, Bildaufteilung und die Umrisse der Figuren nachzeichnest.
4. **Deute** das Bild, indem du Entsprechungen zwischen Botschaft und Gestaltung benennst. Beziehe Informationen zum Künstler oder zur Künstlerin, zum Titel, zur Entstehungszeit und gegebenenfalls zum Standort oder Auftraggeber des Bildes ein.
5. Bringe das Bild und seine Botschaften zum Sprechen. **Versetze** dich dazu
   a) in eine dargestellte Person **hinein** <u>oder</u>
   b) als Beobachter an einen ausgewählten Platz des Gemäldes.

→ eine Internetrecherche durchführen: Seite 170

↔ Verheißungen
Jesu:
Seite 116–117

Willy Fries: Das große Gastmahl
(1965), © Stiftung Willy Fries

Aufgaben

1 Beschreibe das Bild von Willy Fries. Vergleiche es nach der Beschreibung mit dem
→ Gleichnis vom großen Gastmahl in Lk 14,15–24.

2 Verfasse pro Abschnitt der Gleichniserzählung in einem inneren Monolog des Gast-
gebers, was ihn bewegt und was er empfindet.

→ einen inne-
ren Monolog
verfassen:
Seite 113

3 Manche Menschen beziehen das sprachliche Bild vom Gastmahl auf die Lage der Kirche:
Die Kirche lädt ein, aber die Eingeladenen kommen nicht. Nimm Stellung dazu, ob diese
Interpretation dem Gleichnis gerecht wird.

4 Der Innenraum der Kirche, der zu Beginn des Kapitels abgebildet ist (Seite 88), enthält
keine Bilder. Formuliere eine erste Einschätzung, wie eine Kirchengemeinde am besten
zeigen kann, dass sie in unsere moderne Zeit passt: durch das Bild von Willy Fries (diese
Seite), das von Hermann Buß (Seite 91) oder durch gar kein Bild. Begründe deine Wahl.

Welche Gemeinde passt zu jungen Menschen?

Festival der Jesus Freaks

Als Jesus Freaks behaupten wir, dass trotz langweiliger Kirchengottesdienste, ‚Geld scheffelnder' Fernsehprediger und all dem pseudo-religiösen Getue
5 hinter der Sache mit Jesus etwas Wahres und sehr Fantastisches steckt! Der Jesus, den man in der Bibel findet, ist krass. Er nahm kein Blatt vor den Mund und kritisierte alles, was ihm
10 nicht gefiel, und doch wurde jeder von ihm angenommen und geliebt. Wir fragten Ihn: Können wir so sein, wie wir sind und trotzdem radikal mit Dir leben? Wie könnte unsere Gemeinde
15 aussehen? Wie könnten Dinge wie Gottesdienst, Predigt, Anbetung für uns gestaltet werden? Unsere Vision ist es, dass in unserem Land, in Europa und überall auf der
20 ganzen Welt unsere Generation für Jesus aufsteht, da für sie ein kompromissloses Leben mit Jesus das Coolste, Heftigste, Intensivste und Spannendste überhaupt ist.
25 Diese „Jesusbewegung" will Leute ermutigen, ihre eigenen Gemeinden zu starten, mit ihrem Background, ihrem Stil und in ihrer Kultur.

! **Moment mal!** Kann man Jesus „krass" finden und „Partys" für ihn feiern?

Info – Jesus Freaks

Ab Beginn der 1990er-Jahre entwickelten sich in verschiedenen deutschen Städten besonders unter Jugendlichen und jungen Erwachsenen offene christliche Gruppen unter dem Namen „Jesus Freaks". Sie wollen keine eigene Kirche sein, sondern in ihren Gottesdiensten eigene Formen der Feier und des christlichen Lebens suchen.

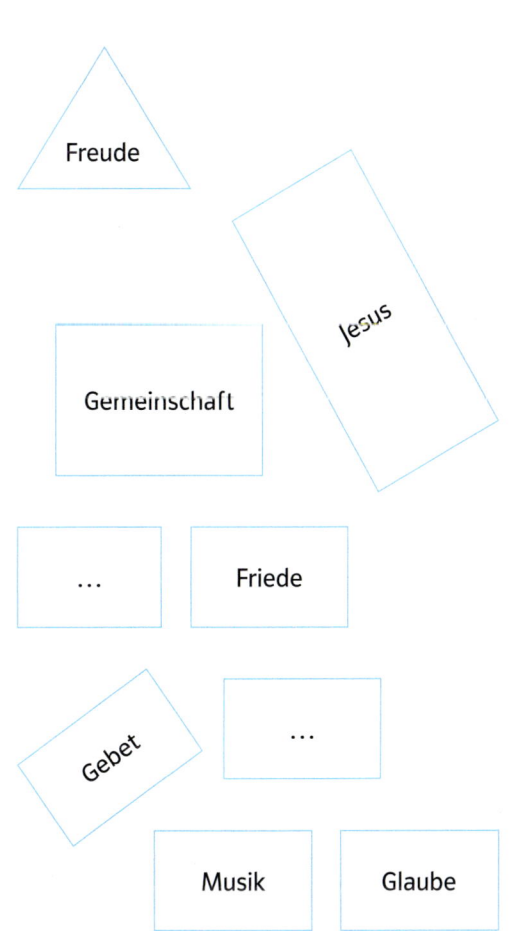

Das wird gut,
komm schon, los, damit wir nicht die Letzten sind,
endlich geht da mal was ab.

Lass dein Gesangbuch liegen,
das brauchen wir diesmal nicht.

Du wirst schon sehen,
das wird ganz anders.

Los doch, kannst ruhig den bunten Schal nehmen,
ist ja schließlich nicht wie sonst.
Du brauchst nicht die ganze Zeit still zu sitzen.

Gitarren gibt es und Schlagzeug,
hier der Liederzettel, siehst du,
was ich meine?

Ach was, Gottesdienst,
Jesus-Party heißt das dort, ist doch total
gut, nicht wahr?
Endlich mal nicht feiern wie sonst. Bin gespannt,
was das für ein Abend wird.

Mama und Papa warten im Auto,
hab ihnen auch noch nichts genauer verraten.

Na los, Oma, komm schon.

! Moment mal!
Ist die „normale Kirche" immer
nur etwas für ältere Leute?

Aufgaben

1 Arbeite heraus, was den Jesus Freaks in bestehenden Kirchengemeinden fehlt.

2 Benenne, was zu einer Kirche gehören soll. Zeichne ein Kirchengebäude aus verschiedenen Bausteinen in dein Heft. Bestimme, was Fundament, Kirchenraum oder Turm sein soll.

3 Vergleiche deine Entwürfe für eine gute Kirche mit Erfahrungen aus Kirchenveranstaltungen. Tausche mit deinen Mitschülerinnen und Mitschülern sowohl gute als auch schlechte Erfahrungen aus. Ändere deinen Entwurf entsprechend.

4 Überlege, ob der oben beschriebene Versuch, der gesamten Familie eine Freude mit der Jesus-Party zu machen, scheitern oder gelingen wird.

5 Recherchiere, welche Möglichkeiten es für Jugendliche in deiner Kirchengemeinde gibt, mitzumachen und mitzugestalten.

→ eine Internetrecherche durchführen: Seite 170

Wer ist Kirche?

Kostbares Ornat des katholischen
Bischofs von Ribe (Dänemark) um
1539

→ Talar des ersten evangelischen
Bischofs von Ribe, nach 1542

←→ Sakramente:
Seite 183

Alle Christen sind wahrhaft geistlichen Standes, und ist unter ihnen kein Unterschied
dann des Amts halben allein [d.h. kein Unterschied außer in Bezug auf die Funktion in
der Kirchengemeinde]. Demnach so werden wir allesamt durch die Taufe zu Priestern
geweiht. Was aus der Taufe gekrochen ist, das mag sich rühmen, dass es schon Priester, Bischof und Papst geweiht sei, obwohl es nicht jedem ziemt, dieses Amt [d.h. jede
Funktion] auch auszuüben.

Martin Luther

Methoden-Karte: eine Pro- und Kontra-Diskussion führen

Mit einer Pro- und Kontra-Diskussion können unterschiedliche Standpunkte in einem
Rollenspiel zum Ausdruck gebracht und Argumente ausgetauscht werden.

So könnt ihr vorgehen:

1. Formuliert eine Streitfrage so, dass sie mit „Ja, weil …" oder „Nein, weil …" zu
   beantworten ist.
2. Legt die Rollen „Befürworter", „Gegner", „Moderator" und „Beobachter" fest.
3. Sammelt arbeitsteilig Argumente und passende Beispiele für Befürworter und
   Gegner. Ordnet sie nach Überzeugungskraft.
4. Bereitet den Raum so vor, dass sich die Parteien vom Moderator getrennt gegen-
   übersitzen. Der Moderator legt Ablauf und Zeitrahmen der Diskussion fest, erteilt
   das Wort und sorgt für einen fairen Umgang miteinander.
5. Stellt als Befürworter oder Gegner zu Beginn euren jeweiligen Standpunkt vor. Geht
   beim Austausch der Argumente aufeinander ein. Tipp: Wiederhole kurz ein gegneri-
   sches Argument und knüpfe dein eigenes an.
6. Tragt nach Abschluss der Diskussion mithilfe der „Beobachter" zusammen, welche
   Hilfen das Streitgespräch für die Entscheidung liefern konnte.

Ein Schiff, das sich Gemeinde nennt

2. Das Schiff, das sich Gemeinde nennt, / liegt oft im Hafen fest, / weil sich's in Sicherheit und Ruh bequemer leben lässt. / Man sonnt sich gern im alten Glanz, / vergangner Herrlichkeit und ist doch heute für den Ruf / zur Ausfahrt nicht bereit. / Doch wer Gefahr und Leiden scheut, / erlebt von Gott nicht viel. / Nur wer das Wagnis auf sich nimmt, / erreicht das große Ziel.

3. Im Schiff, das sich Gemeinde nennt, / muss eine Mannschaft sein, / sonst ist man auf der weiten Fahrt / verloren und allein. / Ein jeder stehe, wo er steht, / und tue seine Pflicht; / wenn er sein Teil nicht treu erfüllt, / gelingt das Ganze nicht. / Und was die Mannschaft auf dem Schiff / ganz fest zusammenschweißt / in Glaube, Hoffnung, Zuversicht, / ist Gottes guter Geist.

Text und Melodie: Martin Gotthard Schneider (1960), Gustav Bosse Verlag, Kassel

Moment mal!
Gibt es für Junge und Alte in der Kirche überhaupt etwas, das sie zusammenbringt?

Aufgaben

1 Vergleiche die Bischofsgewänder vor und nach der → Reformation in einer Tabelle.

2 Informiere dich über die Bedeutung der unterschiedlichen Gewänder und Accessoires (Ring, Stab, Halskrause …). Fertige im Stil eines Mode-Entwurfs eine Skizze an und beschrifte sie. Was sagen die Kleidungsstücke jeweils über ihren Träger aus? Vergleiche hiermit auch das Zitat von Martin Luther.

3 Benenne die Aufgaben einer Kirchengemeinde und erläutere, inwiefern es dir passend erscheint, eine Kirchengemeinde metaphorisch als Schiff zu bezeichnen.

4 Erläutere, inwieweit der Liedtext zu dem Altarbild aus Langeoog (Seite 91) und dem Luther-Zitat passt.

5 Führt eine Pro- und Kontra-Diskussion zur Frage, ob Pfarrer Gottesdienste in Freizeit-kleidung halten könnten.

Was lehrte die Kirche im Spätmittelalter?

Sünde:
Seite 34

Rogier van der Weyden, Mittelteil eines Altarbildes (15. Jh.)

„Außerhalb der Kirchengemeinschaft ist kein Heil für die Seelen der Menschen zu finden", predigte Cyprian von Karthago (ca. 200 n. Chr.). Daraus machte die päpstliche Bulle „Unam sanctam" (1302) eine zwingende Kirchenlehre. Einzig die Kirche zeige den Weg zu Gott und seinem Heil. Einzig die Priester sollten die Bibel studieren und den Christen Gottes Willen verkünden. Die Kirche sei dabei selbst ein Teil dieses Weges. Der Papst nannte sich *pontifex maximus*, der „größte Brückenbauer".

In den Kirchengebäuden zeigten Altarbilder die Botschaft der Kirche besonders eindrücklich. Und genau dort suchten die Menschen Antworten auf die großen Fragen ihres Lebens.

Der links abgebildete Mittelteil eines Altarbildes zeigt Jesus, der am Jüngsten Tag die Lebenden und die Toten richtet.

Links – aus der Sicht Jesu im Bild: rechts – führt der Weg zur Himmelspforte, auf der anderen Seite zum Höllenschlund. Dort stellte man sich zuerst das Fegefeuer vor, einen Ort, an dem man zeitlich befristet die Strafe erlitt für begangene „lässliche" Sünden im Leben, bevor man in den Himmel kam. Für schwere Sünden („Todsünden"), die vor dem Tod nicht gebeichtet und bereut wurden, war der direkte Weg in die Hölle vorgesehen. Die meisten Menschen wuchsen mit solchen Vorstellungen auf.

Martin Luther berichtete als alter Mann, wie er sich früher als junger Mönch gefühlt hatte:
Ich hasste dieses Wort aus dem Neuen Testament: ,→ Gerechtigkeit Gottes'. Denn obgleich
ich als untadeliger Mönch lebte, fühlte ich mich vor Gott als Sünder und lebte ständig mit un-
ruhigstem Gewissen. Ich konnte einfach nicht darauf vertrauen, dass meine Mühen, gut und
richtig zu leben, aus Gottes Sicht ausreichend waren. Oft war ich mir dagegen sicher, dass
5 nichts, was ich tat, gut genug sein konnte.
So liebte ich nicht, nein ich hasste diesen ,gerechten und die Sünder strafenden Gott'. Ich
dachte: Der Mensch fühlt sich durch all die Regeln der Bibel bedroht und zu Boden gewor-
fen, weil er sie niemals alle erfüllen kann. Er muss sich als armer, verlorener Sünder fühlen.
Will Gott uns durch das → Evangelium, seine frohe Botschaft, seine Gerechtigkeit und seinen
10 Zorn androhen und uns so Leid zufügen?

Was lehrte
Martin Luther?
Seite 100–101

*Im Auftrag des Papstes hielt damals Johannes Tetzel vor den Menschen an verschiedenen Orten
im deutschen Reich Predigten, die wohl so klangen:*
Auch du bist in die großen Gefahren dieser Welt gestellt und weißt nicht, ob du den sicheren
Hafen des Heils im Himmel erreichst. Wisse, dass jeder, der gebeichtet, bereut und Geld in
diesen Kasten unserer Mutter Kirche getan hat, eine Vergebung aller seiner Sünden
haben wird.
5 Habt ihr nicht auch die Stimmen eurer Eltern und anderer Verstorbener gehört, die zu euch
rufen: ,Erbarmt euch, denn wir leiden sehr harte Strafen und Folter im Fegefeuer, von denen
ihr uns loskaufen könnt'?
Die Heiligen haben mit ihrem Übermaß an guten Werken der Kirche einen Schatz erworben,
aus dem sie euch gerne etwas austeilt. Ihr könnt Anteil bekommen an diesem Schatz, wenn
10 ihr Ablassbriefe bei mir kauft. Der Ablassbrief schenkt euch Vergebung aller Sünden und den
Erlass sämtlicher Sündenstrafen.

Der barmherzi-
ge Vater:
Seite 64–65

Schuld und
Vergebung:
Seite 61

*Viele Christinnen und Christen hörten zu und kauften Ablassbriefe, auf denen die Zeit festgehal-
ten wurde, um die sich das Leiden im Fegefeuer verkürzen sollte. Manche konnten das Geld für
einen Ablassbrief trotz vieler Mühen nicht aufbringen. Das eingenommene Geld diente zum Bau
des Petersdoms in Rom.*

Aufgaben

1 Beschreibe die Auswirkungen solcher Bilder vom Jüngsten Gericht auf das Verhalten,
Denken und Fühlen im Alltag der spätmittelalterlichen Menschen.

2 Entwirf zwei Spielszenen zu Tetzels Rede:
a) eine, in der sich Menschen darüber austauschen, was sie antreibt, Tetzel zuzuhören und
b) eine dazu, was sich nach dem Kauf eines Ablassbriefes für sie verändert hat.

3 Führt aus Sicht spätmittelalterlicher Bürger eine Pro- und Kontra-Diskussion zu der Frage,
ob die Kirche Ablassbriefe anbieten sollte. Achtet besonders auf die Wirkungen, die der
Verkauf für die Christinnen und Christen und für die Kirche haben kann.

eine Pro-
und Kontra-
Diskussion
führen:
Seite 96

Was lehrte Martin Luther?

Martin Luther erinnert sich an den Wendepunkt seines Lebens, der ihn nie mehr losgelassen hat:

Tag und Nacht dachte ich unablässig darüber nach, bis Gott sich meiner erbarmte und ich auf den Zusammenhang der Worte in der Bibel achtete: der
5 Gerechte lebt aus Glauben.
Da fing ich an zu verstehen, wie sich die → ‚Gerechtigkeit Gottes' zeigt: indem Gott die Menschen nicht verurteilen will, sondern sie beschenkt.
10 Das Geschenk ist, dass ich an diesen freundlichen Gott glauben durfte. Er bekleidet uns mit seiner Gerechtigkeit. Aus diesem Glauben kann man leben und sich vor Gott nun als ein Gerechter
15 fühlen.

Ich begriff, dass dies der Sinn sei:
Durch das → Evangelium wird die Gerechtigkeit eines barmherzigen Gottes offenbar, wie geschrieben steht: ‚Der Gerechte lebt aus Glauben.' Da fühlte ich, dass ich geradezu neugeboren
20 und durch die geöffneten Pforten in das Paradies selbst eingetreten war. Da erschien mir durchgehend ein anderes Gesicht der ganzen Schrift.
Und mit welchem Hass ich vorher das Wort ‚Gerechtigkeit Gottes' hasste, mit solcher Liebe schätzte ich es nun als allerliebstes
25 Wort. So wurde mir jene Stelle bei Paulus wahrhaft die Pforte des Paradieses.
Ich durchlief danach die Schrift, soweit ich sie im Gedächtnis hatte, und fand auch in anderen Ausdrücken einen ähnlichen Sinn: ‚Kraft Gottes' heißt: Kraft, mit der er uns kräftig macht, so
30 galt es auch für die Begriffe Stärke Gottes, Heil Gottes.

↔ Rechtfertigung bei Paulus: Seite 57

↔ Rechtfertigung bei Luther: Seite 60–61

" Durch die Gute Nachricht wird Gottes Gerechtigkeit offenbar. Das geschieht aufgrund des Glaubens und führt zum Glauben. So steht es schon in der Heiligen Schrift:
„Aufgrund seines Glaubens wird der Gerechte das Leben erlangen." **"**
(Röm 1,17)

Luthers Erkenntnisse werden seit der → Reformation in vier Grundsätzen zusammengefasst:

sola gratia – Allein durch die → Gnade/und nicht: durch die Gnade und unser eigenes Bemühen erlangen wir das Heil.

sola fide – Allein durch den Glauben/und nicht: durch den Glauben und unsere guten Werke kommen wir zum Heil.

solus Christus – Allein Jesus Christus bringt das Heil/und nicht: durch Christus und die Fürsprache der Heiligen erlangen wir das Heil.

sola scriptura – Allein durch die Schrift/und nicht: durch die Schrift und durch ihre Auslegung durch die Kirche wird uns Gottes Wille kund.

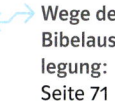 Wege der Bibelauslegung: Seite 71

95 Thesen zum Ablass von Dr. Martinus Luther (Auszug):

21: Es irren alle Ablassprediger, die sagen, dass durch Ablässe der Mensch von jeder Strafe befreit und selig werde.

36: Jeder Christ, der wahrhaft Reue empfindet, hat völlige → Vergebung von Strafe und → Schuld, die ihm auch ohne Ablassbrief zukommt.

43: Man soll die Christen lehren, dass es besser sei, den Armen etwas zu schenken und den Bedürftigen zu helfen, als Ablässe zu kaufen.

44: Durch ein Werk der Liebe wächst die Liebe und der Mensch wird besser, aber durch den Ablass wird er nicht besser.

62: Der wahre Schatz der Kirche ist das allerheiligste → Evangelium von der Herrlichkeit und → Gnade Gottes.

Schuld und Vergebung: Seite 61, 183

Die Thesen waren von Luther als Diskussionsbeitrag gemeint; ob er sie tatsächlich am 31. Oktober 1517 an die Schlosskirchentür von Wittenberg geheftet hat, kann man heute nicht mehr sagen.

Aufgaben

1 Verfasse für den zuständigen Erzbischof zur Zeit Luthers ein Gutachten, das ihm hilft, die Konsequenzen von Luthers Thesen für die mittelalterliche Kirche einschätzen zu können.

2 Erläutere anhand der beiden Zeichnungen auf der gegenüberliegenden Seite, wie Luthers Erkenntnis zu einem Wendepunkt im Leben wurde und ihn antrieb, sich einzumischen.

3 Ordne folgende Bibelstellen den „soli" zu: Röm 3,24; Röm 3,28.

4 Grafisiere das neue Verhältnis des Menschen zu Gott und zu sich selbst. Füge passende Zitate aus den Bibelstellen ein.

5 Entwirf eine weitere Spielszene, in der eine neue Antwort auf Tetzels Predigt (Seite 99) gegeben wird.

→ eine Bibelstelle finden: Seite 169

→ Grafisieren: Seite 174

Braucht die Kirche eine neue Sprache?

Ein Flugblatt aus dem frühen 16. Jahrhundert will die Situation bildlich zuspitzen. Luther und seine Anhänger stehen Papst Leo X. und seinen Amtsträgern gegenüber.

Die von Luther formulierten Grundsätze sollten die Kirche wieder nach dem → Evangelium ausrichten, das heißt: "evangelisch" machen. Sie betrafen nicht allein den Glauben, sondern auch die Kirche und deren Macht.

Viele Anhänger griffen die Idee auf, Kirche und Glaubensvorstellungen zu reformieren, ihnen also eine neue Form zu geben. Das betraf auch die Sprache.

Bisher galt das Lateinische als Sprache der Kirche. Die Bibel wurde nur in lateinischer Sprache verwendet und die Gottesdienste (→ "Messen") fanden – bis 1565 – auf Lateinisch statt. Die allermeisten Menschen verstanden diese Sprache nicht. Sie konnten wohl Laute aus den Gottesdiensten wiedergeben, wie: *"Pater noster, qui es in caelis …"*. Die Bedeutung blieb ihnen aber verschlossen.

↩→ Luthers Bibelübersetzung: Seite 80–81

Für Luther zeigte dies: Das im Lateinischen verschnürte Wort Gottes musste befreit werden, damit die Menschen die Freiheit des Evangeliums erfahren konnten. Die Reformatoren übersetzten die Bibel in die deutsche Sprache. Der Buchdruck sorgte für Verbreitung. In immer mehr Häusern lasen Menschen nun selbst die biblischen Bücher.

Die Evangelische Kirche in Deutschland (EKD) hat 2011 zu einer "Segensflieger-Flashmob-Aktion" aufgerufen: Am 31. Oktober sollten passend beschriftete Papierflieger von Kirchtürmen gestartet werden. Die EKD begründete: "Damals wie heute gilt für Protestanten: Auf das Wort kommt es an. Doch darüber nachdenken muss jeder selbst. Luthers Anliegen: Gottes Wort unter die Leute bringen. Und zwar so, dass sie es verstehen und eigenständig darüber nachdenken können, was denn dieses Wort für ihr Leben bedeutet. → Reformation heute: selbst denken, reden, schreiben und surfen.

Da die Kirche immer neu und beständig zu reformieren ist, ist es wohl an der Zeit, neue, originelle Kommunikationsformen zu entwickeln."

! **Moment mal!**
Kann man das Wort Gottes mit Papierfliegern unter die Leute bringen?

Info – Volxbibel

Die modernen Bibelübersetzungen gingen Martin Dreyer, einem Jesus Freak, nicht weit genug. Er begann ein neues „Übersetzungsprojekt" für junge Menschen, an dem sich seit 2006 im Internet alle Interessierten beteiligen können. Die Volxbibel ist keine Übersetzung im herkömmlichen Sinn, weil die „Übersetzer" nicht aus dem Griechischen und Hebräischen übersetzen, sondern einen vorhandenen deutschen Text sprachlich anpassen. Deshalb spricht man von einer „Übertragung".

Jesus Freaks: Seite 94

Wovon mache ich mich abhängig? Seite 52–53

Leseprobe aus der Volxbibel

99 Jetzt mal ein Paradebeispiel, wie ihr beten könnt: ‚Hey, unser Papa da oben! Darum geht's, dass du und dein Name allein auf dieser Welt ganz groß rauskommen! Du sollst hier das Sagen haben, auf der Erde genauso, wie es da oben im Himmel ja schon immer der Fall war. Hey, versorg uns doch bitte mit allem, was wir heute so zum Leben brauchen! Und verzeih uns die Sachen, wo wir mal wieder Mist gebaut haben. Wir verzeihen ja auch denen, die bei uns was verbockt haben. Pass auf, damit wir nicht irgendwelchen schlechten Gedanken nachgeben und dir untreu werden und so. Führe uns nicht in Situationen, wo wir Fehler machen könnten. Rette uns, wenn uns das Böse anzeckt! So passt es [Amen]!' **66**
(Mt 6,5–14, gekürzt)

Aufgaben

1 Beschreibe, wie der Künstler des Flugblattes aus dem 16. Jahrhundert die Situation Luthers und seiner Anhänger sowie die beiden → Konfessionen darstellt.

2 Luther wollte bei seiner Bibelübersetzung „dem Volk aufs Maul schauen". Entwirf ein fiktives Gespräch zwischen ihm und Martin Dreyer, in dem es darum geht, was gelungene Bibelübersetzungen sind. Stelle mithilfe der Seite www.bibleserver.com zusammen, wie der oben abgedruckte Text aus der Volxbibel in anderen Übersetzungen lautet und was dir dabei jeweils gelungen erscheint.

3 Führt eine Pro- und Kontra-Diskussion zur Frage, ob die Volxbibel als Standardbibel für den evangelischen Religionsunterricht geeignet ist.

4 Entwirf eine Präsentation, in der die Bedeutung der deutschsprachigen Bibel für die → evangelische Kirche und die evangelischen Christinnen und Christen heute herausgestellt werden.

Bilder analysieren: Seite 92

eine Pro- und Kontra-Diskussion führen: Seite 96

eine digitale Präsentation erstellen: Seite 160

Nach der Reformation in Baden-Württemberg

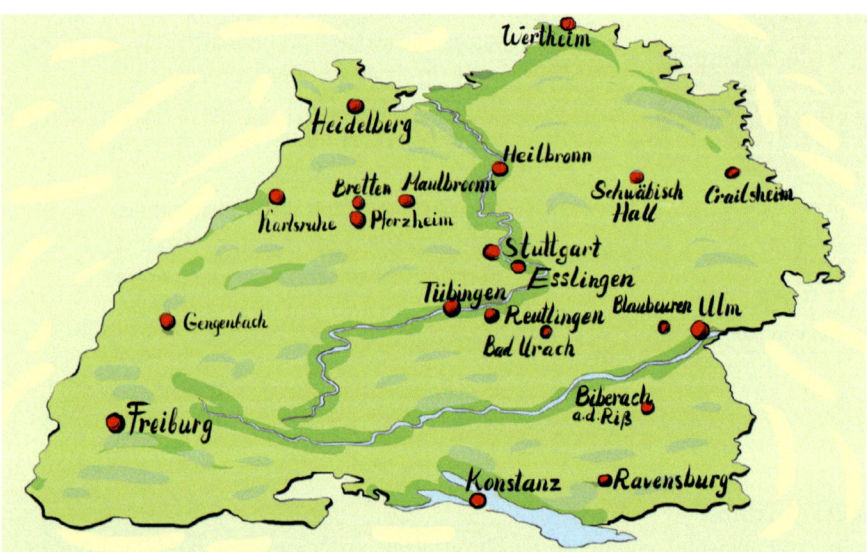

Info – Baden-Württemberg zur Zeit Luthers

Das Gebiet des heutigen Baden-Württemberg sah zu Luthers Zeiten auf einer Landkarte eher wie ein bunter Flickenteppich aus: Da gab es das Herzogtum Württemberg, die Markgrafschaft Baden, die Kurpfalz sowie freie Reichsstädte – und überall breiteten sich Luthers Ideen aus und fanden sich Menschen, die sich dafür begeisterten und sich dafür einsetzten.

Luther selbst war einmal im heutigen Baden-Württemberg: 1518 reiste er nach Heidelberg und verteidigte an der dortigen Universität zum ersten Mal seine Thesen außerhalb von Wittenberg. Die Professoren waren geschockt über das, was Martin Luther bei dieser sogenannten „Heidelberger Disputation" vortrug, die Studenten waren begeistert. Die Gedanken der → Reformation waren angekommen und wurden weitergetragen.

Warum die Schnecken katholisch blieben

Rita Goller kommt aus dem katholischen Teil der Schwäbischen Alb. Hayingen-Weiler gehörte lange zu Vorderösterreich und wurde erst mit der napoleonischen Gebietsreform württembergisch. Plötzlich standen sich auf der Alb Evangelische und Katholische direkt gegenüber und wunderten sich über ihre Eigenheiten.

5 Zu diesen Eigenheiten gehörte, dass die Katholischen Schnecken sammelten und sie aßen. Frühjahr für Frühjahr lasen die Kinder sie auf und die Mutter warf sie in den sprudelnden Topf. „Das war ein richtiges Festessen", erinnert sich Rita Goller, Weinbergschnecken frisch aus dem Sud, mit ein wenig Salz und Brot dazu.

Von jeher waren Weinbergschnecken eine beliebte Fastenspeise der Katholiken. Sie

10 schmeckten nicht nur, sondern brachten auch Geld ein: Mit dem Schneckenring zogen die

Sammler auf der Alb los und verkauften ihre Ware an die Klöster. Der kalkhaltige Boden bildet ein ideales Terrain für *Helix Pomatia*, wie die Weinbergschnecke mit ihrem lateinischen Namen heißt. *Helix Pomatia* gehörte zum Leben der kleinen Rita wie das Tischgebet und das tägliche Brot.

15 Es hat lange gedauert, bis sie diesen Teil der Familientradition wiederentdeckt hat. Erst einmal heiratete sie 1987 einen → evangelischen Mann aus Rietheim. Da war die Landesgrenze schon 180 Jahre gefallen, aber die Glaubensgrenze in den Köpfen noch keineswegs. „Ich war damals sehr willkommen", erinnert sich Walter Goller mit leichtem Schaudern an seine ersten Besuche bei den katholischen Schwiegereltern.

20 Die Eheleute ließen sich dennoch nicht beirren und gründeten auf der evangelischen Seite in Münsingen-Rietheim einen ökumenischen Haushalt. Über Glaubensfragen haben die Gollers sich nie gestritten, „jeder war immer offen für den anderen". Das gilt allerdings nicht für die Schnecken. Bis heute kriegt Walter Goller keine einzige hinunter, „für uns", sagt er, „war das Ungeziefer, und so was isst man nicht." „Wüstgläubig" wurden Evangelische lange von ihren

25 katholischen Nachbarn auf der Schwäbischen Alb genannt und zur Strafe fuhren sie an der Glaubensgrenze zwischen Münsingen und Hayingen Mist an Fronleichnam.
So richtig ernst wurde es mit dem Schneckenthema aber erst 2002. Da machte Rita Goller die Ausbildung zum Alb-Guide, zum Natur- und Landschaftsführer. Auf der Suche nach einem Prüfungsthema fielen ihr die alten Schneckengeschichten wieder ein. Am Ende hatte sie

30 nicht nur ein Prüfungsthema, sondern auch einen eigenen Schneckengarten hinter dem Haus.
Aus dem kleinen Garten ist ein großer Garten geworden. Auf einem Ackergrundstück am Ortsrand von Rietheim fressen sich heute Zehntausende von Weinbergschnecken durchs Kraut. Treu und brav pflegt Walter Goller die Beete. Hilft, wo er nur kann, beim Füttern, Säen,

35 Gras schneiden, Auflesen der Nacktschnecken. Selbst beim Ausnehmen der Schneckenhäuser ist er dabei – doch essen: „Auf gar keinen Fall. Ich bin", sagt er, „nicht nur evangelisch, sondern auch schleckig."

Andreas Steidel, Autor

↩ Ökumene:
Seite 181

Aufgaben

1 Recherchiere, ob und wenn ja, wie und durch wen die Stadt, in der du zur Schule gehst, mit der → Reformation in Berührung kam.

2 Führe eine zweite Recherche durch: Suche auf der Baden-Württemberg-Karte die Stadt heraus, die deiner Stadt am nächsten liegt, und kläre, inwieweit sie von der Reformation beeinflusst wurde.

3 Lies die Geschichte von Rita und Walter Goller. Tausche dich mit deinem Sitznachbarn/ deiner Sitznachbarin über die wichtigsten Inhalte der Geschichte aus. Haltet sie stichwortartig fest.

4 Überlegt in eurer Klasse gemeinsam, ob ihr Menschen kennt, die euch eine weitere „Evangelisch-katholisch-Geschichte" erzählen können. Bereitet gemeinsam mögliche Interviewfragen vor. Die Kurzfassung der Geschichte von Rita und Walter Goller aus Aufgabe 3 kann dabei zum Beispiel als Einstieg dienen.

↪ ein Interview
führen:
Seite 170

5 Führt die vorbereiteten Interviews in eurem Familien-, Bekannten- oder Freundeskreis. Berichtet eurer Klasse von den Antworten, die ihr auf eure Fragen bekommen habt.

Wie modern muss die Kirche sein?

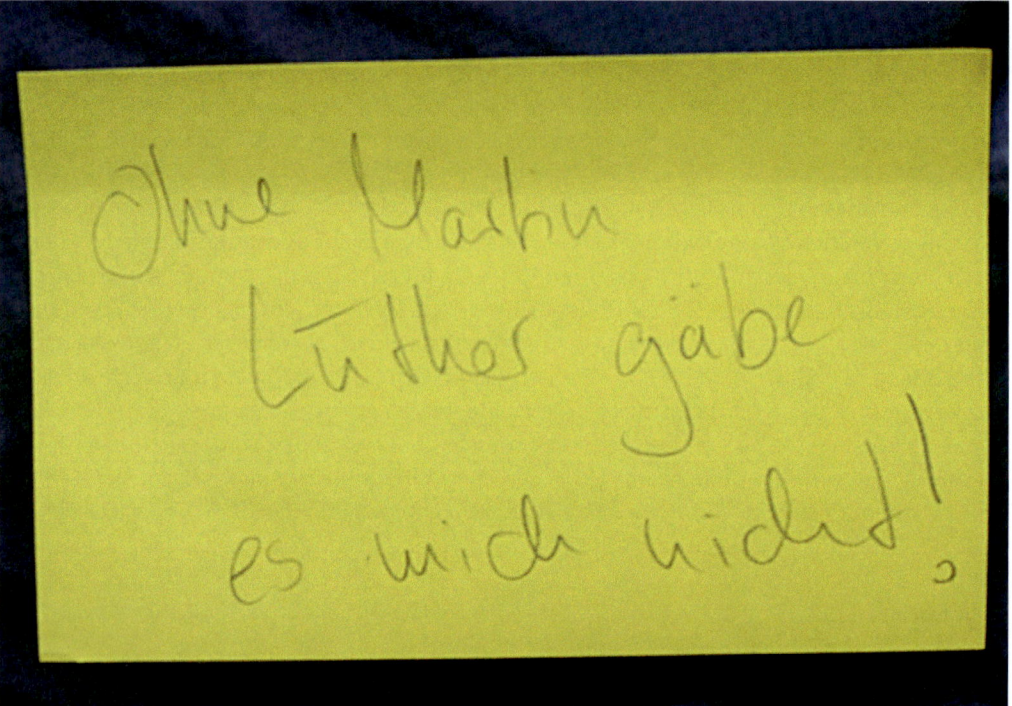

Während des evangelischen Kirchentages 2011 in Dresden konnte jeder Besucher eigene „Thesen" formulieren und sie auf ein Plakat mit den 95 Thesen heften. Wie Luther sollte jeder dabei überlegen und zeigen, was heute in der evangelischen Kirche gefragt, gesagt und diskutiert werden muss.

Aufgaben

1 Erkläre, worauf die Verfasserin oder der Verfasser dieser Haftnotiz anspielen möchte.

2 Eine weitere Haftnotiz lautete: „Wie kann man modern bleiben, wenn man so an einer fünfhundert Jahre alten Person hängt?" Formuliere eine Antwort auf diese Frage.

3 Befragt die Schülerinnen und Schüler und die Lehrerin/den Lehrer der katholischen Religionsgruppe, welche Bedeutung Martin Luther für sie hat.

Wissen

- Das Wort „Hokuspokus" beruht auf einem Missverständnis: Die Abendmahlsworte „Das ist mein Leib" heißen auf Lateinisch „Hoc est corpus meus". Begründe, weshalb Wörter wie „Hokuspokus" vor der → Reformation leichter entstehen konnten als danach.

- „Ich möchte endlich mal wieder einen normalen Sonntagsgottesdienst erleben, in dem ich mich zu Hause fühle und alles mitmachen kann. Bei uns gibt es nur noch ‚Events'!" – so lautet eine Kritik aus dem Seniorenkreis. Entwirf ein Gottesdienstkonzept, das allen Mitgliedern der Gemeinde ermöglicht, sich dort zu Hause zu fühlen.

- Statt über den Reformationstag berichten Zeitungen und Fernsehen am 31. Oktober über Halloween. Verfasse einen Leserbrief für eine Tageszeitung, in dem deutlich wird, warum auch eine Erinnerung an die → Reformation lohnt.

- Moderne Kirche? Unter dem Motto „Kirche laufend dabei" nehmen hochrangige kirchliche Vertreter seit Jahren am alljährlichen Marathonlauf in Hannover teil. Ein Blogger schrieb im Internet dazu: „Das ist protestantische Prostitution!" Verfasse einen Antwort-Blogeintrag.

Können

- Gestalte einen Flyer mit Bildbeschreibung und Deutungsansätzen zu dem Altarbild von Buß für die Kirchengemeinde auf Langeoog (Seite 91).

- Lege in einem ausführlichen Gästebuch-Eintrag deine Einschätzung zu der Frage dar, ob du die Modernisierung durch das Altarbild von Buß auf Langeoog für gelungen hältst.

- Gestalte selbst einen Entwurf für ein Altarbild, mit dem die Kirche modern bleiben oder werden kann. Erläutere deinen Entwurf schriftlich.

Anwenden

- Informiere dich über einen „vollkommenen Ablass" der Katholischen Kirche aus heutiger Zeit (beispielsweise zum Heiligen Jahr der Barmherzigkeit 2015). Erkläre den Unterschied zwischen Ablasshandel und Ablass.

- Erstelle Präsentationen zu weiteren Reformatoren und ihrer Rolle, die sie heute in den evangelischen Kirchen spielen (zum Beispiel Blarer, Brenz, Bucer, Bugenhagen, Calvin, Melanchthon, Schnepf, Zwingli).

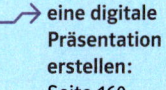

→ **eine digitale Präsentation erstellen:** Seite 160

- Entwirf Ideen, wie Kirchengemeinden auch in Zukunft modern bleiben oder werden können. Führe dazu eine Befragung zu den Wünschen und Erwartungen, die Menschen an ihre Kirche richten, durch.

→ **ein Interview führen:** Seite 170

6 Was wollte Jesus?

Ich bin die Tür. Johannes 10,9
Wolf Hirtreiter, Altarbild der
Grafenauer Christuskirche

Was kannst du schon?

- in Grundzügen darstellen, wer Jesus von Nazareth war und wie er gelebt hat

- einige Gleichnisse Jesu erzählen und deuten

- erläutern, dass sich Jesus den Armen, Kranken und Ausgestoßenen zugewandt hat

Wenn du dieses Kapitel bearbeitet hast, kannst du ...

- einige Wundergeschichten wiedergeben und deuten.

- aufzeigen, wie die Taten und Worte Jesu Hoffnung und Trost spenden können.

- anhand aktueller Beispiele darstellen, auf welche Weise Zuwendung neue Lebens-
  möglichkeiten eröffnet.

- erläutern, was Jesus meinte, wenn er vom Reich Gottes sprach.

- beschreiben, wie (unterschiedlich) Menschen auf Jesus reagieren.

- verschiedene Möglichkeiten aufzeigen, wie man heute von Wundern sprechen kann.

- dich mit der Frage auseinandersetzen, inwiefern Jesu Wirken bis heute Orientierung
  bietet.

Diese Methoden wendest du an:

- einen inneren Monolog verfassen

- eine Schreibkonferenz durchführen

Sind Wunder möglich?

Mehr als die Hälfte der Deutschen glaubt an Wunder. Das geht aus einer Umfrage für die „Frankfurter Allgemeine Zeitung" hervor. Insgesamt 56 Prozent beantworteten die Frage „Glauben Sie an Wunder?" mit Ja. Was genau unter einem Wunder zu verstehen ist, wird unterschiedlich beantwortet. So sagen 67 Prozent, die Heilung von einer schweren, scheinbar hoffnungslosen Krankheit könne als Wunder bezeichnet werden. Fast 47 Prozent nennen auch die Geburt eines Menschen und die Rettung aus scheinbar aussichtslosen Notlagen ein Wunder. 54 Prozent sind davon überzeugt, dass es Fälle gibt, in denen jemand eine drohende Gefahr im Voraus spürt. Es wurden 2000 Menschen ab 16 Jahren befragt.

Allensbach-Umfrage, 20.09.2006

Die Wunder Jesu

> Wer sich genauer mit der Symbolik und der Botschaft der Wunder Jesu auseinandersetzt, wird bald merken: Die Frage, ob die Wunder tatsächlich stattgefunden haben oder nicht, ist Glaubenssache, aber nicht das Zentrale an der ganzen Sache.
>
> *Stephan Sigg, Theologe und Journalist*

> Man kann nicht elektrisches Licht und Radioapparat benutzen, in Krankheitsfällen moderne medizinische und klinische Mittel in Anspruch nehmen und gleichzeitig an die Geister- und Wunderwelt des Neuen Testaments glauben.
>
> *Rudolf Bultmann, Theologe*

> Wir mögen durch die bizarren Wunder der Evangelien manchmal irritiert sein, aber sie enthalten in einfacher und eindringlicher Form jenen Protest gegen Aussonderungen jeder Art, der die ganze Bibel prägt.
>
> *Gerd Theißen, Theologe*

Aufgabe

Erörtere, welche Bedeutung biblische → Wundergeschichten für die Botschaft Jesu haben. Nimm einen begründeten Standpunkt zu den zitierten Überlegungen zum Verständnis und zum Umgang mit biblischen Wundergeschichten ein.

Dazu ist es wichtig, ...

- sich mit Wundergeschichten aus der Bibel auseinanderzusetzen.
- zusammenfassend darzustellen, was Jesus den Menschen sagen wollte.
- die Taten Jesu zu seiner Botschaft in Beziehung zu setzen.
- Möglichkeiten zu prüfen, heutige Geschehnisse als „Wunder" aufzufassen.

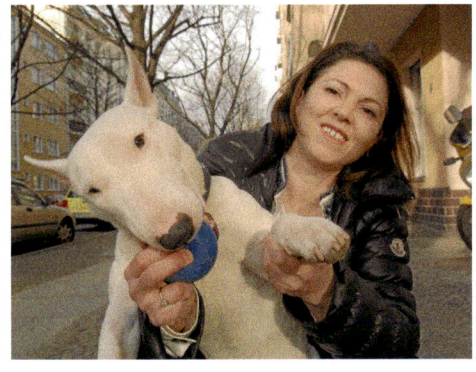

Wunder-Hund

Der Hund, der „Mama" sagt

**Mini-Bullterrier Armani kann ein
ganz besonderes Kunststück –
er sagt tatsächlich „Mama".**

Aufgaben

1 Führt gemeinsam eine Klassenbefragung durch, ob und in welchem Sinn ihr Wunder für möglich haltet. Vergleicht euer Ergebnis mit dem Ergebnis der Allensbach-Umfrage.

2 Beschreibe die Zeichnung auf dieser Seite (oben rechts). Vergleiche sie mit Joh 11,32–44.

→ eine Bibelstelle
finden:
Seite 169

3 Wähle eine der Abbildungen aus und verfasse zwei unterschiedliche Texte dazu: zum einen eine Schilderung des „Wunders" aus der Sicht einer beteiligten Person, zum anderen einen Bericht, der das jeweilige Geschehen rein sachlich darstellt und erklärt. Vergleiche die Wirkung.

Was steht hinter den Wundergeschichten?

Thomas Germillon,
Sturm (2009)

Aufbau von
Wunder-
geschichten:
Seite 76

99 Am Abend dieses Tages sagte Jesus zu seinen Jüngern: „Wir wollen ans andere Ufer fahren." Sie ließen die Volksmenge zurück.

Dann fuhren sie mit dem Boot los, in dem er saß. Auch andere Boote fuhren mit. Da kam ein starker Sturm auf. Die Wellen schlugen ins Boot hinein, sodass es schon voll lief. Jesus schlief hinten im Boot auf einem Kissen. Seine Jünger weckten ihn und riefen: „Lehrer! Macht es dir nichts aus, dass wir untergehen?"

Jesus stand auf, bedrohte den Wind und sagte zu dem See: „Werde ruhig! Sei still!" Da legte sich der Wind und es wurde ganz still.

Und Jesus fragte die Jünger: „Warum habt ihr solche Angst? Wo ist euer Glaube?" Aber die Jünger überkam große Furcht. Sie fragten sich:

„Wer ist er eigentlich? Sogar der Wind und die Wellen gehorchen ihm." 66
(Mk 4,35–41)

Aufgaben

einen inneren
Monolog
verfassen:
Seite 113

1 Lies die Geschichte von der Sturmstillung. Stelle dir vor, du würdest dich als Jünger zusammen mit dem schlafenden Jesus auf dem Schiff befinden, das du auf dem Bild siehst. Verfasse einen inneren Monolog.

2 Inszeniert die Geschichte gemeinsam: Lest sie in verteilten Rollen und setzt passende Geräusche ein. Tragt an der Stelle, an der die Jünger Jesus wecken wollen, mehrere Monologe aus Aufgabe 1 vor – alles ohne Unterbrechung.

3 Beschreibt am Ende der Szene eure Gefühle aus der Rolle heraus. Verfasst nun einen zweiten Teil eures Monologs aus Aufgabe 1: einen Rückblick auf das Erlebnis.

Methoden-Karte: einen inneren Monolog verfassen

Ein innerer Monolog ist ein stummes Selbstgespräch einer literarischen Person. Der Monolog bringt das zur Sprache, was die Figur in einer bestimmten Situation wahrnimmt, denkt und empfindet.

So kannst du vorgehen:
1. Denke dich genau in die Figur ein: Wie würdest du dich fühlen, was würdest du empfinden, wenn du jetzt an ihrer Stelle wärst?
2. Schreibe in Ich-Form und in direkter Rede.
3. Lass auch unsystematische Gedankenbewegungen oder widersprüchliche Empfindungen zu und verwende einfache Sprache.

Moment mal!
Konnte Jesus die Wunder gar nicht wirklich vollbringen?

Aufgaben

1 Beschreibe nacheinander die beiden Bilder der Doppelseite und vergleiche sie.

2 Verfasse einen Monolog des Jugendlichen auf dem Bild oben. Vergleiche ihn mit der Sturmstillung und erfinde einen Schluss mit dem Titel „Ruhe nach dem Sturm".

3 Manche übersetzen den Satz „Jesus hat Blinde geheilt" mit „Jesus hat Menschen die Augen geöffnet". Nimm Stellung zu einem solchen Wunderverständnis.

War Jesus ein Seelsorger?

Diakonie:
Seite 162

Die Telefonseelsorge (TS) gehört zu den bekanntesten Institutionen kirchlicher Seelsorge-arbeit. Gegenüber anderen Formen der Beratung hat die TS einige Vorteile:

- *leichte Zugänglichkeit:* Die TS ist rund um die Uhr, ohne Kosten, von jedem Ort der Bundesrepublik aus zu erreichen.
- *Bedingungslosigkeit:* Die TS steht grundsätzlich jedem Anrufer zur Verfügung. Auch wer schon viele Therapieversuche hinter sich hat, ist bei der TS willkommen.
- *niedrige Hemmschwelle:* Anrufende Personen können jederzeit auflegen.
- *Anonymität:* Anrufer müssen sich nicht zu erkennen geben; Beraterinnen und Bera-ter bleiben anonym, sie sind zur Verschwiegenheit verpflichtet.
- *Perspektive:* In den Fällen, in denen mehr als ein oder mehrere Gespräche nötig wären, kann die TS wichtige Informationen über weitergehende Hilfemöglichkeiten geben.
- *Ehrenamtlichkeit:* Ohne das ehrenamtliche Engagement der Telefonberaterinnen und Telefonberater wäre der Dienst der TS weder kräftemäßig noch ökonomisch durchführbar.

Ehrenamt:
Seite 22

Zu den Problemen gehört für die Mitarbeiterinnen und Mitarbeiter ihre faktische Machtlosigkeit. Es bleibt offen, was die anrufende Person tun wird, wenn der Hörer aufgelegt ist. Es ist wichtig, dass die Mitar-beiterinnen und Mitarbei-ter der TS regelmäßig die Möglichkeit erhalten, in der Supervision über Probleme zu sprechen.

Sorgen kann man teilen.

TelefonSeelsorge
Anonym, kompetent, rund um die Uhr.
0800/111 0 111   0800/111 0 222
www.telefonseelsorge.de
Die Deutsche Telekom ist Partner der TelefonSeelsorge.

TelefonSeelsorge
Anonym. Kompetent. Rund um die Uhr.

Erste Hinweise für Beratungsgespräche aller Art

billiger Trost
- falsche Versprechen, „Es wird schon wieder gut."
- von eigenen Situationen erzählen, „Das kenne ich. Ich habe es aber geschafft, du schaffst es auch."
- Floskeln, „Kommt Zeit, kommt Rat."
- schnelle Ratschläge

echter Trost
- den anderen erzählen lassen
- das Problem ernst nehmen
- die eigene Hilflosigkeit und Ratlosigkeit eingestehen
- dem Gegenüber zutrauen, selbst eine Lösung zu finden

Jesus schenkt neue Hoffnung

Jesus war kein Zauberer. Aber er konnte heilen. Er wandte sich Kranken und Ausgestoßenen auf besondere Weise zu. Körperliche Krankheiten hängen oft mit psychischen Leiden zusammen: Wer ausgegrenzt wird und sich abgelehnt fühlt, ist nicht lebenskräftig und gesund. Und leider gilt umgekehrt oft dasselbe.

Jesus empfing diejenigen, die zu seiner Zeit besonders geringgeschätzt wurden, mit offenen Armen: Zöllner, Kinder, Prostituierte, Arme und eben auch Kranke. Jesus gab ihnen ihre Würde und ihren Lebensmut zurück. In welchem Umfang er Krankheiten heilen konnte, lässt sich kaum sagen. Die → Wundergeschichten zeigen, dass Jesus Menschen das Gefühl gab, nicht allein, sondern angenommen zu sein, dass er ihnen von Grund auf neue Hoffnung schenkte und zugleich Heilung brachte.

 Jesus als Apotheker: Seite 75

 **Moment mal!** War Jesus einfach nur ein guter Zuhörer?

Methoden-Karte: eine Schreibkonferenz durchführen

Eine Schreibkonferenz bietet die Möglichkeit, selbst verfasste Textentwürfe in der Kleingruppe zu verbessern. Wichtig ist es, strukturierte Überarbeitungsvorschläge zu machen und zugleich wertschätzend mit den Texten umzugehen. Zeiten, Abläufe und die Gruppenzusammensetzung müssen vorher festgelegt sein.

So könnt ihr vorgehen:

1. Verfasst in Einzelarbeit jeweils einen Textentwurf zum vorgegebenen Thema.
2. Reicht die Textentwürfe jeweils mit dem Kommentarbogen der Textlupe in der Gruppe herum, bis mindestens zwei Personen die Spalten ausgefüllt haben.

Textlupe

Das gefällt mir besonders gut.	*Hier fällt mir etwas auf/habe ich noch Fragen.*	*Meine Tipps! Meine Angebote!*
…	…	…

3. Gebt die Kommentare an die Autorin oder den Autor zurück. Überarbeitet eure Entwürfe in Einzelarbeit.
4. Präsentiert die fertigen Texte in der Klasse.

Aufgaben

1 Mitarbeiterinnen und Mitarbeiter der Telefonseelsorge werden vor ihrer Tätigkeit gründlich geschult und in ihrem Dienst begleitet. Begründe, warum das wichtig ist.

2 Nimm an, ein Freund oder eine Freundin hat wegen schlechter Schulnoten zu Hause Ärger und sucht Rat. Übe mit deinem Sitznachbarn oder deiner Sitznachbarin ein Rollenspiel ein. Wertet das Gespräch mithilfe der „Ersten Hinweise für Beratungsgespräche" gemeinsam aus.

Leistungsdruck: Seite 50–51

3 Arbeite aus den Erzählungen Mk 1,40–42(–45) und Joh 5,1–9 heraus, was das Besondere am Handeln Jesu ist. Vergleiche mit dem Text „Jesus schenkt neue Hoffnung".

eine Bibelstelle finden: Seite 169

4 Jesus hat sicher länger mit den Kranken gesprochen, als in Mk 1,40–42 oder Joh 5,1–9 erzählt wird. Erzähle eine der beiden Bibelstellen neu und gestalte die Redeanteile ausführlicher. Führt gemeinsam eine Schreibkonferenz zu euren Texten durch.

Absicht der Überlieferung von Wundergeschichten: Seite 74–75

Sind die Verheißungen Jesu eine Utopie?

Recht auf den eigenen Lebensentwurf

Sehnsucht nach Geborgenheit: Seite 25

Viele Menschen finden heute ihren eigenen Ort nicht mehr. Sie fühlen sich heimatlos, unterwegs, ohne es zu wollen. Sie merken, wie der von ihnen eingeschlagene Lebensweg nicht zu dem von ihnen angepeilten Ziel führt. Dies gilt für manche Familie, die bald nicht mehr weiß, wie sie klarkommen soll. Es gilt für die Älteren, deren Rente, gegebenenfalls durch Erspartes
5 ergänzt, nur noch für ein Auskommen genügt, das weit unter dem einst Erhofften bleibt. Es gilt für Jugendliche, die einen Ausbildungsplatz suchen, allzu oft ohne Erfolg, oder die gut ausgebildet und hoch motiviert sich um einen Arbeitsplatz bemühen und doch ohne Arbeit bleiben. Es gilt für ältere Arbeitslose, die arbeiten wollen, dazu aber keine Chance mehr erhalten. All diese Menschen wollen ihren eigenen Ort finden; aber sie können es nicht.
10 Sie zweifeln an dem eingeschlagenen Lebensweg. In der Orientierungslosigkeit, die dadurch entsteht, dürfen wir sie nicht allein lassen. Die genannten Gruppen von Menschen brauchen Perspektiven, damit sie sich selbst wieder etwas zutrauen und deshalb auch anderen vertrauen.

Wolfgang Huber, ehemaliger Ratsvorsitzender der EKD

Beate Heinen, Friede für die Schöpfung (1996, Bildausschnitt) © ars liturgica Buch- & Kunstverlag MARIA LAACH, Nr. 4792

Der Friedenskönig und sein Reich

" Ein Spross wächst aus dem Baumstumpf Isai, ein neuer Trieb schießt hervor aus seinen Wurzeln. Ihn wird der HERR mit seinem Geist erfüllen, dem Geist, der Weisheit und Einsicht gibt, der sich zeigt in kluger Planung und in Stärke, in Erkenntnis und Ehrfurcht vor dem HERRN. Gott zu gehorchen ist ihm eine Freude. Er urteilt nicht nach dem Augenschein und verlässt sich nicht aufs Hörensagen. Den Entrechteten verhilft er zum Recht, für die Armen im Land setzt er sich ein. Seine Befehle halten das Land in Zucht, sein Urteilsspruch tötet die Schuldigen. [...] Dann wird der Wolf beim Lamm zu Gast sein, der Panther neben dem Ziegenböckchen liegen; gemeinsam wachsen Kalb und Löwenjunges auf, ein kleiner Junge kann sie hüten. Die Kuh wird neben dem Bären weiden und ihre Jungen werden beieinander liegen; der Löwe frisst dann Häcksel wie das Rind. Der Säugling spielt beim Schlupfloch der Schlange, das Kleinkind steckt die Hand in die Höhle der Otter. Niemand wird Böses tun und Unheil stiften auf dem Zion, Gottes heiligem Berg. **"**
(Jes 11,1–4.6–9)

Info – Utopie

Der Begriff stammt aus dem Griechischen und bedeutet wörtlich „Nicht-Ort"
(„ou-topos"). Manchmal wird er eher abwertend benutzt: Utopien sind Vorstellungen, die nirgendwo Wirklichkeit sind oder werden können, bloße Wunschideen oder Träume von einem perfekten Ort, an dem die Menschen friedlich zusammenleben; Ideen, die sich niemals annähernd verwirklichen lassen. Manchmal wird der Begriff auch positiv, kreativ, revolutionär verwendet: Dann sind Utopien Vorstellungen, die in die Tat umgesetzt werden möchten. Denn sie halten das Bestehende nicht für das Endgültige und glauben daher nicht, dass das Wirkliche das einzig Mögliche und die Gegenwart die Zukunft ist. Utopien motivieren dazu, Hoffnung wenigstens annähernd zu verwirklichen.

Visionen:
Seite 21

 Moment mal!
Kann man sich für eine bessere Welt einsetzen, ohne an Wunschbilder zu glauben?

Aufgaben

1 Überprüfe die Behauptung Wolfgang Hubers, dass viele Menschen „ihren Ort nicht mehr finden".

2 Notiere in Stichworten, was du von deinem Leben erwartest und wie dein (zukünftiger) „Ort" aussieht. Zeichne deinen Lebensweg.

Mein Leben:
Seite 22–25

3 Analysiere das Bild von Beate Heinen. Vergleiche es genau mit Jesajas Vision vom Friedensreich.

Bilder
analysieren:
Seite 92

4 Verfasse in Anlehnung an Jesaja einen Text, der eine wunderbare Zukunft für die Menschen ankündigt, die Wolfgang Huber beschreibt. Führt gemeinsam eine Schreibkonferenz durch.

eine Schreibkonferenz
durchführen:
Seite 115

5 Für Christinnen und Christen ist der Friedenskönig, den Jesaja im Alten Testament ankündigt, in Jesus Christus gekommen. Nenne alttestamentliche Textstellen, die dieses Verständnis hervorrufen konnten, bzw. neutestamentliche Textstellen, die dieses Verständnis zum Ausdruck bringen.

Das „Reich Gottes" hat schon begonnen

Andreas, ein junger Jude, wird vom römischen Statthalter Pilatus erpresst. Er soll Material über neue religiöse Bewegungen in Palästina sammeln. Dabei wird er auf Jesus und seine Anhänger aufmerksam. Auch in Nazareth, dem Heimatdorf Jesu, stellt er Nachforschungen an und spricht mit dem Ehepaar Susanna und Tholomäus. Die beiden sind verzweifelt: Ihre drei Söhne haben sie im Stich gelassen. Bartholomäus, der jüngste, ist allerdings nicht wegen der herrschenden Armut aufgebrochen. Er hatte einen anderen Grund. Andreas kann das nicht verstehen:

„Viele erwarten die Herrschaft Gottes", sagte ich. „Aber deswegen verlassen sie nicht ihre Eltern."
„Das ist es eben!", sagte Tholomäus. „Er hat es auch nicht von selbst getan. Einer aus unserem Dorf hat ihn überredet. Er heißt Jesus. Er zieht durch das Land und verkündet, die Herrschaft Gottes beginne schon jetzt. Bartholomäus hat mir bei seinem Besuch einige Worte Jesu gesagt. Es sind schöne Worte:

Glücklich seid ihr Armen, denn euch
gehört die Herrschaft Gottes!
Glücklich seid ihr, die ihr jetzt hungert,
denn ihr werdet satt werden!
Glücklich seid ihr, die ihr jetzt weint,
denn ihr werdet lachen!

Mit diesen Worten zieht Jesus durchs Land und sagt einigen jungen Leuten, die es hier nicht mehr aushalten: ‚Folgt mir nach! Es wird anders werden. Die Armen werden nicht mehr arm sein, die Hungernden nicht mehr hungern, die Weinenden nicht mehr weinen.' Da schaltete sich Susanna ein. Sie war sichtlich erregt: „Dieser Jesus ist ein schlimmer Verführer. Er verdirbt die jungen Leute. Das klingt ja so schön: ‚Glücklich seid ihr Weinenden, denn ihr werdet lachen!' Aber was bewirkt er tatsächlich? ..."

Gerd Theißen, Theologe

Info – Reich Gottes

Der griechische Begriff für „Reich Gottes" ist schwer zu übersetzen. „Gottes neue Welt", „Himmelreich", „Königsherrschaft" – alle Übersetzungen meinen dasselbe. Denn der Begriff bezeichnet sowohl die Herrschaft als auch den Ort, den Herrschaftsbereich. Der Kern der Botschaft Jesu besteht darin, dass diese „neue Welt" sich zwar noch nicht vollständig durchgesetzt habe, mit ihm aber bereits angebrochen sei. Verschiedene Bibelstellen geben genauer darüber Aufschluss, wie sich Jesus das Reich Gottes vorgestellt hat: Mt 18,1–5; Mt 5; Lk 11,2; Mt 12,28; Lk 17,20f.
Zur besseren Veranschaulichung hat Jesus häufig in → Gleichnissen vom Reich Gottes erzählt, z. B. im Gleichnis vom Sämann (Mk 4,1–9) oder im Gleichnis vom Senfkorn (Mk 4,30–34).

→ eine Bibelstelle finden: Seite 169

Auf die Frage, ob er der erwartete → Messias sei, antwortet Jesus:

99 Blinde sehen und Lahme gehen. Menschen mit Aussatz werden rein, Taube hören, Tote werden zum Leben erweckt und Armen wird die Gute Nachricht verkündet.
Glückselig ist, wer sich nicht von mir abbringen lässt. 66
(Mt 11,5f.)

Alle Knospen springen auf

1. Al - le Knos - pen sprin - gen auf, fan - gen an, zu blü - hen.
Al - le Näch - te wer - den hell, fan - gen an, zu glü - hen.

Knos - pen blü - hen, Näch - te glü - hen. hen.

2. Alle Menschen auf der Welt fangen an zu teilen. Alle Wunden nah und fern fangen an zu heilen. Menschen teilen – Wunden heilen. Knospen blühen – Nächte glühen.

3. Alle Augen springen auf, fangen an zu sehen. Alle Lahmen stehen auf, fangen an zu gehen. Augen sehen – Lahme gehen. Menschen teilen – Wunden heilen. Knospen blühen – Nächte glühen.

4. Alle Stummen hier und da fangen an zu grüßen. Alle Mauern tot und hart, werden weich und fließen. Stumme grüßen – Mauern fließen. Augen sehen – Lahme gehen. Menschen teilen – Wunden heilen. Knospen blühen – Nächte glühen.

Text: Wilhelm Willms, Melodie: Ludger Edelkötter, KiMu Kinder Musik Verlag GmbH, 50259 Pulheim

Aufgaben

1. Nach dem Gespräch mit Susanna und Tholomäus ist Andreas sehr nachdenklich. Verfasse einen inneren Monolog. Führt gemeinsam eine Schreibkonferenz zum Thema „Reaktionen auf Jesu Botschaft" durch.

→ einen inneren Monolog verfassen: Seite 113
→ eine Schreibkonferenz durchführen: Seite 115

2. Schlage die Bibelstellen zum Reich Gottes nach. Fasse in eigenen Worten zusammen, was Jesus darunter versteht.

3. Fantasiere, warum manche über ein Ortsschild „Himmelreich" schmunzeln. Beschreibe, wie der Ort sein oder noch werden muss, damit der Name passt.

4. In Mt 11,5f. nennt Jesus sechs Anzeichen dafür, dass das Reich Gottes gekommen ist. Gestalte jeweils ein passendes Piktogramm (ein einfaches grafisches Zeichen wie ein Verkehrs- oder Hinweisschild) und vervollständige dazu jeweils den Satz „Das Reich Gottes ist da, denn …".

5. Vergleiche Mt 11,5f. mit dem Liedtext. Verfasse selbst eine oder mehrere Strophen.

Wie sieht die neue Gerechtigkeit aus?

 Gerechtigkeit:
Seite 16, 179

Gerecht oder ungerecht?

Benjamin und Nele haben beide zusammen für eine Klassenarbeit gelernt, gleich lang und gleich viel. Benjamin schreibt jedoch eine 4 und Nele eine 1.

Ein Arzt verdient im Monat durchschnittlich 6000 Euro, ein Bauarbeiter 2500 Euro im Monat.

Ein Lehrer gibt allen seinen Schülerinnen und Schülern aus Protest gegen das Notensystem eine 2 als mündliche Note.

Menschen mit einem höheren Bildungsabschluss haben durchschnittlich ein höheres Einkommen.

Jeder bekommt eine Grundversorgung vom Staat, unabhängig davon, ob er arbeiten möchte oder nicht.

Eltern, die es sich leisten können, können ihren Kindern eine bessere Ausbildung finanzieren.

Eine Großmutter gibt ihren beiden Enkeln gleich viel Geld für den Führerschein, obwohl der eine fast doppelt so viel Fahrstunden braucht wie der andere.

Die Schülerinnen und Schüler, die ein Instrument gelernt haben, sind im Musikunterricht 1–2 Noten besser als ihre Mitschüler.

Die Letzten werden die Ersten sein (Mt 20,16).

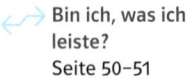 Bin ich, was ich leiste?
Seite 50–51

Was leisten Kinder, Alte, Kranke, Behinderte? Ist eine gerechte Leistungsgesellschaft eine humane, eine solidarische, eine menschenwürdige Gesellschaft? Kann man Anerkennung, Liebe, Glück durch Leistungen verdienen? Muss man etwas leisten, den gesellschaftlichen Erwartungen gemäß funktionieren, muss man „gut" sein, um geachtet, anerkannt, geliebt zu werden? Die → Gleichnisse Jesu: Bilder vom → Reich Gottes.

Gerd Laudert-Ruhm, Religionslehrer und Sachbuchautor

 Gleichnis:
Seite 65

Reich Gottes:
Seite 118

Gleichnis vom Gastmahl:
Seite 92

Die Letzten werden die Ersten sein

Ein Unternehmer hat ein höchst erfolgreiches Produkt entdeckt, das seinem Unternehmen für die kommenden Jahre ein beträchtliches Wachstum verspricht. Er stellt Arbeitskräfte ein und sichert ihnen über ein Grundeinkommen hinaus vertraglich zu, sie nach sechs Jahren zu 1 % an den erwirtschafteten Überschüssen zu beteiligen. Da das Unternehmen weiter

5 wächst, kann er nach zwei Jahren weitere Arbeitskräfte einstellen. Wieder wird eine Gewinnbeteiligung in Aussicht gestellt. Nach weiteren zwei Jahren kann der Unternehmer diesen Schritt noch ein weiteres Mal wiederholen. Fast sechs Jahre nach der Entdeckung seines Produkts wirbt er einige Langzeitarbeitslose an, deren Beteiligung an den betrieblichen Überschüssen im Vertrag offen bleibt.

10 Einen Monat später hält der Unternehmer im Rahmen einer Betriebsfeier eine Rede, in der er auf den Erfolg der letzten sechs Jahre zurückblickt und die Arbeit seiner Angestellten würdigt. Als erstes und sehr ausführlich würdigt er die, die erst seit einem Monat zum Betrieb gehören: Neben einem Blumenstrauß erhalten sie die Versicherung, in den nächsten Tagen mit 1 % am Überschuss beteiligt zu werden. In diesem Moment gehen die langgedienten

15 Angestellten, die das Unternehmen mit aufgebaut haben, davon aus, entsprechend höher am Gewinn beteiligt zu werden, bekommen aber denselben Blumenstrauß und dieselbe vor sechs Jahren vereinbarte Summe.

 Leistung: Seite 50–51

ge|recht; jmdm., einer Aufgabe gerecht werden
...ge|recht (z. B. behindertengerecht, kindgerecht); Ge|rech|te, der u. die; -n, -n
Ge|rech|tig|keit, die;

Moment mal!
Verwechselt Jesus Gerechtigkeit und Güte?

Aufgaben

1 Führt auf einem Zettel die Umfrage auf der linken Seite geheim durch (Antworten: ja/nein/kommt darauf an) und fasst die Abstimmungsergebnisse zusammen. Setzt euch in kleinen Gruppen mit den Fällen auseinander, in denen es entweder sehr unterschiedliche Einschätzungen oder besonders viele „Kommt darauf an"-Stimmen gab.

2 Gib mit deinen Worten wieder, welches Problem in der Geschichte „Die Letzten werden die Ersten sein" aufkommt. Schreibe einen eigenen Schluss, in dem sich die Angestellten und der Chef auseinandersetzen.

3 Die Geschichte oben ist eine moderne Fassung von Mt 20,1–10. Untersuche, ob die Übertragung alle wesentlichen Aspekte berücksichtigt.

eine Bibelstelle finden: Seite 169

4 Lies Mt 20,11–16 und formuliere in eigenen Worten, was Jesus unter Gerechtigkeit versteht. Nimm den Text von Gerd Laudert-Ruhm zu Hilfe.

5 Angenommen, dem Weinbergbesitzer/dem Unternehmer wird ein schriftliches Zeugnis ausgestellt. Bewerte seine Fähigkeiten, indem du den Punkt „Umgang mit den Mitarbeiterinnen und Mitarbeitern" verfasst.

Auf welche Weise bietet Jesus Orientierung?

Interview mit Europas größtem Schuhhändler

Herr Dr. D., es geht um die Frage, mit welchen Werten oder welcher Werteorientierung man sein Geschäft betreibt. Was sind Ihre Grundsätze?

5 Seit vielen Jahren gibt es ein Leitwort in der Firma, das habe ich irgendwann einmal geprägt: Die Firma hat den Menschen zu dienen. Es geht nicht darum, dass der Unternehmer viel Geld verdient, sondern dass er
10 eine vernünftige Aufgabe in der Gesellschaft verrichtet. Wir sind als Mensch auch gleichzeitig Mitmenschen; den Mitmenschen dienen wollen, das ist auch der Weg zum Erfolg. Werte liegen in dieser praktizierten Mitmenschlichkeit.

 Diakonie:
Seite 162–163

Eigentlich wollten Sie Arzt werden oder sind es ja auch geworden. War es eine schwere Ent-
15 **scheidung, damit aufzuhören?**
Nein. Wenn ich heute an meinen Leitspruch denke, dem Menschen dienen, dann ist man als Arzt von vornherein dazu angetreten. Aber für mich war das Zusammensein mit den Menschen im Geschäft und das Bedienen der Kunden, wie ich es von meinem Vater, von meiner Mutter her noch miterlebt hatte, genauso ein Dienst an den Mitmenschen. Ich habe das an
20 meinem Vater gesehen, wie er sich außer diesem Dienst mit der Schuhbedienung um Arme und Kranke aus der Umgebung gekümmert hat. Ich sehe keinen Widerspruch darin. Als Christ und Unternehmer habe ich gelernt, mein Leben so zu führen, und ich bin ganz glücklich dabei geblieben.

Was war Ihnen wichtig, als Sie Ihre Kinder erzogen haben?
25 Da hat keine besondere Überlegung dahinter gestanden. Sie haben mitbekommen, wie mein Leben und das Leben meiner Frau durch den Glauben an Jesus Christus bestimmt waren.

Wenn Sie einen Wunsch frei hätten, was würden Sie sich wünschen?
Ich schaue auf meine Frau und auch auf die Vergangenheit, die wir hatten, aber das ist vorbei. Was soll ich mir jetzt wünschen? Dass ich mein Glück darin finde, dass ich mich immer
30 noch einbringen kann.

> „Ein Unternehmen muss Geld verdienen. Moralische Erwägungen spielen dabei keine Rolle."
> *Jason Reitman, Regisseur*

Moment mal! Schließt es sich nicht aus, wenn man Gewinn machen und „dem Menschen dienen" will?

Eine Frau träumte, sie beträte einen ganz
neuen Laden am Markt, und zu ihrem Erstaunen stand Gott hinter dem Ladentisch.
„Was verkaufst du hier?", fragte sie. „Alles,
5 was dein Herz begehrt", sagte Gott.
Die Frau wagte kaum zu glauben, was sie
hörte, beschloss aber, das Beste zu verlangen, was ein Mensch sich nur wünschen
konnte. „Ich möchte Frieden für meine Seele

10 und Liebe und Glück, und weise möchte ich
sein und nie mehr Angst haben", sagte sie. Nach kurzem Nachdenken fügte sie hinzu:
„Nicht nur für mich allein, sondern für alle Menschen auf der Erde."
Gott lächelte: „Ich glaube, du hast mich falsch verstanden, meine Liebe", sagte er,
„wir verkaufen hier keine Früchte, nur die Samen."

Anthony de Mello, Schriftsteller

Wenn ich Mitleid empfinde, in einem Konflikt nachgebe oder jemandem helfe, dann denke
ich nie an Jesus. Selbst wenn ich ganz bewusste Entscheidungen treffe und mich für eine
gute Sache engagiere, tue ich das nicht, weil ich Jesus nacheifern und ihm ähnlich sein
möchte. Vielmehr trage ich, wie wahrscheinlich alle Menschen, die tiefe Sehnsucht nach
5 einer guten und friedlichen Welt in mir.
Ich kann nicht sagen, woher ich den Glauben habe, dass ich dazu etwas beitragen kann. Aber
Jesus hat die Herrschaft Gottes unbeirrbar erwartet und radikal danach gelebt. Und vielleicht
wächst in jedem, der seinen Worten und Taten ernsthaft begegnet, ein kleines Pflänzchen
dieser verändernden Kraft.

Claudia Bechstedt, Altenpflegerin

⟷ Diakonie:
Seite 162–163

Aufgaben

1 Arbeite heraus, inwiefern die Firma von Herrn Dr. D. für sich öffentlich eine Unterneh-
mensführung „nach christlichen Grundsätzen" in Anspruch nimmt. Führt gemeinsam eine
Pro- und Kontra-Diskussion dazu, wie das zu bewerten ist. Bezieht die Einschätzung von
Jason Reitman mit ein.

2 Vergleiche die kurze Geschichte von Anthony de Mello mit dem → Gleichnis Lk 13,18f.

3 Erkläre, ob die Geschichte von de Mello ein Argument gegen die Behauptung ist, Jesus
habe sich geirrt und das → Reich Gottes sei eine Utopie.

4 Stelle mit eigenen Worten dar, auf welche Weise sich Claudia Bechstedt am Handeln Jesu
orientiert. Vergleiche ihre Sicht mit der Aussage, die in der Geschichte von de Mello deutlich wird.

→ eine Pro- und
Kontra-Diskus-
sion führen:
Seite 96

→ eine Bibelstelle
finden:
Seite 169

⟷ Utopie:
Seite 117

Gibt es heute noch Wunder?

Den Menschen eine Stimme geben

Stefan Schmidt (links) singt mit dem Straßenchor

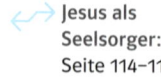

Jesus als Seelsorger: Seite 114–115

Eine außergewöhnliche Idee, ein mutiges, ungewöhnliches Projekt: ein Chor aus Menschen, die im Leben nicht gerade auf der Sonnenseite stehen. Ob Woh-
5 nungslose, Hartz-IV-Empfänger, Drogen-süchtige – Chorleiter Stefan Schmidt lädt sie alle ein, bei dem Projekt mitzumachen. Während seine bisherigen Schüler zahl-reiche Preise auf nationalen und inter-
10 nationalen Wettbewerben abräumten, will er nun 50 Menschen höchste Töne entlocken, die zum Teil noch nie zuvor ge-sungen haben.

Ist diese Aufgabe zu bewältigen? Sind alle Chormitglieder gleichermaßen engagiert
15 bei der Sache? Was hat sie motiviert, mitzusingen und welche Geschichten ver-bergen sich hinter ihren Schicksalen? Wie wird der Straßenchor ihr Leben verän-dern? Werden alle Mitglieder durchhalten
20 und wird es dem Chor am Ende gelingen, die Menschen mit ihrer Darbietung zu begeistern?

Mit „Der Straßenchor" präsentiert ZDFneo eine reale Doku-Soap, die sozial schwach
25 gestellten Menschen eine Stimme geben will. Die Aufgabe, als Gruppe eine Chorge-meinschaft zu bilden, vermittelt ihnen das Gefühl, gebraucht zu werden und Teil un-serer Gesellschaft zu sein. Und vielleicht
30 hilft ihnen das neu gewonnene Selbst-wertgefühl auch dabei, ihre schwierige Lebenssituation langfristig zu verändern.

ZDF

Wunder gescheh'n

Auch das Schicksal und die Angst kommt über Nacht.
Ich bin traurig, gerade hab ich noch gelacht und an sowas Schönes gedacht.
Auch die Sehnsucht und das Glück kommt über Nacht.
Ich will lieben, auch wenn man dabei Fehler macht, ich hab mir das nicht ausgedacht.

5 *Refrain*: Wunder gescheh'n, ich hab's geseh'n
Es gibt so vieles, was wir nicht versteh'n.
Wunder gescheh'n, ich war dabei
Wir dürfen nicht nur an das glauben, was wir seh'n.

Immer weiter, immer weiter geradeaus, nicht verzweifeln, denn da holt dich niemand raus.
10 Komm, steh selber wieder auf.

Was auch passiert, ich bleibe hier
Ich geh den ganzen langen Weg mit dir
Was auch passiert, Wunder gescheh'n

Nena
Text: Nena Kerner © EMI Songs Musikverlag

Bruce Allmächtig – Sei selbst das Wunder

Bruce Nolan (Jim Carry) ist Fernsehreporter und völlig unzufrieden mit seinem Leben – bis er eines Tages Gott (gespielt von Morgan Freeman) trifft. Bruce beschuldigt Gott, sich nicht um ihn zu kümmern. Kurzerhand übergibt Gott Bruce vorübergehend seine göttliche Macht, während er selber in den Urlaub fährt. Bruce beginnt, seine neue Kraft einzusetzen, benutzt sie aber zunächst nur zu seinem Vergnügen. Er teilt aus Freude seine Suppe im Restaurant, er lässt seiner Frau größere Brüste wachsen und treibt Späße mit seinem Fernsehpartner. Später erkennt er seinen Eigennutz und versucht, alle Menschen glücklich zu machen: Er erfüllt alle Wünsche, was zu einem absoluten Chaos führt. Am Schluss des Films sucht er Gott auf und bittet ihn, ihm seine Wunderkraft wieder zu nehmen. An dieser Stelle findet folgendes Gespräch statt:

Bruce: Es waren so viele. Und ich habe ihnen gegeben, was sie wollten.
Gott: Ja, aber seit wann wissen die Menschen denn schon, was sie wollen?
Bruce: Und was mache ich jetzt?

Gott: Die Suppe zu teilen, das war kein
5 Wunder, das war ein Zaubertrick. Eine alleinerziehende Mutter mit drei Kindern und zwei Jobs, die immer noch Zeit findet, um ihren Sohn zum Fußball zu fahren, das ist ein Wunder. Ein Teenager,
10 der Nein zu Drogen und Ja zu seinem Schulabschluss sagt, das ist ein Wunder. Die Menschen wollen immer, dass ich alles für sie tue. Dabei vergessen sie, dass sie es selbst in der Hand haben.

Aufgaben

1 Seit Gründung des Straßenchores im Jahr 2009 haben sich zwar nicht für alle, aber für viele der Beteiligten neue Perspektiven ergeben. Formuliere Vermutungen darüber, was das Projekt gelingen ließ. Beziehe dabei die Texte auf Seite 114–115 mit ein.

2 Der Straßenchor hat als erstes Musikvideo den Song „Wunder gescheh'n" von Nena aufgenommen. Stelle in eigenen Worten dar, was für Nena ein „Wunder" ist. Verfasse einen inneren Monolog eines Chormitglieds direkt nach der Aufnahme, in dem die Bedeutung dieses Songs für den Chor zum Ausdruck kommt.

→ einen inneren Monolog verfassen: Seite 113

3 Arbeite mithilfe der Filmbeschreibung zu „Bruce Allmächtig" den Unterschied zwischen Zauberei und „echten Wundern" heraus.

4 Der Pastor eurer Gemeinde erklärt sich bereit, einen Schulgottesdienst zum Thema „Wunder heute" vorzubereiten. Entwerft eine 3–5-minütige Szene für diesen Gottesdienst, in der auch Kritik oder offene Fragen zur Sprache kommen dürfen.

Was wollte Jesus?

Lisbeth Zwerger, ohne Titel

Aufgabe

→ Bilder analysieren: Seite 92

Analysiere das Kunstwerk von Lisbeth Zwerger. Untersuche, was es mit Jesu Botschaft vom → Reich Gottes zu tun hat. Gib dem Bild einen Titel.

Wissen

- „Die Herrschaft Gottes hat schon begonnen." Nenne Ereignisse, die für Menschen zur Zeit Jesu zum Zeichen dieser Überzeugung wurden.

- Das griechische Wort, das wörtlich „Königsherrschaft" heißt, wird in der Bibelübersetzung „Die Gute Nachricht" mit *Gottes neue Welt* übersetzt. Erkläre, wie die Herausgeber auf diese Übersetzung gekommen sein könnten.

- Ein berühmtes Zitat lautet: „Jesus hat das Himmelreich verkündet, und was kam, war die Kirche." Weise am Beispiel der Telefonseelsorge nach, dass sich die Kirche bemüht, mit ihren Angeboten an das Wirken Jesu anzuknüpfen.

- Ein Verlag möchte ein Wörterbuch „von Schülern für Schüler" herausgeben. Verfasse einen Entwurf für den Artikel „Gerechtigkeit" im Umfang von 40 bis 60 Wörtern.

- Manche deuten → Wundergeschichten im übertragenen Sinne. Wende diesen Vorschlag auf Mk 10,46–52 an und verfasse einen inneren Monolog des Bartimäus nach seiner Heilung. Verwende dazu eine geeignete Redewendung („Blind sein für etwas", „Jemandem die Augen öffnen", „Es fällt mir wie Schuppen von den Augen" …).

→ **eine Bibelstelle finden:** Seite 169

→ **einen inneren Monolog verfassen:** Seite 113

Können

- Blättere zurück auf Seite 110. Beantworte die Aufgabe schriftlich oder überarbeite deinen ersten Entwurf.

- Das Altarbild auf Seite 108 trägt den Titel „Ich bin die Tür". Vollständig lautet Joh 10,9: „Ich bin die Tür für die Schafe. Wer durch mich hineingeht, wird gerettet. Er wird ein- und ausgehen und Weideland finden." Deute das Altarbild mit dem Zitat auf der Grundlage dessen, was du in diesem Kapitel gelernt hast.

Anwenden

- Recherchiere „Ich-bin-Worte" Jesu im Johannesevangelium. Gestalte zu einem dieser Worte ein eigenes Kunstwerk.

- Ladet Menschen aus einem Seniorenheim zum gemeinsamen Essen, Singen oder Vorlesen ein.

- Führt in Kleingruppen Interviews mit haupt- oder ehrenamtlichen Seelsorgerinnen und Seelsorgern, zum Beispiel aus der Ehe- und Lebensberatung, der Notfall-, Gefängnis-, Militär- oder Krankenhausseelsorge.

→ **ein Interview führen:** Seite 170

7 Wie werden Religionen gelebt?

WEISST
DU WER
ICH BIN?

Was kannst du schon?

- erklären, welche Bedeutung Abraham für Juden, Christen und Muslime hat

- einige Gemeinsamkeiten und Unterschiede der jüdischen, christlichen und muslimischen Religion benennen

- am Beispiel des Judentums darstellen, wie (unterschiedlich in Bezug auf das Christentum) eine Religion im Alltag gelebt werden kann

- aufzeigen, dass in biblischen Geschichten erzählt wird, was Menschen mit Gott erlebt haben

Wenn du dieses Kapitel bearbeitet hast, kannst du …

- darüber Auskunft geben, welche Glaubensinhalte für Muslime besonders wichtig sind.

- erklären, welche Bedeutung Muhammad und Jesus im Islam haben.

- die Einrichtung und Funktion einer Moschee im Vergleich zu einer Kirche (und einer Synagoge) erläutern.

- wiedergeben, welches Verhalten der Koran Männern und Frauen nahelegt.

- dich respektvoll mit religiösen Überzeugungen des Islams auseinandersetzen.

- an Beispielen darstellen, wie Muslime heute in Deutschland leben.

- den Glauben und die religiöse Praxis der abrahamitischen Religionen in verschiedenen Punkten miteinander vergleichen.

Diese Methoden wendest du an:

- ein Lerntagebuch führen

- eine Fachwörter-Kartei anlegen

Eine Klassenfahrt: ohne Muslime?

Die Klasse 8a des Alexander-von-Humboldt-Gymnasiums in
Stuttgart plant zusammen mit ihrer Lehrerin Frau Schäfer
einen Schullandheim-Aufenthalt in Benediktbeuren. In
der Klasse befinden sich drei türkische Mädchen und ein
türkischer Junge. Frau Schäfer hat sich bereits bei den
Jugendherbergen vor Ort erkundigt und konnte fünf Tage
Anfang Juli für die Klasse buchen. In einem Brief (Seite 131)
informiert die Lehrerin die Eltern über die Fahrt.

Bei der Durchsicht ihrer Unterlagen bemerkt Frau Schäfer nach einigen Tagen, dass zwei
türkische Schülerinnen den Anmeldeabschnitt mit dem Vermerk „Unsere Tochter wird
an der Klassenfahrt nicht teilnehmen" abgegeben haben. Bei dem anderen türkischen
Mädchen und dem türkischen Jungen in der Klasse ist dies nicht der Fall. Frau Schäfer
findet es schade, wenn nicht alle mitkommen, ist aber ratlos.

Methoden-Karte: ein Lerntagebuch führen

Ein Lerntagebuch wird regelmäßig und mindestens über eine Unterrichtseinheit hinweg
geführt. In den einzelnen Einträgen geht es darum, sich mit dem eigenen Lernfortschritt
auseinanderzusetzen und sich seine ganz persönlichen Erfahrungen mit einem Unter-
richtsthema bewusst zu machen.

So kannst du vorgehen:
1. Verfasse im Anschluss an jede Stunde einen Eintrag in dein Lerntagebuch.
2. Versieh jeden neuen Eintrag mit einer Überschrift, das heißt dem Datum und dem
   Thema der Stunde.
3. Beziehe dich in deinen Einträgen etwa auf die folgenden Fragen:
   – Wo habe ich noch Fragen? Was muss noch geklärt werden?
   – Was war mir neu? Was fand ich interessant?
   – Was denke ich selber über das Thema der heutigen Stunde?
   – Was habe ich heute gelernt?
   – Was nehme ich mir vor?
4. Schließe das Lerntagebuch mit einem Gesamtfazit zur Unterrichtseinheit ab.

Aufgabe

Hilf Frau Schäfer und der Klasse 8a: Erörtere, welche Gründe für die beiden Absagen eine
Rolle gespielt haben können. Finde eine angemessene Lösung.

Dazu ist es wichtig, …

• mögliche Gründe für die Absagen zu benennen und zu prüfen.
• sich über den Glauben und das Leben von Muslimen zu informieren.
• verschiedene Lösungsmöglichkeiten vorzuschlagen und zu bewerten.
• die Interessen aller beteiligten Personen zu berücksichtigen.

Alexander-von-Humboldt-Gymnasium
Am Schulzentrum 2 – 70184 Stuttgart

Liebe Eltern der Klasse 8a,

wie wir bereits auf dem letzten Elternabend besprochen haben, werden Herr Fröhlich
und ich mit den Schülerinnen und Schülern der 8a in diesem Jahr ins Schullandheim
nach Benediktbeuren fahren.
Die Jugendherberge vor Ort konnte mir dafür die erste Juliwoche als Termin nun end-
gültig zusichern. Dies ist der einzige noch freie Termin, der für uns in Frage kommt, da
unterschiedliche Schulveranstaltungen andere Zeiträume blockieren.
Die Klasse und ich haben bereits ein gemeinsames Programm vorbereitet: Wir möchten
in Benediktbeuren das erlebnispädagogische Angebot nutzen und uns in den Hoch-
seil-Klettergarten wagen, ins Naturfreibad gehen und eine GPS-Wanderung machen.
Außerdem bietet es sich an, die alte Klosteranlage in Benediktbeuren zu besichtigen
und Pilgerwege zu erkunden. An zwei Tagen möchten wir nach München fahren. Dort ist
Folgendes geplant: ein Besuch im Deutschen Museum, ein Streifzug durch den Englischen Garten, ein Besuch der Frauenkirche und der Alten oder Neuen Pinakothek (dazu
warten wir noch ab, welche Ausstellung jeweils gezeigt wird) und eine Besichtigung
der Bavaria-Filmstudios. Da wir an diesen beiden München-Tagen nicht pünktlich zum
Abendessen zurück in der Unterkunft sein werden, haben wir mit der Herbergsleitung
vereinbart, dass wir den hauseigenen Grillplatz benutzen dürfen; das Grillgut wird vorab
für uns eingekauft.
Ich bitte Sie, die Teilnahme Ihres Kindes zu bestätigen. Das von uns beim Elternabend
abgesprochene Preislimit wird nicht überschritten werden. Den genauen Preis werde ich
Ihnen sobald wie möglich mitteilen.

Mit freundlichen Grüßen
R. Schäfer

✄----✄---✄----✄---✄---✄---✄---✄---✄---✄---✄---✄---✄---✄---✄---✄---✄---✄

Hiermit stimme ich der Teilnahme meiner Tochter/meines Sohnes _____
_____ an der Klassenfahrt nach Benediktbeuren verbindlich zu.

Unterschrift eines/einer Erziehungsberechtigten

_____

Aufgaben

1 Lege ein Lerntagebuch an. Halte dazu auf der ersten Seite dein bisheriges Wissen und
deine Fragen zum Thema „Islam" fest.

2 Stelle Hypothesen auf, was die Gründe für die Absagen sein können. Beziehe in deine
Überlegungen sowohl die Bilder auf der Einstiegsseite des Kapitels als auch die Informationen ein, die der Brief an die Eltern enthält.

Woher kommt der Islam?

In einem Religionsbuch für junge Musliminnen und Muslime wird von der Berufung des
→ Propheten Muhammad – einem der wichtigsten Ereignisse des Islams – auf folgende Weise
berichtet:

Jedes Jahr im Monat Ramadan zog sich Muhammad in die Abgeschiedenheit zurück. Er bestieg einen Berg bei Mekka, der heute „Berg des

5   Lichts" heißt. Knapp unterhalb seines abgeflachten Gipfels befindet sich die schmale Nische im Fels, die „Hira" genannt wird. Man kann sie heute noch besuchen, wenn man sich in

10   Mekka aufhält. Es ist allerdings ganz schön anstrengend, dort in der Hitze hinaufzuklettern.

Muhammad war mit der Situation in Mekka unzufrieden. Die Leute in sei-

15   ner Stadt unterdrückten die Frauen, die Armen und die Schwachen am Rande der Gesellschaft, sie waren nur auf Gewinn aus, sie waren sehr stolz und reagierten auf gute Ratschläge

20   mit schroffer Zurückweisung. Muhammad war zwar sehr beliebt und genoss hohes Ansehen unter den Mekkanern. Aber sie duldeten es nicht, wenn er sich einmischte und die Mächtigen der Stadt zu Mäßigung und → Gerechtigkeit aufrief.

Es war in einer jener Nächte, in der Muhammad in der Felsennische saß, ungefähr zehn Jahre, bevor die islamische Zeitrechnung beginnen würde. Muhammad war um die vierzig

25   Jahre alt, sein größtes Glück lag in der Ehe mit Khadidscha, die er fünfzehn Jahre zuvor geheiratet hatte. „Lies!", dröhnte es in Muhammads Ohren, dazu dieses seltsame Klingeln. Er blickte erschrocken auf. „Lies!", kam es wieder aus der Dunkelheit. Muhammad konnte niemanden erkennen, aber er fühlte, wie etwas seine Brust umschloss. Er wusste nicht, was er lesen sollte, er konnte gar nicht lesen. Der Druck nahm zu. Muhammad hatte das Gefühl,

30   im nächsten Augenblick zu ersticken.

„Lies!" Langsam nahm er eine Gestalt wahr. Sie schien eine Art Tuch vor ihm hochzuhalten. Und dann sagte die Gestalt noch etwas. „Was?", fragte Khadidscha später ihren Mann, als er nach Hause zurückgekehrt war. So hatte sie ihn noch nie erlebt: voller Angst, zitternd und schweißgebadet. Er hatte sie gebeten, ihn in Decken einzuhüllen. „Ich glaube, ich bin ver-

35   rückt geworden!", keuchte er. Aber Khadidscha ging auf ihn ein. „Nein, Muhammad, du bist der vernünftigste Mann, den ich kenne. Sag, was hat die Gestalt noch gesagt?" Muhammad antwortete ihr nur zögernd. „Du bist der Gesandte Gottes, und ich bin Gabriel."

↩ Vision:
Seite 21

Muhammad und der → Koran

Vom Tag seiner Berufung an erhielt Muhammad – oder Mohammed, wie viele sagen – immer wieder Botschaften, 22 Jahre lang. Diese Botschaften wurden später im Koran, dem gesegneten Buch der Muslime, aufgeschrieben.

Der Text des Koran ist in insgesamt 114 Abschnitte (*Suren*) unterteilt. Die einzelnen Suren sind in Verse (*Ayat*) gegliedert und nach ihrer Länge angeordnet. Der Koran ist in einem – verglichen mit der Bibel – kurzen Zeitraum von weniger als 100 Jahren entstanden. Im Verständnis der Muslime ist er die direkte und wörtliche Niederschrift der „Rede Gottes". Deshalb lernen Muslime den Koran möglichst schon als Kind in der Sprache, in der Muhammad ihn empfangen hat – auf Arabisch. Manche Muslime können große Teile oder sogar den ganzen Koran auswendig rezitieren.

Nach muslimischer Vorstellung bestätigt und vollendet der Koran die → Tora der Juden und das → Evangelium der Christen. Er gilt als die letztgültige Weisung Gottes an den Menschen.

Muhammad ist in Mekka geboren und im Jahr 632 n. Chr. in Medina gestorben. Seine Auswanderung nach Medina 622 n. Chr. (die *Hidschra*), ist ein weiterer Wendepunkt in seinem Leben, der zum Beginn des islamischen Kalenders wurde. Muhammad gilt im Islam als das „Siegel der Propheten". Mit ihm hat die Kette der von Gott gesandten Propheten,

Prophet: Seite 20

zu denen auch Noah, Abraham, Mose und Jesus gehören, ein Ende. Nach Muhammads Tod entbrennt ein Streit unter den Muslimen: Wer ist sein rechtmäßiger Nachfolger und kann die weltliche und religiöse Führung des wachsenden muslimischen Reiches übernehmen? Die eine Gruppe, die der Schiiten, ist der Ansicht, dass nur ein Blutsverwandter von Muhammad sein Nachfolger sein kann: Ali, Muhammads Cousin. Die andere Gruppe, die der Sunniten, vertritt die Position, dass die rechtmäßige Nachfolge bei den sogenannten „rechtgeleiteten Kalifen" liegt, sie müssen nicht blutsverwandt mit Muhammad sein.

Aufgaben

1 Vergleiche die Berufung Muhammads mit der Berufung Abrahams (Gen 12). Halte die Gemeinsamkeiten und Unterschiede schriftlich fest.

2 Ordne das auf Seite 132 beschriebene Ereignis in Muhammads Leben ein. Recherchiere dazu die wichtigsten Stationen im Leben des Propheten und erstelle einen tabellarischen Lebenslauf.

3 Khadidscha schaute ihrem Mann direkt ins Gesicht; eine Weile sah sie ihn so an, dann lächelte sie und sagte: „Du bist der Gesandte Gottes, das bedeutet …" Schreibe eine Fortsetzung der Geschichte, indem du den Dialog zwischen Khadidscha und Muhammad weiterführst und einen Schluss formulierst.

4 Vereinbart, wer von zu Hause oder aus der Bibliothek eine deutsche Koranübersetzung (und nach Möglichkeit auch einen Koran) mitbringt. Untersucht Umfang und Aufbau, lest die Eröffnungssure.

eine Bibelstelle finden: Seite 169
eine Internetrecherche durchführen: Seite 170

Glauben Juden, Christen und Muslime an denselben Gott?

 Das Apostolische Glaubensbekenntnis
Ich glaube an Gott, den Vater,
den Allmächtigen,
den → Schöpfer des Himmels und der
Erde.

Und an Jesus Christus,
seinen eingeborenen Sohn, unsern Herrn,
empfangen durch den Heiligen Geist,
geboren von der Jungfrau Maria,
gelitten unter Pontius Pilatus,
gekreuzigt, gestorben und begraben,
hinabgestiegen in das Reich des Todes,
am dritten Tage auferstanden von den Toten,
aufgefahren in den Himmel;
er sitzt zur Rechten Gottes,
des allmächtigen Vaters;
von dort wird er kommen,
zu richten die Lebenden und die Toten.

Ich glaube an den Heiligen Geist,
die heilige christliche Kirche,
Gemeinschaft der Heiligen,
→ Vergebung der Sünden,
Auferstehung der Toten
und das ewige Leben.
Amen.

 Sünden-
vergebung:
Seite 61

 **Das Glaubensbekenntnis
der Muslime**
Ich bezeuge, dass es kei-
nen Gott gibt außer Allah,
und ich bezeuge, dass
Muhammad sein Gesand-
ter ist.

✡ **Das jüdische
Glaubensbekenntnis**
Höre, Israel! Der HERR ist
unser Gott, der HERR und
sonst keiner.
(Dtn 6,4)

Schahāda

Isas Eigenschaften

99 *Ihr Leute der Schrift, übertreibt es nicht in Sachen Religion, und sagt nichts über Gott außer die Wahrheit. Der → Messias, Isa, der Sohn Maryams, ist nur sein Gesandter und sein Wort, das er Maryam über-bringen ließ, und er ist Geist von ihm. Also glaubt an Gott und seine Gesandten, und sagt nicht: „Drei"! Hört auf damit. Es ist besser für euch. Gott ist ein einziger Gott. Gepriesen sei er! Dass er ein Kind haben sollte! Ihm gehört doch alles, was im Himmel und auf der Erde ist.* **66**
(Sure 4,171)

Isa ist auserwählt

99 *Damals sprach Gott: „Isa, ich werde deine Lebenszeit ablaufen lassen, dich zu mir erheben und dich von denen reinigen, die ungläubig sind, und diejenigen, die dir gefolgt sind, werde ich bis zum Tag der Auferstehung über all die stellen, die ungläubig sind. Dann kehrt ihr zu mir zurück, und ich werde darüber richten, worüber ihr verschiedener Meinung wart."* **66**
(Sure 3,54–55)

99 *Ihre Aussage lautete: „Wir haben Isa, den Sohn Maryams, den Gesandten Gottes, getötet – doch ermordeten sie ihn nicht und kreuzigten ihn nicht, sondern einen ihm ähnlichen … nicht töteten sie ihn in Wirklichkeit, sondern es erhöhte ihn Allah zu sich."* **66**
(Sure 4,156–158)

Isa lässt sich auf einem Minarett der → Moschee in Damaskus nieder. Von dort wird er nach mus-limischer Überlieferung den Tag des Jüngsten Gerichts ausrufen.

! Moment mal!
Warum kommen Jesus, Maria und andere Personen aus der Bibel im Koran vor?

Aufgaben

1 Untersuche die jeweiligen Glaubensbekenntnisse von Juden, Christen und Muslimen. Erläutere, was es schwierig macht, gemeinsam zu einem Gott zu beten. Beziehe Sure 4,171 mit ein.

2 Erkläre die Aussage der Strichzeichnung (Seite 134) zur Beziehung von Muslimen und Christen. Entwirf anschließend eine eigene Zeichnung, die das Verhältnis von Islam, Judentum und Christentum beschreibt. Begründe deine Gestaltung.

3 Christen haben in Jesus Gottes Sohn und damit Gott selbst erkannt. Das zeigt sich an verschiedenen Stellen im Neuen Testament, zum Beispiel bei der Taufe Jesu (Mk 1,9–11) oder in den Reaktionen auf Jesu Wunder (zum Beispiel Mk 1,23–28). Vergleiche damit, wie Jesus („Isa") in den ausgewählten Koranversen dargestellt ist.

4 2016 haben Vertreter von sechs Religionen in Dresden ein „Wort der Religionen zum Tag der deutschen Einheit" vorgestellt. Informiert euch unter *www.dresdner-wort.de* über seine Inhalte. Führt eine Pro- und Kontra-Diskussion, ob in Anlehnung an das Dresdner „Wort der Religionen" ein „Wort der Religionen" für eure Schule formuliert werden sollte.

→ Bilder analysieren: Seite 92

→ eine Bibelstelle finden: Seite 169

↪ Reaktionen auf Jesu Wunder: Seite 112

→ eine Pro- und Kontra-Diskus-sion führen: Seite 96

Wie beten Muslime?

Salāt

Mesut Özil betet. In den letzten Minuten vor dem Spiel, wenn sich die Nationalmannschaft in der Kabine sammelt, bevor sie auf den Platz geht, bereitet sich der Fußballstar auf seine ganz eigene Weise vor. Ist die deutsche Elf kurz danach auf dem Rasen und nimmt Schulter an Schulter Aufstellung, erklingt die deutsche Nationalhymne im Stadion. Özil geht noch einmal in sich und spricht sein letztes → Gebet. „Zum einen konzentriere ich mich auf das Spiel, spreche dann aber auch Koranverse auf Arabisch, damit wir alle auf dem Platz gesund bleiben und Erfolg haben. Das gibt mir Ruhe und Kraft", sagt der Nationalspieler und ist damit längst nicht alleine.

10 Etwas anders gehen da die Spieler des 1. FC Steinegg vor – hier staunte man nicht schlecht, als vier der Spieler im Training plötzlich den Gebetsteppich statt der Kickschuhe aus der Sporttasche auspackten und diesen in der Kabine ausrollten. „Das war anfangs schon etwas ungewohnt", meint Mittelfeldspieler Julian Schindele. „Mittlerweile ist es aber ganz normal." Normal ist auch, dass die muslimischen Fußballer auch schon mal vor oder nach einer Partie auf dem Spielfeld beten. „Einige Zuschauer gucken da schon komisch. Wir haben unseren Gebetsteppich immer dabei", erzählt der Algerier Lahouari Babaa. Er ist einer von 15 Muslimen im 30-Mann-Kader des 1. FC Steinegg. Seine Freunde kommen aus Algerien, Marokko, Tunesien, Syrien und Palästina. Sogar ein Deutscher rollt den „Sajjada" aus. Ihr Glaube schreibt vor, fünfmal am Tag nach einem ganz bestimmten Ablauf zu beten. Die Steinegger Kicker nehmen sich für ein solches Gebet rund zehn Minuten Zeit.

„Wir haben nun eine klare Abstimmung getroffen, dass sie am Spieltag vor dem Treffpunkt gebetet haben müssen", erklärt Trainer Ruoff. Die Spielvorbereitung sei demnach nicht „gestört", so der Coach, auch weil die Muslime ihr Gebet bis zu einem gewissen Zeitpunkt verschieben können. Und für was beten die gläubigen Fußballer in diesem Fall? Für Siege in der Meisterschaft? „Nein, so etwas gibt es bei uns nicht", erklärt der Syrier Charkass Faisal. „Wir beten zu Allah. Die Gebete haben aber nichts mit Fußball zu tun …"

! Moment mal!
Ist Beten nicht eigentlich etwas ganz Privates?

*Ein Muslim, der zum ersten Mal die **Pilgerfahrt** unternimmt,*
berichtet von seinen Erlebnissen:

Ich darf Mekka sehen, die gesegnete Stadt der Muslime, die
sie mit aller Strenge vor jedem Fremden bewachen. Ich bin
zum Glauben der Muslime übergetreten. Ich bin auf einer
Pilgerfahrt.

5 Die Stadt ist übervoll von Pilgern. Sie liegen auf den Straßen.
„Dies ist nicht die Stadt des Reichtums, sondern die Stadt
der Gottesverehrung", sagt mein Begleiter. Der Tag lichtet
sich schon, als wir die Säulenhalle, die die Kaaba umgibt, erreichen. Vor den Toren drängen sich Hunderte, ja Tausende

10 von Pilgern aus allen Nationen. Wir streifen die Sandalen ab
und legen sie auf die dafür vorgesehenen Holzständer. Wir
gehen durch die Säulenhalle – barfuß. Wir erreichen den Hof
des Heiligtums. Ich sehe die Kaaba, die-
sen mächtigen Würfel. Düster ragt er auf

15 in der Mitte des riesigen Hofes, bedeckt
mit einem schwarzen Tuch. Ringsumher
wogt das Volk: Männer, Frauen, Kinder. Ich
weiß: Jetzt muss ich rufen: „Allahu akbar" – „Gott ist groß." Ich rufe es. Ich
bete es: *Allah, ich suche Zuflucht in deinem Hause, Zuflucht vor dem Elend,*

20 *Zuflucht vor dem Tod, Zuflucht vor der Habgier des Herzens. Allah, segne*
Muhammad, segne sein Haus und seine Gemeinde. Segne mich, den Pilger.
Ein unbeschreibliches Gefühl ergreift mich. Ich darf das Heiligtum sehen. Die Begeisterung
der Menge geht über auf mich.
Ich muss die Kaaba umgehen. Siebenmal! Dreimal leicht laufen, dann viermal im Schritt.

25 Ich fühle keinen Schmerz mehr. Jeder will den Kuss, die Berührung des Steines und damit –
einen guten Platz im Paradies.

Haddsch

Aufgaben

1 Beschreibe die unterschiedlichen „Gebetsweisen", von denen in den beiden Texten die
Rede ist.

2 Verfasse das Gespräch, das beim 1. FC Steinegg zwischen dem Trainer und einem oder
mehreren muslimischen Spielern stattgefunden hat. Mache dabei die unterschiedlichen
Interessen deutlich. Beziehe, wenn möglich, weitere Informationen über das muslimische
Gebet mit ein.

3 Fasse die Informationen und Eindrücke über die Pilgerfahrt, die du durch das Bild und
den Erlebnisbericht erhältst, in eigenen Worten zusammen.

4 „Auf dem Muschelweg nach Santiago de Compostela" wirbt ein Reisebüro; „Ich bin dann
mal weg!" nennt Hape Kerkeling seinen Bestseller, der auch in die Kinos kam. Informiere
dich über Pilgerreisen: über Ziele, Routen, Teilnehmer, ihre Motive usw.

→ eine Internet-
recherche
durchführen:
Seite 170

Frei werden für den anderen

Muslime, die sich an die Fastenzeit im Monat Ramadan halten, dürfen von Morgendämmerung bis Sonnenuntergang nicht essen und nicht trinken. Didem ist Türkin. „Ich bin nicht besonders religiös", sagt die 28-Jährige über sich selbst. Am Ramadan nimmt die junge Muslimin aber teil. Ebenso wie der 19-jährige Alper.

Saum

WDR.de: Jedes Jahr 30 Tage lang fasten – haltet ihr das immer durch?

Didem: Ich muss gestehen, ganz hundertprozentig halte ich es nicht immer durch, aber ich versuche es. Es ist aber nicht immer mit dem Alltag vereinbar. Die ersten Stunden gehen ja noch relativ gut, aber
5 so um zehn, elf Uhr sagt der Magen: „Hallo, ich will was essen." Am schlimmsten ist es, wenn andere einem etwas voressen. Da muss man wirklich Durchhaltevermögen zeigen.

Alper: Ich versuche auch jedes Jahr zu fasten. Aber manchmal geht es einfach nicht, zum Beispiel wegen der Arbeit.

10 **WDR.de: Man soll in der Fastenzeit an seinen Tugenden arbeiten. Wie klappt es damit, was nehmt ihr euch vor?**

Alper: Höflich, nett und hilfsbereit sein.

Didem: Man versucht während des Ramadans ganz aktiv ein guter Mensch zu sein. Vielleicht wird es ja irgendwann zur Gewohnheit. Die Zeit des Ramadans bedeutet ja eigentlich auch,  eine Anstrengung unternehmen: Seite 144 15 sich in Selbstbeherrschung zu üben. Also nicht hungern um des Hungerns Willen. Es ist auch ein schönes Zusammengehörigkeitsgefühl. Mit dem Verzicht denkt man auch an diejenigen, die wirklich hungern müssen und es nicht ganz so gut haben wie wir. So übt man sich ein bisschen in Demut.

WDR.de: Wie sieht so ein typischer Ramadan-Tag für dich aus?

20 **Alper:** Ich steh morgens um Viertel nach vier auf, dann esse ich gemeinsam mit der Familie. Danach putze ich mir die Zähne und geh wieder ins Bett. Dann gehe ich zur Arbeit. Und abends gehen wir zum Fastenbrechen in die → Moschee und essen dort gemeinsam.

WDR.de: Worauf freut man sich nach den 30 Tagen am allermeisten?

25 **Alper:** Ich freue mich aufs Zuckerfest. Da gibt es viel Süßes. Und man kann essen, wann man will. Man feiert mit der ganzen Familie. Das ist vergleichbar mit Weihnachten.

WDR.de: Warum würdet ihr anderen Leuten das Fasten mal nahelegen?

Didem: Es ist eine Übung an sich selbst und was man sich zutraut. Es ist eine Herausforderung.

30 **Alper:** Man sollte vieles im Leben mal ausprobieren, damit man weiß, wie es funktioniert.

Zu den fünf Grundpflichten des Islams gehört es, dass ein Muslim die sogenannte **Bedürfti-genabgabe** – *die Zakat* – entrichtet. Das Wort leitet sich von dem arabischen Verb „zaka" ab, das „reinigen" bedeutet. Muslime bezeichnen die Pflichtabgabe oft als einen Akt der Reinigung von Habgier.
Sie ist einerseits Ausdruck der Dankbarkeit gegenüber Gott, der den Menschen ein Leben im Wohlstand ermöglicht, und bewirkt andererseits die Zuwendung der Menschen untereinander.

Zakat

99 *Gebt von eurem Vermögen ab, auch wenn ihr es liebt, gebt ab! Gebt den Nächsten! Gebt den Waisen! Gebt den Bettlern und denen in Not! (Sure 2,177)*
Wer gibt und dafür nichts erwartet, wer keinen Menschen kränkt, der wird von Gott den Lohn bekommen, der wird nicht traurig sein. (Sure 2,262)
Nehmt niemals Schlechtes für eure Spenden. Gebt von den guten Dingen! (Sure 2,267)
Darum: Die spenden in ihrem Glück und auch in ihrer Not, die den Groll unterdrücken und den Menschen vergeben, denen wird es gut ergehen. Denen schenkt Gott seine Liebe, denn sie tun ja nur das Gute. (Sure 3,134)
Spendet nicht zur Schau vor den Menschen. Gott liebt solche Spender nicht. (Sure 4,38)
Zur Abgabe habt ihr eine Pflicht. Gott ist wissend und weise. (Sure 9,60)
Die aber spotten über die Spender, die einen Tadel aussprechen, die werden schmerzhafte Strafen erleiden. Gott spottet über sie. (Sure 9,79)

Immer sollt ihr beten und spenden, geheim oder offen, wie ihr es wollt. (Sure 14,31)
Seid weder maßlos noch geizig beim Spenden. Was dazwischenliegt, das ist richtig. (Sure 25,67)
Männer und Frauen, die Spenden geben, die bekommen edlen Lohn. (Sure 57,18) **66**

! Moment mal!
Was ist, wenn ich die Regeln meiner Religion mal nicht einhalten kann?

Aufgaben

1 Beschreibe, inwiefern Didem und Alper das Fasten einerseits lohnend, andererseits schwierig finden.

2 Fasse die Informationen über die Bedürftigenabgabe in eigenen Worten zusammen.

3 Im Zentrum der → Bergpredigt (Mt 6,1–18) spricht Jesus über das Almosengeben, das Beten und das Fasten. Teilt euch in drei Gruppen auf und arbeitet die Kernaussagen heraus. Vergleicht eure Ergebnisse mit den entsprechenden Säulen im Islam.

→ eine Bibelstelle finden: Seite 169

4 Gestaltet Plakate zu den Fünf Säulen des Islam. Benutzt dazu die Materialien in diesem Kapitel und ergänzende weitere Informationen.

→ ein Plakat erstellen: Seite 172

Speisegebote

Yitshak Ehrenberg, Gemeinderabbiner der Jüdischen Gemeinde zu Berlin schreibt auf der Homepage *Jüdisches Leben Berlin*: „Sich koscher ernähren heißt, die halachischen Vorschriften für Zubereitung und Genuss von Speisen und Getränken befolgen. Die jüdischen Speisegesetze sind in der → Tora verankert. Ihre → Gebote wurden im rabbinischen Judentum weiterentwickelt und sind eine der Säulen der Halacha, der jüdischen Religionsgesetzgebung. In Berlin gibt es heutzutage Restaurants und Geschäfte, in denen koscheres Essen bzw. koschere Lebensmittel verfügbar sind."

Herr Rabbiner, was bedeutet eigentlich „koscher"?
Diese Frage wird mir sehr häufig gestellt, und zwar von ganz verschiedenen Menschen. Das Wort „koscher" bedeutet: tauglich, geeignet. Und hinsichtlich einer Speise ist damit gemeint, dass diese gemäß den Gesetzen der Tora zum Verzehr geeignet ist. Auf die Frage, was koscher ist und warum man koscher essen soll, antworte ich meistens, dass es bedeu-
5 tet, „bewusst" zu essen. Die jüdische Religion leitet uns an, nicht gedankenlos nach unseren Instinkten zu leben, sondern vor dem Verzehr einer Speise zu überlegen, ob es richtig ist, dies oder jenes zu essen.
„Bewusste Ernährung" ist heutzutage für viele Menschen relevant. Einige achten darauf, sich ausschließlich von Bio-Produkten zu ernähren und manche legen Wert auf Nahrungs-
10 mittel, die zu 100 % frei von tierischen Zusatzstoffen sind und durch deren Herstellung kein Tier leiden musste. Die Tora misst unserer Ernährung große Bedeutung bei. Sie definiert zum Verzehr erlaubte Speise als „rein" und verbotene als „unrein". Tiere, die nicht zum Verzehr erlaubt sind, definiert sie als „unrein". (WaJikra 11 [= Lev 11], Dewarim 14 [= Dtn 14])
Doch was bedeuten die Begriffe „rein" und „unrein"? Rein ist mehr als sauber. Sauber ist
15 „physisch" und rein ist „geistig". Der Mensch besteht aus Körper und Seele. Es ist ein Gebot des Ewigen, auf die Reinheit der Seele zu achten. Nicht-koschere Nahrung schadet nicht in erster Linie dem Körper, sondern der Seele. Sie beeinflusst unseren geistigen Zustand. Im Allgemeinen gilt koschere Nahrung als gesund. Viele Nichtjuden kaufen koschere Produkte in der Überzeugung, dass diese gesünder sind. Und tatsächlich: Der Umstand, dass koschere
20 Nahrungsmittel unter rabbinischer Aufsicht stehen, hat natürlich auch eine gesundheitliche Implikation, da jede zusätzliche Kontrolle verspricht, dass das Produkt einwandfrei ist. Die koschere Ernährung gehört zu den Grundlagen eines jüdischen Haushalts. Uns ist durch die Tora geboten, zwischen rein und unrein zu unterscheiden. (WaJikra 10:10 [= Lev 10])
Indem wir darauf achten, nur koscheres Essen auf unseren Tisch zu bringen, heiligen wir un-
25 seren Tisch. Unsere Weisen seligen Angedenkens sagen: Solange der Tempel bestanden hat, entsühnte der Altar den Menschen. Jetzt aber, da der Tempel nicht mehr besteht, verschafft ihm sein Tisch Sühne. (Massechet Menachot 97a [ein Abschnitt im → Talmud])

Schlachten in Deutschland
Für Muslime und Juden hat die Schlachtmethode, mit der ein Tier geschlachtet wird, große Bedeutung. Beim sogenannten **Schächten** will man dem Tier den geringsten Schmerz zufügen und möglichst viel Blut entfernen. Dabei wird ohne Betäubung ein rascher Schnitt durch die Kehle des Tieres gemacht. Das Messer muss tadellos geschärft sein, damit das Tier nicht leidet und das Blut schnell ablaufen kann. Nur geschächtete Tiere gelten als rein und dürfen gegessen werden.
Hinter den Speisevorschriften steht der Gedanke, das Leben und den Körper der Menschen zu schützen und zu erhalten.

Aus Tierschutzgründen ist das Schächten seit vielen Jahren umstritten. Teilweise wurde (und wird) der Streit darüber unsachlich geführt. Wie schmerzhaft welche Schlachtmethode für die Tiere ist, konnten selbst wissenschaftliche Studien bisher nicht klären. In Deutschland ist eine elektrische Betäubung vor dem Schlachten gesetzlich vorgeschrieben. Für viele Muslime ist das kein Problem, weil das Tier trotzdem ausblutet.

Info – Islamische Speisevorschriften

Die islamischen Speisevorschriften sind im → Koran und in der → Sunna geregelt. Muslime kennen erlaubte Nahrung *(halal)* und verbotene Nahrung *(haram)*. *Haram* sind zum Beispiel Alkohol, Blut oder Aas, Fische ohne Schuppen (Aal) sowie Tiere, die selbst Fleischfresser sind (zum Beispiel Schweine) oder die geschlachtet wurden, ohne auszubluten.

! **Moment mal!** Sollten nicht einfach alle Vegetarier werden?

Aufgaben

1 „Das ist nicht ganz koscher", sagen wir manchmal, wenn uns eine Sache merkwürdig vorkommt.
 a) Erkläre mithilfe des Textes und einer Internetrecherche, was unter „koscher" zu verstehen ist. Finde konkrete Beispiele und nimm diesen Begriff und die zugehörige Erklärung in deine Fachwörter-Kartei auf.
 b) Erläutere, inwiefern „nicht ganz koscher" als Bezeichnung für etwas Merkwürdiges verwendet werden kann.

→ eine Fachwörter-Kartei anlegen: Seite 145

2 Fasse mithilfe der Texte auf dieser Doppelseite zusammen, was Schächten genau ist und warum schon seit Jahrzehnten darüber diskutiert wird.

3 „Auf die Haltung kommt es an!" lautet ein Slogan, der zum bewussten Verzehr von Fleisch aufrufen möchte. Erläutere, was damit religionsübergreifend in Bezug auf Fleischkonsum gemeint sein kann.

4 Betrachte die Güte- und Prüfsiegel. Sie zeigen dem Verbraucher, dass das Produkt, das so ein Siegel trägt, auf bestimmte Kriterien geprüft wurde und es diese erfüllt. Recherchiere, ob Gummibärchen das Siegel „koscher food" und „halal food" tragen dürfen.

5 Erstellt für ein Fest, zu dem eure ganze Klasse eingeladen ist, eine Liste: Wer bringt was mit? Achtet dabei darauf, dass *alle* ohne Bedenken *alles* essen und trinken können.

Welche Rolle spielt das Kopftuch?

" *Sprich zu den gläubigen Männern, sie sollen ihre Blicke senken und ihre Scham bewahren. Das ist lauterer für sie. Gott hat Kenntnis von dem, was sie machen.* "
(Sure 24,30)

" *Und sprich zu den gläubigen Frauen, sie sollen ihre Blicke senken und ihre Scham bewahren, ihren Schmuck nicht offen zeigen, mit Ausnahme dessen, was sonst sichtbar ist. Sie sollen ihren Schleier auf den Kleiderausschnitt schlagen und ihren Schmuck nicht offen zeigen, es sei denn ihren Ehegatten, ihren Vätern, den Vätern ihrer Ehegatten, ihren Söhnen, den Söhnen ihrer Ehegatten, ihren Brüdern, den Söhnen ihrer Brüder und den Söhnen ihrer Schwestern, ihren Frauen, denen, die ihre rechte Hand besitzt [Sklaven], den männlichen Gefolgsleuten, die keinen Trieb mehr haben, den Kindern, die die Blöße der Frauen nicht beachten. Sie sollen ihre Füße nicht aneinanderschlagen, damit man gewahr wird, was für einen Schmuck sie verborgen tragen. Bekehrt euch allesamt zu Gott, ihr Gläubigen, auf dass es euch wohlergehe.* "
(Sure 24,31)

 → Glaube und Sexualität: Seite 39

" *Für die muslimischen Männer und Frauen, Männer und Frauen, die gläubig, ergeben, wahrhaftig, geduldig, demütig sind, die Almosen geben, fasten, ihre Scham bewahren und Gottes viel gedenken – für sie hat Gott → Vergebung und einen großartigen Lohn bereitet.* "
(Sure 33,35)

→ Prophet: Seite 20

" *O → Prophet, sag deinen Gattinnen und deinen Töchtern der Gläubigen, sie sollen etwas von ihrem Überwurf über sich herunterziehen. Das bewirkt eher, dass sie [als Gläubige] erkannt werden und dass sie nicht belästigt werden. Und Gott ist voller Vergebung und barmherzig.* "
(Sure 33,59)

Mein Kopf gehört mir

Ich war vierzehn Jahre alt, als mich eine Frau in der U-Bahn fragte: „Warum trägst du das Kopftuch?" „Weil ich will", antwortete ich, woraufhin sie „Willst du nicht!" zurückschrie. Und ich hörte nur noch die Worte: Afghanistan, Gewalt an
5 Frauen, Unterdrückung, Zwangsehen, Ehrenmorde – das volle Programm eben. Seitdem gibt es solche Szenen immer wieder.

Nein, ich möchte deshalb nicht bemitleidet werden oder gar in die ach so beliebte Opferrolle gedrängt werden. Ich
10 schreibe dies, weil ich das Gegenteil will: als freies, selbstständiges und mündiges Individuum wahrgenommen werden. Doch genau das wird kopftuchtragenden Musliminnen verwehrt. Die Frauen unter Kopftüchern werden auf unterdrückte Wesen und Opfer reduziert. Drängt sich denn niemandem der Verdacht auf, dass es
15 Musliminnen geben könnte, die freiwillig, aus religiösen Gründen, ein Kopftuch tragen? Klar. Darüber, ob das Kopftuch religiöse Pflicht ist, wird viel diskutiert. Jede Muslimin kommt an den Punkt, an dem sie diese Frage für sich klärt – und sich für oder gegen das Tuch entscheidet. Für mich ist das Kopftuch eine religiöse Pflicht. Ich fühle mich mit dem Kopftuch Gott näher. Außerdem bekenne ich mich gerne öffentlich zu meiner Religion, die mich sehr
20 geprägt hat und noch immer prägt. Für andere Musliminnen kann das Kopftuchtragen natürlich andere Gründe haben – wie das Schutzbedürfnis oder das Verhüllen vor männlichen Blicken. Oder auch nichtreligiöse Gründe wie Ausdruck der Weiblichkeit oder Druck durch die Familie. Der große Kritiker-Fehler: Aus den zahlreichen Gründen suchen sie sich einen Grund aus, auf den sie dann ihre gesamte Argumentation stützen. Ja, es gibt Fälle,
25 in denen das Kopftuch und die Frau von Männern als Aushängeschild der familiären Ehre missbraucht werden. Leider. Doch daraus ein generell islamisches Problem zu machen, wird der Realität nicht gerecht und ist unfair gegenüber all jenen Frauen, die sich freiwillig für das Kopftuch entschieden haben.

Ich bin unabhängig, habe meinen eigenen Willen. Ich bin frei. Und deshalb: Bitte befreit
30 jemand anderen.

Kübra Gümüsay, Journalistin

↔ Frauen im Islam: Seite 85

↔ Wovon mache ich mich abhängig? Seite 52–53

Aufgaben

1 Arbeite heraus, welches Verhalten der → Koran Männern und Frauen im Blick auf die Begegnung miteinander nahelegt.

2 Fasse die Aussagen von Kübra Gümüsay zusammen. Benenne, aus welchen Gründen sich Musliminnen möglicherweise für ein Kopftuch entscheiden.

3 Zu Zeitungsartikeln, die im Internet erscheinen, gibt es meist öffentliche „Leserkommentare". Verfasse einen Kommentar zur Meinung von Kübra Gümüsay.

4 Befragt, wenn möglich, Musliminnen in eurer Umgebung zu ihrer Kopftuchentscheidung.

5 Interpretiere die Karikatur. Setze sie zu den Aussagen von Kübra Gümüsay in Beziehung.

↱ ein Interview führen: Seite 170

↱ Karikaturen interpretieren: Seite 174

Eine Religion als Lösung für Probleme der Welt?

fundamentalistisch:
Seite 178

Aische war nachdenklich geworden und runzelte die Stirn. „Ich denke, bei der Frage nach der wahren Religion geht es vor allem darum, wie man sich dem Fundamentalismus stellt, den es in jeder Religion gibt. Der bereitet mir nämlich am meisten Sorge."

„Fundamentalismus?", fragte Maria nach.

5 „Nun, es gibt Leute, die meinen, eine Religion sei die Lösung für alle Probleme der Welt. Bei uns wollen manche, dass sich Muslime ernsthafter ihrem Glauben zuwenden, was eigentlich nicht schlecht ist. Aber viele verbinden damit auch, dass sie alle schädlichen Einflüsse beseitigen wollen: Amerikanische Fernsehserien, westliche Modezeitschriften, den offenen Austausch zwischen Kulturen und Religionen ... die Liste ist lang."

10 „Und deswegen führen die den *Heiligen Krieg* gegen uns?", fragte Maria bissig.

„Maria – ich bin froh über deine Frage! Aber lass mich zunächst einmal etwas ausholen.

Glauben Juden, Christen und Muslime an denselben Gott?
Seite 134–135

Wie beten Muslime?
Seite 136–137

Zunächst musst du unterscheiden: Es gibt Leute, die ihren Glauben ernst nehmen, gleichzeitig aber davon überzeugt sind, dass jede Gewalt schlecht ist. Es gibt aber überall auf der Welt solche, die ihre Ideen mit Gewalt durchsetzen wollen. Die gibt es auch im Islam. Was 15 mich an deiner Aussage zunächst ärgert, ist: Du redest nur von *euch*. Wenn du damit Christen oder Europäer meinst, dann mache dich bitte schlau. Durch die Gewalt von muslimischen Extremisten sterben seit vielen Jahren wesentlich mehr Muslime als Christen. Und nun zum *Heiligen Krieg*. Wenn du darauf anspielst, was der Islam mit *Dschihad* meint, dann musst du auch hier unterscheiden. Wenn Gewalttäter dieses Wort verwenden, meinen sie etwas 20 anderes, als wenn Muslime dies tun, die sich am → Koran orientieren. Wo du recht hast: Es gibt wirklich Leute, für die *Dschihad* bedeutet, den Glauben mit allen Mitteln zu verteidigen und durchzusetzen. Allerdings gelten für einen *Heiligen Krieg* in diesem Sinne sehr viele Einschränkungen – zum Beispiel, dass er nur von einem Kalifen geführt werden darf. Für mich ist aber hier ein Satz des → Propheten Muhammad entscheidend. Als er einstmals von einem 25 nem Krieg zurückkam, sagte er: *Wir kommen aus dem kleinen Dschihad und gehen in den großen Dschihad.* Damit meinte er: Der eigentliche *Dschihad* ist etwas anderes als ein Krieg mit Waffen. Das Wort bedeutet im Arabischen nämlich: *eine Anstrengung unternehmen* oder *nach etwas streben*. Gerade dieses arabische Wort gibt keine Verbindung zu Gewalt oder Krieg her. Gemeint ist die *Anstrengung* des Willens gegen einen inneren Widerstand. Überlege einmal:

Frei werden für den anderen:
Seite 138

30 Was heißt es, jeden Tag fünf Mal zu beten oder einen Monat lang zu fasten? Man muss gegen die eigene Trägheit kämpfen! Natürlich habe ich manchmal Lust, frühmorgens einfach im Bett liegen zu bleiben, wenn gegen fünf Uhr der Wecker klingelt. Natürlich würde ich im Ramadan lieber ein Eis essen gehen, wenn ein besonders heißer Tag ist. Aber genau dies versteht der Islam unter *Dschihad*: gegen meine eigene Trägheit vorzugehen und Gott in den 35 Mittelpunkt zu stellen."

Martin ergriff das Wort: „Du hast mich daran erinnert, dass es immer auf die Menschen ankommt – wie sie ihren Glauben leben und ob sie genauer in ihre heilige Schrift schauen. Auch bei uns im Christentum gibt es Leute, bei denen ich mich manchmal wundere, woher sie ihre Weisheiten haben. Und ich möchte mich dabei gar nicht erst an die unheilvollen Episoden 40 soden christlicher Geschichte erinnern ..."

Michael Landgraf, Religionspädagoge und Schriftsteller

Ist etwa der Islam das Problem?

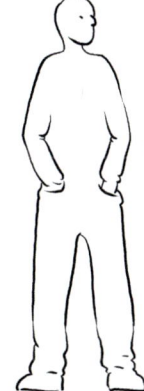

„Der Islam ist eine Religion, die Gewalt verherrlicht und den Terrorismus unterstützt."

„Man erkennt schon am Aussehen, wer zu welcher Religion gehört."

„Der Islam verurteilt jede andere Religion."

„Wer gläubig ist, muss sich an Tausende von Vorschriften halten und hat nicht mehr viel Spaß im Leben."

Methoden-Karte: **eine Fachwörter-Kartei anlegen**

Diese Methode dient dazu, sich Fachwörter anzueignen, um sie besser verstehen und in Gesprächen einsetzen zu können. Dazu ist es wichtig, ihre Bedeutung genau zu kennen. Dann nämlich kann man selbst konkreter formulieren, was man ausdrücken möchte, und man kann Gesprächen eine neue Richtung geben, wenn man zum Beispiel bemerkt, dass Zusammenhänge nicht richtig dargestellt werden.

So kannst du vorgehen:
1. Kaufe dir ein Paket Karteikarten.
2. Verwende pro Fachwort eine Karteikarte:
   - auf die eine Seite schreibst du gut lesbar das Fachwort;
   - auf der anderen Seite notierst du eine kurze Erläuterung und eine Situation oder eine Person, mit der dieses Wort verbunden werden kann.
3. Lies hier im Schulbuch (z. B. in den Info-Boxen oder im Glossar) oder in Lexika oder Wörterbüchern nach, wenn du Hilfe bei deinen Formulierungen brauchst.

Aufgaben

1 Lege eine Fachwörter-Kartei an. Nimm folgende Begriffe in diese Kartei auf: Fundamentalismus, Dschihad, Heiliger Krieg. Formuliere deine Einträge mithilfe des Textes auf der linken Seite und des Glossars hinten im Buch.

2 Vorurteile, Verallgemeinerungen, Unterstellungen: Setzt euch in Kleingruppen zusammen und wählt oben eine der Sprechblasen aus. Stellt ihre Aussage richtig. Entscheidet euch für eine Form, die sich für eine sachliche und respektvolle Auseinandersetzung mit der Aussage anbietet (Zeitungsbericht, Mini-Bilderbuch, Kurzfilm …).

3 „Und ich möchte mich dabei gar nicht erst an die unheilvollen Episoden christlicher Geschichte erinnern …", sagt Martin am Ende des Textausschnitts. Recherchiere, an welche „unheilvollen Episoden christlicher Geschichte" er denken könnte.

→ eine Internetrecherche durchführen: Seite 170

4 „Eine Religion als Lösung für Probleme der Welt?" ist der Titel dieser Doppelseite. Nimm begründet Stellung zu dieser Frage.

Wie werden Religionen gelebt?

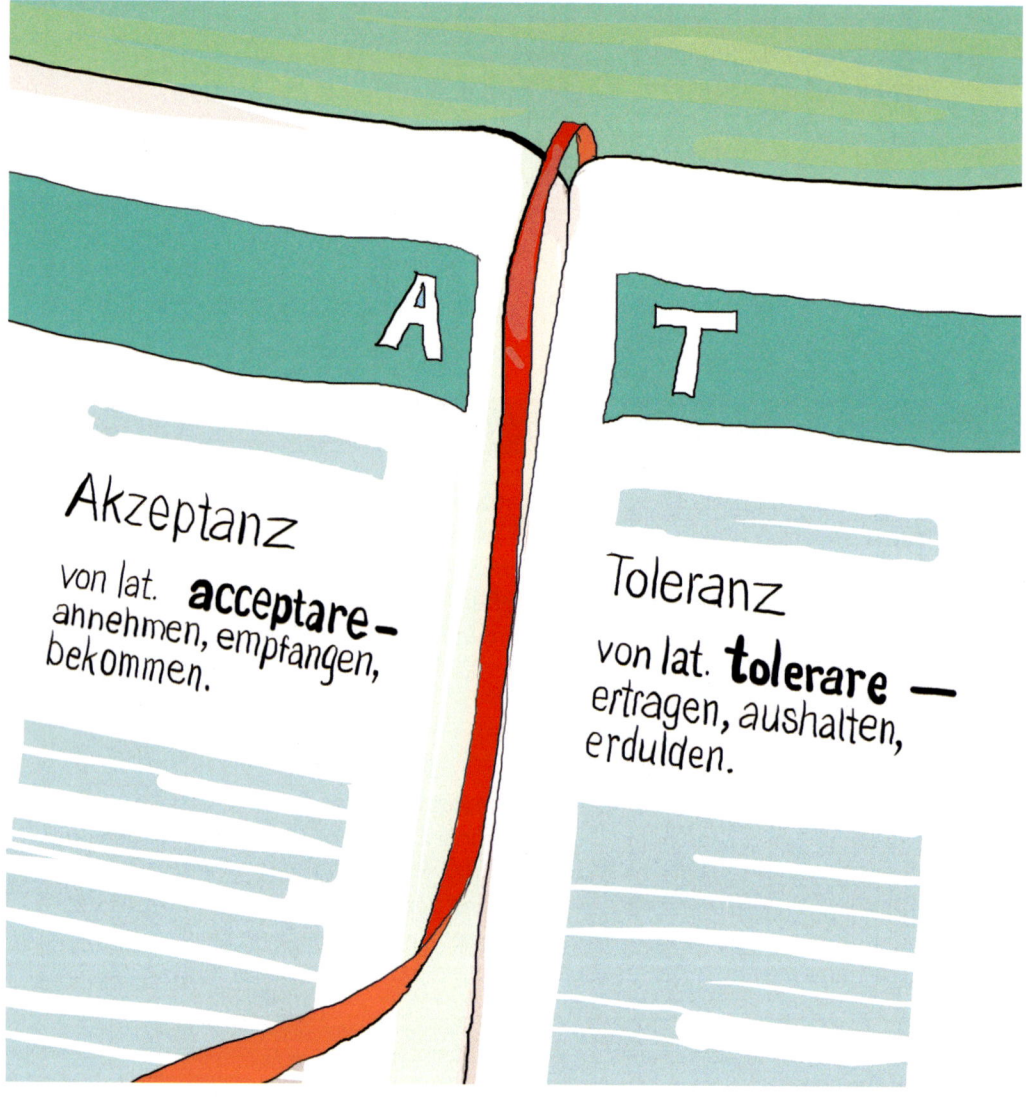

Aufgaben

1 Entwerft in Kleingruppen zwei kleine Szenen: Die erste zeigt verschiedene Menschen (z. B. aus verschiedenen Ländern oder verschiedenen Religionen), die einander tolerieren; die zweite zeigt verschiedene Menschen (z. B. aus verschiedenen Ländern oder verschiedenen Religionen), die einander akzeptieren.

2 Spielt eure Szenen eurer Klasse vor und vergleicht sie anschließend miteinander.

3 Nehmt die Begriffe „Toleranz" und „Akzeptanz" in eure Fachwörter-Kartei auf.

↪ eine Fach-
wörter-Kartei
anlegen:
Seite 145

Wissen

- Entwirf einen Lückentext zum Thema „Islam". Tausche ihn mit den Lückentexten deiner Mitschülerinnen und Mitschüler. Fülle die Lücken aus und überprüfe dein Wissen.

- Schlage die Fragen auf, die du zu Beginn in deinem Lerntagebuch von Seite 131 zum Thema „Islam" formuliert hast. Notiere nun die passenden Antworten.

- Manchmal werden Muslime „Muhammadaner" genannt. Erkläre, aus welchen Gründen sie diese Bezeichnung für sich ablehnen.

- In den letzten Jahren waren Food-Trends wie „Clean Eating", „Smoothie", „Frei von …" oder „Vegan" in Deutschland weit verbreitet. Vergleiche einen dieser Trends mit Speisevorschriften im Judentum und im Islam.

Können

- Auf Seite 130 dieses Kapitels hast du dich mit den Gründen für die Absage der beiden türkischen Mädchen zur Klassenfahrt beschäftigt. Verfasse einen Brief an Frau Schäfer, in dem du die möglichen Gründe ausführlich erläuterst.

- Formuliere mögliche Lösungsansätze für Frau Schäfer. Entwirf ein Konzept für die Klassenfahrt oder schlage vor, wie man mit der auf Seite 130 geschilderten Situation umgehen kann.

- Als du am Freitagnachmittag zufällig deinen Mitschüler/deine Mitschülerin triffst, fragt er/sie, ob du nicht einfach in die Moschee mitgehen willst. Ihr kommt an, als das → Gebet schon angefangen hat. Dein Freund oder deine Freundin ermuntert dich, teilzunehmen. Erkläre, wie du dich verhältst.

Anwenden

- Informiere dich über verschiedene Richtungen im Islam (Sunniten, Schiiten, Aleviten). Halte ein Referat für deine Mitschülerinnen und Mitschüler im Umfang von 10–12 Minuten zu diesem Thema.

- Findet heraus, ob es eine → Moschee in eurer Nähe gibt und plant einen Moscheebesuch. Ladet muslimische Mitschüler im Gegenzug zu einem Kirchenrundgang in eurer Gemeinde ein.

- In den vergangenen Jahren wurden ungenutzte Kirchen vereinzelt in Moscheen umgebaut. Erörtert gemeinsam, was für und gegen einen solchen Umbau spricht. Führt ein Lernfließband durch.

- Gestaltet eine Fotoausstellung zum Thema „Gelebter Glauben – Religionen in unserer Stadt".

- Führt eine Talkshow zum Thema „Glaube und Leben von Christen, Juden und Muslimen" durch. Lasst dazu unterschiedliche Personen aus diesem Kapitel als Talkgäste auftreten und übernehmt deren Rollen. Ihr könnt weitere Personen erfinden.

→ **eine Internetrecherche durchführen:** Seite 170

→ **einen Kirchenraum erkunden:** Seite 171

→ **ein Lernfließband durchführen:** Seite 17

8 Brauchen wir Vorbilder?

„Ich will kein Vorbild sein."

Paul Breitner, Europa- und Weltmeister mit der Deutschen Fußballnationalmannschaft

„Ich will ein Vorbild sein."

Thomas Schaaf, mehrmaliger Deutscher Fußballmeister als Spieler und Trainer des SV Werder Bremen

Was kannst du schon?

- darstellen, wo und wie sich Menschen für andere engagieren

- biblische Geschichten vom Umgang zwischen Menschen nacherzählen und ihre Bedeutung erklären

- erklären, wie Menschen Jesus nachfolgen können

Wenn du dieses Kapitel bearbeitet hast, kannst du ...

- erklären, welche Bedeutung Vorbilder für Menschen haben.

- an Beispielen zeigen, dass Vorbilder nicht „durch und durch nur gute Menschen" sind.

- genauer darüber Auskunft geben, warum sich Christinnen und Christen um ein besseres Zusammenleben und um Gerechtigkeit in der Gesellschaft bemühen.

- darlegen, wie sich Menschen durch die Bibel einerseits herausgefordert und andererseits ermutigt fühlen können.

- am Beispiel der Suchthilfe darstellen, was eine diakonische Einrichtung ist.

- Beispiele dafür anführen, in welchen Bereichen Menschen Vorbilder sein können.

- erläutern, inwieweit Einzelpersonen und Organisationen Vorbilder sein können.

Diese Methoden wendest du an:

- ein Kugellagergespräch führen

- eine digitale Präsentation erstellen

Wer sind deine Vorbilder?

Die Initiative „step 21" hat zu dieser Frage vor einiger Zeit folgenden Wettbewerb ausgeschrieben:

Die Frage, an welche Werte man sich heute halten soll, ist nicht leicht zu beantworten – schon gar nicht, wenn man darauf eine Antwort finden will.

5 Wer sind sie, eure Vorbilder? Sind es eure Eltern, sind es Menschen, die Erstaunliches geleistet haben, oder sind es andere Personen, die euch ganz einfach auf eurem Lebensweg inspiriert haben? Habt

10 ihr überhaupt Vorbilder und was findet ihr an ihnen vorbildlich?

Stars, Sternchen und Prominente, deren Geschichten die Medien überfluten, gibt es zur Genüge. Aber sind das auch die

15 Personen, an denen ihr euch orientiert? Sind sie für euch Vorbilder oder sind es eher die „normalen" Menschen?

Wir wollen es wissen! Wir möchten von euch erfahren, wer euer Vorbild ist, wel-

20 chen Stellenwert es in eurem Leben einnimmt, was ein Vorbild überhaupt zum Vorbild macht und wie es euch in eurem Alltag inspiriert.

Jede Zeit hat andere Vorbilder. Dies ist

25 EURE Zeit – darum zeigt sie uns, eure Vorbilder!

Aufgabe

→ eine digitale Präsentation erstellen: Seite 160

Gestalte eine Präsentation für den Wettbewerb, die die oben genannten Fragen aufgreift.

Dazu ist es wichtig, . . .

- zu klären, was ein Vorbild ausmacht.
- sich beispielhaft mit Personen auseinanderzusetzen, deren Verhalten als vorbildlich gelten kann.
- zu prüfen, welche Rolle (religiöse) Werte für ein vorbildhaftes Verhalten spielen.
- sich begründet für ein Vorbild (oder kein Vorbild) zu entscheiden.

Was macht (d)ein Vorbild aus?

Mut, Kreativität, *Berühmtheit*, Disziplin, Streben nach → Gerechtigkeit, **Ausstrahlung**, *Talent*, **Kraft**, *Durchsetzungsvermögen*, gutes Aussehen, **Persönlichkeit**, *Menschlichkeit*, Selbstlosigkeit, *Hilfsbereitschaft*, *Selbstbewusstsein*, Selbstständigkeit im Urteil, *Stilgefühl*, *Modebewusstsein*, Beliebtheit

Moment mal! Braucht man überhaupt ein Vorbild?

Methoden-Karte: **ein Kugellagergespräch führen**

„Kugellager" ist eine Methode, die dazu dient, mit möglichst vielen Mitschülerinnen und Mitschülern über ein vorgegebenes Thema ins Gespräch zu kommen.

So könnt ihr vorgehen:
1. Teilt euch in zwei gleich große Gruppen auf. Bildet einen Innen- und einen Außenkreis.
2. Setzt oder stellt euch so hin, dass sich je ein Schüler beziehungsweise eine Schülerin aus dem Innenkreis und einer beziehungsweise eine aus dem Außenkreis ansehen.
3. Tauscht euch etwa zwei bis vier Minuten über das Gesprächsthema aus, das der Lehrer oder die Lehrerin vorgibt.
4. Bewegt euch nach Anweisung der Lehrerin oder des Lehrers weiter, zum Beispiel „Der Innenkreis bewegt sich um drei Personen nach rechts", und schließt eine weitere Gesprächsrunde an.
5. Führt vier bis fünf Gesprächsphasen durch. Dabei könnt ihr die Regeln verschieden abwandeln: (keine) Rückfragen zulassen, das Thema wechseln …

Aufgaben

1 Ordne die oben aufgeführten Eigenschaften der Wichtigkeit nach: Notiere zuerst die Eigenschaften, die ein Vorbild unbedingt erfüllen sollte, und zuletzt diejenigen, die ein Vorbild am wenigsten benötigt. Begründe deine Rangfolge.

2 Ergänze weitere Aspekte, die ein Vorbild deiner Meinung nach erfüllen sollte.

3 Führt ein Kugellagergespräch zum Thema „Mein Vorbild/Mein Held ist …".

4 Paul Breitner und Thomas Schaaf vertreten unterschiedliche Positionen zum Vorbild-Sein (Seite 148). Nenne mögliche Gründe für beide Haltungen. Beurteile, inwieweit Menschen selbst Einfluss darauf haben, (k)ein Vorbild für andere zu sein.

5 Nimm Stellung dazu, ob du selbst (in machen Bereichen) ein Vorbild bist beziehungsweise, ob du es überhaupt sein willst.

Dian Fossey – ein Vorbild?

Obwohl sie keine Biologin war, erforschte Dian Fossey (1932–1985) das Verhalten der Berg-gorillas in Zentralafrika. Unter schwierigen, teils lebensgefährlichen Umständen sorgte sie durch jahrelange Arbeit dafür, dass man mehr über die faszinierenden Tiere erfuhr und sie endlich wirksam schützte. Doch ihr Engagement für die Affen brachte ihr Kritik ein und machte ihr Feinde. Sie wurde von einem Unbekannten ermordet.

Weil sie unbedingt wilde Tiere sehen und mit ihnen leben will, reist Dian Fossey das erste Mal nach Afrika. Sie hört, dass in der Virunga-Vulkanregion Berggorillas leben, über die man sehr wenig weiß und deren Bestand höchst gefährdet ist. Obwohl sie krank ist, reist sie in diese Gegend.

5 Ohne ihren ausgezeichneten Führer hätte sie sicher nie gesehen, was ihr weiteres Leben bestimmen wird: „Das Geräusch ging der Sicht voraus, der Geruch beidem, in der Art einer moschusartigen, bauernhofartigen, menschenähnlichen Ausdünstung. Ich war getroffen von der körperlichen Majestät der großen, glänzenden, schwarzen Körper, die sich von der grünen Palette des Walddickichts abhob." Fossey erlebt Liebe auf den ersten Blick, als sie die

10 Gorillas sieht.

Schon damals waren Gorillas durch den Einfluss der Menschen bedroht: Sie wurden gejagt und in ihrem Lebensraum immer weiter eingeschränkt. Gorillafleisch war und ist in Zentral-afrika durchaus beliebt, ihre Gliedmaßen werden für magische Rituale verwendet oder – als Aschenbecher umfunktioniert – an Touristen verkauft.

15 Dian Fossey ist von den Berggorillas fasziniert und versucht alles, um wieder nach Afrika zu kommen. Ihr gelingt das Unmögliche und sie überzeugt Louis Leakey, einen bekannten Anthropologen, dass sie die Richtige ist, um die Berggorilla-Forschung zu revolutionieren. Er besorgt Geld, um die Forschungsexpedition zu finanzieren, und schickt Fossey in den Urwald: ohne hinreichende Fach-, Sprach-, Orts- oder Kulturkenntnisse; ach ja, und ohne

20 Gehalt.

Seit Dezember 1966 verbringt Dian Fossey die meiste Zeit bei den Gorillas. Es dauert lange, bis sie die Lebensgewohnheiten der Berggorillas gut genug versteht, um sie ausführlich beobachten zu können.

Nach jahrelanger, geduldiger Arbeit und mithilfe wertvoller Tipps erfahrener Kollegen ge-

25 winnt sie das Vertrauen einiger Gorillas. Durch Nachahmung ihres Verhaltens kann sie sich ihnen immer weiter nähern. Sie lernt, die einzelnen Tiere zu identifizieren, und gibt ihnen menschliche Namen.

30 Sie begreift sehr schnell, dass es mit der Beobach-tung bald vorbei sein könn-te, weil die Zahl der Affen rasend sinkt. Sie schätzt,

35 dass es nur noch 250 Tiere gibt. Zwar leben sie in ei-nem Schutzgebiet, doch das beeindruckt die Einheimi-schen nicht besonders.

Bewahrung der Schöpfung: Seite 54

40 Sie haben andere Werte und müssen vor allem an ihr eigenes Überleben denken.

Dian ist überzeugt: Man muss Schutzgebiete nicht bloß auf
der Landkarte einzeichnen, man muss das Gebiet der Gorillas aktiv schützen. Im Laufe der Zeit kann Fossey Mitarbeiter

45 einstellen. Als Erstes befiehlt sie, die vielen Gruben-, Schlag-
und Drahtfallen im Gorillagebiet zu zerstören: Es sind Hunderte in einem einzigen Jahr. Manchmal können sie Wilderer gefangen nehmen. Fossey versetzt die abergläubischen
Männer in Angst und Schrecken, indem sie sich als eine Art

50 Hexe ausgibt. Sie lässt sie – eher symbolisch – durch Nessel-
streiche misshandeln und übergibt sie dann der Polizei. Ab
und zu fordert sie die staatlichen Stellen dazu auf, die Wilderer zu erschießen, wie es in anderen Ländern Afrikas üblich
ist. Keine andere Strafe wirke so abschreckend, glaubt sie.

55 Auch als Dian Fossey nach Jahren in die USA zurückkehrt,
weil sie krank ist, kann sie das Zusammenleben mit „ihren" Gorillas nicht vergessen. So kehrt
sie zur Forschungsstation zurück und bleibt dort, auch wenn die Wilderer gefährlicher zu
werden beginnen.

Am 27. Dezember 1985 um 6 Uhr 30 findet man Dian Fossey in ihrer Hütte. Durch die Rück-

60 seite ist anscheinend jemand eingedrungen und hat sie mit einem Buschmesser, das sie bei
einer Antiwilderer-Aktion beschlagnahmt und in ihrer Hütte aufgehängt hat, in den Kopf
geschlagen. Bis heute weiß niemand genau, wer sie umgebracht hat.

Rolf-Bernhard Essig, Sachbuchautor

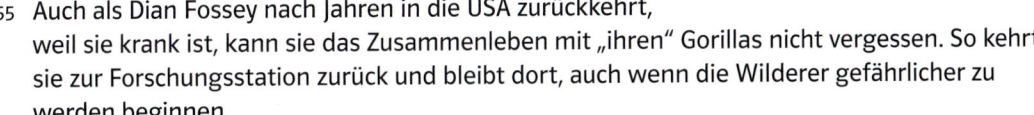

Moment mal!
Kann jemand ein Held sein,
der sich für Affen einsetzt,
nicht aber für Menschen?

Aufgaben

1 Fasse den Text zusammen, indem du absatzweise die wichtigsten Begriffe oder eigene
Stichworte in deinem Heft notierst.

2 Recherchiere weitere Informationen zum Lebenswerk und zur Kritik an Dian Fossey.

3 Erkläre, warum Dian Fossey für viele Menschen als Vorbild oder sogar als Heldin gilt.

4 Lege dar, ob du die harten Strafen für Wilderer, die die vom Aussterben bedrohten
Gorillas getötet haben, als gerecht empfindest.

5 Nenne andere Tierarten, die besonders geschützt werden müssen. Gestalte ein Plakat,
das zum Schutz einer Tierart durch eine Aktion aufruft.

→ eine Internet-
recherche
durchführen:
Seite 170

→ ein Plakat
erstellen:
Seite 172

Ehrfurcht vor dem Leben!

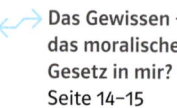 Wonach richtet sich unser Handeln? Seite 12–13

Das Gewissen – das moralische Gesetz in mir? Seite 14–15

Einen tiefen Eindruck machte auf mich ein Erlebnis aus meinem siebenten oder achten Jahre. Heinrich Braesch und ich hatten uns Schleudern aus Gummischnüren gemacht, mit denen man kleine Steine schleudern konnte.

5 Es war im Frühjahr, in der Passionszeit. An einem Sonntagmorgen sagte er zu mir: „Komm, jetzt gehen wir in den Rebberg und schießen Vögel."

Dieser Vorschlag war mir schrecklich, aber ich wagte nicht zu widersprechen, aus Angst, er könnte mich 10 auslachen.

So kamen wir in die Nähe eines kahlen Baumes, auf dem die Vögel, ohne sich vor uns zu fürchten, lieblich in den Morgen hinaussangen. Sich wie ein jagender Indianer duckend, legte mein Kamerad einen Kiesel in 15 das Leder seiner Schleuder und spannte sie. Seinem gebieterischen Blick gehorchend, tat ich, unter furchtbaren Gewissensbissen, dasselbe, mir fest gelobend, danebenzuschießen.

In demselben Augenblick fingen die Glocken der Kirche 20 an, in den Sonnenschein und in den Gesang der Vögel hinein zu läuten. Es war das „Erste Läuten", das dem Hauptläuten, das die Gläubigen in die Kirche rief, um eine halbe Stunde vorausging.

Für mich war es eine Stimme aus dem Himmel. Ich warf 25 die Schleuder weg, scheuchte die Vögel auf, dass sie wegflogen und vor der Schleuder meines Kameraden sicher waren, und floh nach Hause.

Von jenem Tage an habe ich gewagt, mich von der Menschenfurcht zu befreien.

Albert Schweitzer, Arzt, Philosoph und Theologe

1915: Albert Schweitzer, mittlerweile 40 Jahre alt, ist im afrikanischen Gabun als Arzt tätig; seit 1913 baut er gemeinsam mit seiner Frau Helene in Lambarene ein Tropenhospital auf. Als er unterwegs zu einem Kranken ist, kommt ihm auf einer mehrtägigen Bootsfahrt auf dem Ogowe ein Gedanke in den Sinn, der ihn fortan nicht mehr loslässt und zum Leitbild seines Lebens wird – Albert Schweitzer schreibt:

Ich saß auf einem der Schleppkähne. Ich hatte mir vorgenommen, mich auf dieser Fahrt ganz in das Problem des Aufkommens einer Kultur, die größere ethische Tiefe und Energie besäße als die unsere, versunken zu bleiben. [...] Am Abend des dritten Tages [...] mussten wir an einer Insel in dem über einen Kilometer breiten Fluss entlangfahren. Auf einer Sandbank, zur linken, wanderten vier Nilpferde mit ihren Jungen in derselben Richtung wie wir. Da kam ich, in meiner großen Müdigkeit und Verzagtheit plötzlich auf das Wort „Ehrfurcht vor dem Leben", das ich, so viel ich weiß, nie gehört und nie gelesen hatte.

„Ehrfurcht vor dem Leben" – Diese Ehrfurcht gründet sich auf der Bereitschaft, über sich und sein Verhältnis zur Mitwelt ohne Selbstbetrug und Ausflüchte nachzudenken. Dann könne laut Albrecht Schweitzer niemand die Grundtatsache leugnen: „Ich bin Leben, das leben will, inmitten von Leben, das leben will." Damit werden alle Versuche, „zwischen wertvollerem und weniger wertvollem, höherem und niederem Leben" zu unterscheiden, hinfällig. ‚Ehrfurcht vor dem Leben' bedeutet demnach, alles Leben, Mitmenschen wie auch die vielfältigen Lebensformen der Tier- und Pflanzenwelt, als grundsätzlich gleich wertvoll anzuerkennen.

Aufgaben

1 Lest zu zweit den Text auf der linken Seite. Notiert passend zu Bild 1, 2, 3 und 5 die Gedanken der Jungen in der jeweiligen Situation.

2 Diskutiert in eurer Klasse, was Albert Schweitzer mit „Befreiung von der Menschenfurcht" gemeint haben könnte.

3 „Ich bin Leben, das leben will, inmitten von Leben, das leben will." Schreibe diesen Satz in dein Heft.
a) Notiere unter dem ersten Teil des Satzes („Ich bin Leben, das leben will"), was dieser Satzteil genau bedeutet; sammle Beispiele, die diese Bedeutung veranschaulichen.
b) Notiere dann unter dem zweiten Teil des Satzes („inmitten von Leben, das leben will"), was dieser Satzteil genau bedeutet; sammle Beispiele, die diese Bedeutung veranschaulichen.
Tauscht euch in eurer Klasse über eure Ergebnisse aus.

4 Recherchiert Albert Schweitzers Biografie. Überlegt davon ausgehend, wie es dazu kommt, dass es in vielen verschiedenen Ländern der Welt schon einmal Albert-Schweitzer-Briefmarken gab.

⟶ eine Internetrecherche durchführen: Seite 170

Gemeinsam für eine Sache eintreten:

Ein kleiner Mann betritt den Vorlesungssaal. Die Strapazen der langen Reise quer durch Deutschland sind ihm ins Gesicht geschrieben. Die Augen liegen tief in den Höhlen. Der schwarze Umhang gibt der ganzen Erscheinung etwas
5 Unheimliches. Kaum hat er das Pult erreicht, beginnen die Studenten zu kichern. Man traut diesem Rumpelstilzchen im Gelehrtenrock nicht allzu viel zu.

Philipp Melanchthon (1497–1560)

Und Melanchthon wiederum wird seinen älteren Freund Luther später am Grabe als Wagenlenker Israels bezeich-
25 nen, der ihn, Melanchthon, das → Evangelium gelehrt habe. In die zweite Reihe fühlte sich der jüngere Melanchthon deswegen nicht gesetzt. In manchen Epochen hat dies die Geschichtsschreibung allerdings getan. Richtig ist aber, dass die beiden sich gegenseitig lehrten und voneinander profitierten. Beide legen die Grund-
30 lagen für eine vollständig erneuerte Kirche; später wird man sie → evangelisch nennen. Äußerlich waren beide Männer ein ungleiches Gespann: Luther groß, fast patriarchal im Auftreten. Zart, fast kränklich hingegen Melanchthon.
Doch zurück in den Vorlesungssaal. Der angehende Lehrstuhlinhaber für die griechische Sprache Philipp Melanchthon ruft den plötzlich aufmerksamen Studenten zu: „Studiert die
35 Sprachen und denkt an das Dichterwort: Frisch gewagt ist halb gewonnen! Wage zu wissen – sapere aude. Vor allen Dingen aber lernt die Geschichte kennen. Sie lehrt euch, was schön ist und was schimpflich, was Nutzen bringt und was nicht … Ohne Kenntnis der Geschichte kann weder öffentliches noch privates Leben bestehen. Wer die Geschichte in sich aufgenommen hat, der hat sich den Weg zum Gipfel gebahnt.“
40 Die Rede begeistert alle. Melanchthon stößt die Tür zu einer neuen Epoche auf. Es sollte die Epoche der evangelischen Bildung und der Schulgründungen werden. Es wurde auch eine Epoche der handfesten Auseinandersetzungen zwischen Katholiken und Protestanten. Über ihre unterschiedlichen Rollen sind sich beide Reformatoren klar gewesen. Melanchthon schreibt: „Ich formuliere manches weniger schroff, zum Beispiel über den
45 nötigen Gehorsam des Menschen, auch nachdem er von Gott gerecht gesprochen wurde. Eigentlich sind wir derselben Meinung, sagen es aber anders. Doch die Ungebildeten lieben zu sehr Luthers grobe Formulierungen, weil sie nicht sehen, in welchen Zusammenhang die gehören.“

! **Moment mal!**
Müsste es nicht den beiden Reformatoren zu Ehren einen Feiertag geben?

Aufgaben

1 Lies den ersten Textabschnitt auf dieser Seite. Versetze dich in Philipp Melanchthon hinein und formuliere die Gedanken, die ihm auf dem Weg zum Pult durch den Kopf gehen.

2 Lies den ersten Textabschnitt auf der anderen Seite. Versetze dich in Martin Luther hinein und formuliere die Gedanken, die ihm beim Anblick von Philipp Melanchthon durch den Kopf gehen.

Philipp Melanchthon und Martin Luther

Martin Luther (1483–1546)

50 Unter den Zuhörern sitzt auch Martin Luther. So neugie-
rig, so skeptisch ist er auch angesichts des gerade einge-
tretenen 21-jährigen Süddeutschen. Sollte dieses Persön-
chen tatsächlich die Empfehlung des großen Humanisten
Reuchlin sein? Luther seufzt. Was er noch nicht ahnt:

55 Diese Momente sind der Beginn einer respektvollen,
vor allem aber tief geistigen Freundschaft zwischen
ihm, Martin Luther, und Philipp Melanchthon. Historiker
werden den beiden später eine freundliche Kollegiali-
tät attestieren, andere sprechen von einer einmaligen

60 Lebensfreundschaft zwischen beiden Männern.
Martin Luther war vierzehn Jahre älter als Philipp Melanchthon. Diesen Altersvorsprung gegenüber dem hoch-
begabten Melanchthon hat Luther aber so gut wie nie
geltend gemacht.

Gustav König, Luther setzt mit Hülfe Melanchthons die
Bibelübersetzung fort, Radierung (1847)

65 Martin Luther schreibt: „Philipp ist zarter
als ich … Ich bin gröber und stumpfer …
So geht Philippus in der Liebe daher, ich
im Glauben. Philippus lässt sich fressen,
ich fresse alles und schone niemanden.

70 Ich muss die Stemme und Klötze aus-
rotten, Dornen und Hecken wegharken,
die Pfützen ausfüllen und bin der Grobe
…, der die Bahn brechen und zurichten
muss. Aber Magister Philippus fährt säu-

75 berlich und still daher, baut und pflanzt,
sät und begießt mit Lust, so wie Gott ihm
es geschenkt hat."

Christina-Maria Bammel, Deutschlandradio Kultur

Was bedeutet
Luthers Bibel-
übersetzung
für die evange-
lische Kirche?
Seite 80–81

3 Gestaltet eine szenische Umsetzung zu dem Bild von Gustav König. Schreibt dazu einen
passenden Dialog zwischen Luther und Melanchthon. Anregungen dazu geben euch die
Texte.

4 Diskutiert in eurer Klasse, inwieweit Martin Luther und Philipp Melanchthon Vorbilder
sein können.

Paolo Dall'Oglio – Können Christen und Muslime voneinander lernen?

Wenn der Morgen dämmert und ein atemberaubender Sternenhimmel im Zwielicht versinkt, ist Mar Musa ein Ort der absoluten Stille. Kein Windhauch streicht über die Steine, kein Vogelschrei zerreißt die Luft. Auf dem Weg von Damaskus nach Aleppo, eine halbe Stunde Fußmarsch hinein in die Jabal al-Qalomoun-Berge, hängt das Kloster wie ein Nest in den Felsen.

5 Um sieben Uhr schickt die Zinnglocke im Hof ihr metallisches Geläut über die Berge. Zeit für die Laudes. Die Klostergemeinschaft und eine Handvoll schlaftrunkener Gäste versammeln sich in der Felsenkirche, lassen sich mitnehmen von der Schönheit der → Psalmen und Hymnen, die in Arabisch und Altsyrisch gelesen und gesungen werden. Es folgen Lesungen aus dem Alten und Neuen Testament, eine kurze Bibelauslegung und → Gebete. Tagsüber hat

10 niemand im Kloster eine bestimmte Aufgabe. Keiner soll sich zu schade für etwas sein, jeder anpacken, wo gerade Hilfe gebraucht wird: „Wir haben keinen festen Zeitplan", erklärt Paolo Dall'Oglio. Dem temperamentvollen Pater, der Mar Musa vor knapp drei Jahrzehnten aus dem Dornröschenschlaf geweckt hat, sind andere Dinge wichtiger: der eigenen Hände Arbeit, Gastfreundschaft, die Begegnung der Religionen, vor allem aber Spiritualität. Die Wüs-

15 te, glaubt er, ist ein guter Ort dafür. Mose, Elias, Johannes der Täufer, Jesus – sie alle haben schließlich dort ihre Gotteserfahrungen gemacht. „Die Wüste", sagt Paolo, „eröffnet Raum für die Verbindung mit Gott. Weil sie leer ist."

Als er Mar Musa al-Habashi 1982 entdeckt, übt dieser Ort vom ersten Augenblick an eine magische Anziehungskraft auf ihn aus. Neben Theologie und Philosophie hat er in Neapel und

20 Damaskus Islamwissenschaften studiert. Er hat nachts mit den → Sufis in den → Moscheen getanzt und bereitet sich auf die Priesterweihe vor. Schon als Novize fasziniert ihn die Inkulturation [das Eindringen einer Kultur in eine andere} des Glaubens. Während der Generalobere zu Besuch ist, nimmt Paolo all seinen Mut zusammen und gesteht ihm, er wolle „sein Leben dem Heil der Muslime widmen. Wir müssen uns gegenseitig Zugang zum Mysterium geben".

25 Einer Vision gleich hatte er eines Tages das Wort „Islam" am Horizont stehen sehen – „die große Herausforderung der Kirche". Das alte Kloster lässt ihn nicht mehr los. Er ist überzeugt, dass diese christliche Stätte inmitten einer muslimischen Gesellschaft den Menschen noch immer etwas zu sagen hat, und setzt

30 Himmel und Hölle für deren Wiederaufbau in Bewegung. Während er erzählt, schweifen Paolos Blicke über die Terrasse. Längst ist sie instand gesetzt und zum Treffpunkt von Mönchen und Schwestern, Tages- und Übernachtungsgästen geworden. Aus der Kirche drängt gerade eine Gruppe Muslime. Sie haben

35 ihre Schuhe ausgezogen und die Fresken bewundert, die vom Jüngsten Gericht erzählen, von → Propheten und Evangelisten, Mönchen und Heiligen, → Pharisäern und Verfluchten. Manche haben sich auf die Teppiche gekniet, der weißen Wand Richtung Mekka zugewandt, und gebetet. Am Freitag, ihrem Feier-

40 tag, strömen die Muslime in Scharen hierher. Für sie war Mar Musa schon immer eine geheiligte Stätte, ein Ausflugsziel ist es allemal.

Beatrix Graulich, Autorin

Paolo Dall'Oglio ist nicht der erste und einzige, der sich um Verständigung zwischen Christen und Muslimen bemüht hat. So hat bereits Franz von Assisi auf einer Reise nach Palästina und Ägypten einen Dialog gepflegt.

Info – Franziskus

Franz von Assisi (1181–1226) war der Sohn eines reichen Tuchhändlers. Über seine Jugend weiß man, dass er einerseits eine gute Ausbildung bekam, um einmal das Geschäft seines Vaters übernehmen zu können. Andererseits aber führte er zugleich mit dem Geld seines Vaters ein ausschweifendes Leben. Seinen Jugendtraum, Ritter zu werden, gab er auf, nachdem er selbst einen Krieg, den seine Heimatstadt Assisi führte, erlebt hatte. Stattdessen zog er sich nun aus dem öffentlichen Leben zurück, verzichtete auf das Erbe seines Vaters und entschied sich für ein Leben in Armut. Aus der Gemeinschaft mit Gleichgesinnten, die ihm auf diesem Weg nachfolgten, entstand der Mönchsorden der Franziskaner.

Papst Franziskus: Evangelii gaudium – die Freude über das Evangelium
Als der Argentinier Jorge Mario Bergoglio 2013 zum Papst gewählt wurde, gab er sich den Namen Franziskus und erinnert so an Franz von Assisi. Über das Verhältnis zwischen Christen und Muslimen schreibt er:
Die wahre Offenheit schließt ein, mit einer klaren und frohen Identität in den eigenen tiefsten Überzeugungen fest zu stehen, aber offen zu sein, um die des anderen zu verstehen, im Wissen darum, dass der Dialog jeden bereichern kann. Eine diplomatische Offenheit, die zu allem Ja sagt, um Probleme zu vermeiden, nützt uns nicht. In dieser Zeit gewinnt die
5 Beziehung zu den Angehörigen des Islams große Bedeutung, die heute in vielen Ländern christlicher Tradition besonders gegenwärtig sind und dort ihren Kult frei ausüben und in die Gesellschaft integriert leben können. Nie darf vergessen werden, dass sie sich zum Glauben Abrahams bekennen und mit uns den einen Gott anbeten, den barmherzigen, der die Menschen am Jüngsten Tag richten wird. Die heiligen Schriften des Islams bewahren Teile der
10 christlichen Lehre; Jesus Christus und Maria sind Gegenstand tiefer Verehrung, und es ist bewundernswert zu sehen, wie junge und alte Menschen, Frauen und Männer des Islams fähig sind, täglich dem → Gebet Zeit zu widmen und an ihren religiösen Riten treu teilzunehmen. Zugleich sind viele von ihnen tief davon überzeugt, dass das eigene Leben in seiner Gesamtheit von Gott kommt und für Gott ist. Ebenso sehen sie die Notwendigkeit, ihm mit ethi-
15 schem Einsatz und mit Barmherzigkeit gegenüber den Ärmsten zu antworten.

↔ Wie beten Muslime? Seite 136–137

Aufgaben

1 Mar Musa in Syrien ist ein Kloster. Lege eine Liste mit Aufgaben an, die dieser Ort für seine Bewohner und Besucher erfüllt.

2 Franz von Assisi genießt auch unter Muslimen Respekt. Während eines Kreuzzugs (im Jahr 1219) soll er seinen christlichen Glaubensgenossen zugerufen haben: „Brüder, besinnt euch, nicht die Muslime versperren euren Weg, sondern euer eigener Teufel, euer Hass und eure Habsucht." Informiere dich über die Kreuzzüge und lege dar, was Franziskus mit diesem Satz wohl gemeint hat.

↪ eine Internetrecherche durchführen: Seite 170

3 Stellt euch vor, Franz von Assisi, Paolo Dall'Oglio und Papst Franziskus würden sich über das Christentum und den Islam unterhalten. Sammelt mögliche Gesprächsbeiträge, bringt sie in eine sinnvolle Reihenfolge und spielt das Gespräch vor der Klasse vor.

Wie können wir etwas verändern?

Bund für
Umwelt und
Naturschutz
Deutschland

FRIENDS OF THE EARTH GERMANY

← Diakonie:
Seite 162

← Sucht:
Seite 52–53

Methoden-Karte: eine digitale Präsentation erstellen

Unter einer digitalen Präsentation versteht man die visuelle Unterstützung eines gesprochenen Referates mithilfe von Folien, die mit einem Computerprogramm (zum Beispiel „PowerPoint") hergestellt werden.

So kannst du vorgehen:
1. Prüfe, welche Software geeignet ist und probiere die Technik aus.
2. Lege fest, wie umfangreich die Präsentation sein soll (Beispiel: Zehn Folien bei je einer Minute Präsentationszeit ergeben ein Referat von zehn Minuten Dauer).
3. Erarbeite die Inhalte des Referates und entscheide, welche zentralen Thesen und Bilder präsentiert werden sollen. Achte auf die Zuverlässigkeit und Seriosität deiner Quellen. Ein genauer Blick auf die URL (die Adresse der Website) und den Betreiber der Website (vgl. dazu das Impressum der Website) helfen dir bei der Einschätzung weiter.
4. Beschrifte die einzelnen Folien nach dem Motto „Weniger ist mehr!".
5. Lege das Layout fest, vor allem Schriftgröße und Schriftart, Farbe der Folien und Kopfzeile sowie die Art der Überblendung. Bedenke dabei, dass die einzelnen Folien nur für kurze Zeit zu sehen sind, also sofort und einfach lesbar sein müssen.

ELAS-Suchtselbsthilfe: „Ein hohes Maß an ehrenamtlichem Engagement"

Tommy S. weiß, wie es ist, suchtkrank zu sein. Heute engagiert er sich bei ELAS, kurz für Evangelische LandesArbeitsgemeinschaft Suchtkrankenhilfe, die zum Diakonischen Werk Hamburg gehört. Alle freiwilligen Helfer hier sind selbst Betroffene oder haben als Angehörige Erfahrungen mit Suchtkranken gemacht.

Abhängigkeit: Seite 52–53

Tommy S. redet nicht lange um den heißen Brei. „Ich bin Betroffener. 2001 habe ich entgiftet." Angefangen hatte alles bei der Bundeswehr. Dort kam er erstmals mit Alkohol in Kontakt. Vorher hatte er nie getrunken. Doch irgendwann wurde der Griff zur Flasche zur Gewohnheit. „Es war ein schleichender Prozess über Jahrzehnte", erinnert sich S.

5 Später arbeitete er in der Verwaltung eines Baukonzerns. Aber auch dort gehörte das Trinken zum guten Ton. Niemandem fiel auf, dass S. den Alkohol brauchte. „Wenn ich morgens zur Arbeit fuhr, hielt ich an, um erst einmal einen kräftigen Schluck aus dem Flachmann zu nehmen", erinnert sich S.

Richtig schlimm wurde es, als er nach fünfzehn Jahren seine Arbeitsstelle verlor. „Da ging es
10 erst richtig los." Sehr zum Leidwesen seiner Familie. „Die haben viel mitgemacht." Irgendwann merkte Tommy S., dass „etwas mit ihm nicht stimmte". Eines Tages, als es ihm wieder mal „so richtig schlecht ging", wurde ihm klar, dass er so nicht weiterleben konnte und wollte. Er ging freiwillig ins Krankenhaus.

Wie durch Zufall stieß S. damals auf eine ELAS-Selbsthilfegruppe. Hier lernte er, sein Alkohol-
15 problem nach dem Entzug langfristig in den Griff zu bekommen. Bald entschloss er sich, selbst in der ELAS aktiv mitzuarbeiten. Er begann mit Informationsstunden im → Diakonie-Krankenhaus Alteneichen in Hamburg, in dem viele alkoholkranke Menschen einen Entzug durchführen lassen. Heute ist S. Vorsitzender der Ehrenamtlichen-Vertretung. „Ein gutes Zeitmanagement braucht man schon", meint er. Ohne Teamwork geht bei ELAS gar nichts. Das
20 Besondere ist, dass die Arbeit von Ehrenamtlichen getragen wird.

Der „Treff Regenbogen" steht allen Interessierten, Suchtgefährdeten, Suchtkranken und deren Angehörigen offen – ob als Café am Wochenende, als Treffpunkt von Selbsthilfegruppen oder als ehrenamtliche Beratungsstelle.

Aufgaben

1 Setzt euch in einem Lernfließband mit der Frage auseinander, inwieweit Tommy S. ein Vorbild ist. Geht dabei auf seinen Lebensweg, sein Engagement bei ELAS und auf die Frage ein, welchen Einfluss er auf das Leben anderer nimmt.

ein Lernfließband durchführen: Seite 17

2 Recherchiere, für welche Institutionen die abgebildeten Logos stehen. Erstellt in Gruppen digitale Präsentationen, um die Organisationen vorzustellen. Geht dabei auf folgende Punkte ein:
- Ursprünge und Geschichte
- Leitbild
- Hilfsangebote/Adressaten
- die nächste Anlaufstelle in eurer Region

Warum helfen?

→ „Dem Menschen dienen": Seite 122

Das Wort → Diakonie stammt aus dem Griechischen und meint ursprünglich das Dienen und das Bedienen bei Tisch. Diakonie
5 bedeutet: den Menschen achten und wertschätzen, unabhängig von seinem Alter, seiner Gesundheit, seinem Geschlecht, seiner Herkunft. Für die Diakonie gilt:
10 Jeder Mensch, ob behindert, gesund, krank, begabt oder benachteiligt, besitzt eine → Menschenwürde und ist ein Geschöpf Gottes. Gemeinschaft verwirkli-
15 chen – diese Vision steht hinter allen Angeboten und Leistungen. Diakonie ist die soziale Arbeit der Evangelischen Kirche in Deutschland. Es gibt über 28.000
20 eigenständige diakonische Einrichtungen, wie beispielsweise Altenheime, Krankenhäuser, Beratungsstellen für Obdachlose und Kindertagesstätten. Die
25 Diakonie unterstützt Menschen in allen Lebensabschnitten und allen Lebenslagen durch praktische Hilfeleistungen.

Im Leitbild der Diakonie heißt es:

→ Telefonseelsorge: Seite 114

Wir orientieren unser Handeln an der Bibel.

Wir achten die Würde jedes Menschen.

Wir leisten Hilfe und verschaffen Gehör.

Wir sind aus einer lebendigen Tradition innovativ.

Wir sind eine Dienstgemeinschaft von Frauen und Männern im Haupt– und Ehrenamt.

Wir sind dort, wo uns Menschen brauchen.

Wir sind Kirche.

Wir setzen uns ein für das Leben in der Einen Welt.

Moment mal!
Unterscheidet sich kirchliche von nicht kirchlicher Hilfe in der Praxis?

Elisabeth Binsack, Fußwaschung; Fotograf: Dieter Reinke

Aufgaben

1 Versetze dich in die Frau auf dem Diakonie-Plakat. Verfasse einen Inneren Monolog, in dem sie darlegt, warum es für sie wichtig ist, dass jemand „an sie denkt".

2 Erstelle eine Mindmap zur Diakonie. Beziehe dabei die Bedeutung des Begriffs, verschiedene Arbeitsfelder, die Ziele, die Menschen und den Begriff der → Gerechtigkeit ein.

3 Teilt euch in Gruppen auf die acht Grundsätze im Leitbild der Diakonie auf. Formuliert, wie ihr euren jeweiligen Satz im Leitbild weiter ausführen würdet. Recherchiert die tatsächlichen Erläuterungen im Internet und vergleicht.

4 Beschreibe das Kunstwerk genau. Vergleiche es mit der Geschichte in Joh 13,1–17.

5 Setze die Geschichte von der Fußwaschung mit dem Diakoniegedanken in Beziehung. Stelle einen Zusammenhang mit dem → Doppelgebot der Liebe her.

→ einen inneren Monolog verfassen: Seite 113

→ Mindmapping: Seite 175

→ eine Internetrecherche durchführen: Seite 170

→ eine Bibelstelle finden: Seite 169

↔ Doppelgebot der Liebe: Seite 60

Kann ich ein Vorbild sein?

Ich bin 13. Aber sehe ich aus wie 13? Wie sieht man aus, wenn man 13 ist? Ich bin normal groß, einige in meiner Klasse sind kleiner, einige größer. Meine Haare sind braun und halblang – ein paar Strähnchen wollte mir die Friseurin letztes Mal machen, damit mein Haar mehr Farbe hat. Als ob es nicht schon eine hätte. Meine Augen sind braun, ich trage keine
5 Brille, ich habe keine Sommersprossen und auch sonst keine besonderen Kennzeichen. Meine Figur ist ganz normal, nicht zu dünn, nicht zu dick, ich fühle mich wohl. Wenn ich nur nicht so normal wäre, so durchschnittlich! Ich spiele Querflöte – in der Musikschule und im Orchester in der Schule. Das machen viele: im Orchester allein acht, in der ganzen Stadt bestimmt um die 100, wenn nicht noch mehr Mädchen, in Deutschland sicher mehrere 1000.
10 Ich spiele Handball – seit sechs Jahren im Verein. Ich spiele gut und gern, meistens werfe ich pro Spiel drei Tore, nicht so viele wie andere, aber immerhin – und doch wieder durchschnittlich, könnte man sagen. Und sonst? Nichts Besonderes. Es gibt nichts, was mich von anderen unterscheidet.

„Hi, Fine!", meine Schwester wirft sich mit einem breiten Lachen im Gesicht zu mir aufs Sofa.
15 Mikesch, unser Kater, der eben noch auf meinem Schoß saß, schnurrte und sich kraulen ließ, sucht das Weite. „Ach, ich wünschte, ich könnte auch mal so ruhig auf dem Sofa sitzen wie du. Einfach nur dasitzen, nichts tun. Ich bin immer so hibbelig. Soll ich uns eine heiße Schokolade machen?"

Noch ehe ich antworten kann, ist Caro schon in der Küche verschwunden; die Kühlschranktür
20 klappert, Geklirr von Tassen ist zu hören, leises Schimpfen, wo bloß der Kakao wieder ist, das Rumpeln von Töpfen, bis der richtige auf der Herdplatte steht.
Mikesch taucht wieder auf und setzt sich aufs Sofa. Ich stehe auf, hole schon mal die Schokolade aus der Schublade und ein paar Kekse und zünde eine Kerze an – Ruhe und Gemütlichkeit verbreiten, das kann ich.

Wecke deine Talente!

Was hast du schon als Kind gern und gut gemacht?

....

Was bewundern andere an dir? ....

Was kannst du gut? ....

Was kannst du anderen beibringen? ....

Was machst du gern? ....

Was können andere von dir lernen? ....

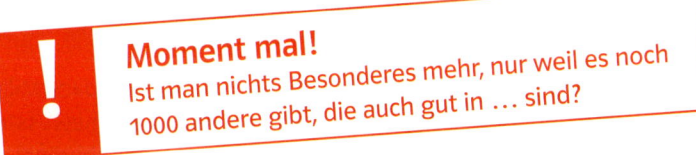

Moment mal!
Ist man nichts Besonderes mehr, nur weil es noch
1000 andere gibt, die auch gut in … sind?

Aufgaben

1 Caro beschließt, ihrer Schwester Fine eine „Lieblingsmensch"-Postkarte zu schreiben.
Verfasse einen passenden Text.

2 Gestalte selbst eine „Lieblingsmensch"-Postkarte und schreibe sie an deinen
Lieblingsmenschen.

3 Beantworte für dich die Fragen aus dem Fragebogen.

4 Diskutiert in eurer Klasse, inwieweit jede und jeder von euch ein Vorbild sein kann.

Brauchen wir Vorbilder?

Die vier Bereiche des Utopia Award im Briefmarkenstil (Erkennungszeichen von „Utopia")

 Utopie:
Seite 117

„Utopia" ist eine Initiative gegen den Klimawandel. Sie will dazu beitragen, „dass Millionen Menschen ihr Konsumverhalten und ihren Lebensstil nachhaltig verändern, bewusster entscheiden und mit jedem Kauf umweltfreundliche Produkte und faire Arbeitsbedingungen in aller Welt unterstützen".

Deshalb verleiht sie jedes Jahr in vier Bereichen den sogenannten Utopia Award: „Mit dem Preis werden deutsche Vorbilder, Unternehmen, Organisationen und Produkte ausgezeichnet, die wirklich etwas verändern."

Aufgabe

Stelle dir vor, ein Mitglied der Utopia-Stiftung wirft auf einer Sitzung zum „Utopia Award" die Frage in den Raum: „Brauchen wir Vorbilder?"

Können Preisverleihung und Vorbilder helfen, die von Utopia formulierten Ziele zu erreichen? Nimm Stellung zu dieser Frage.

Wissen

- „Wenn du schon kein gutes Vorbild sein kannst, sei wenigstens ein abschreckendes Beispiel" ist auf einer Postkarte zu lesen. Erkläre den Unterschied zwischen „gutem Vorbild" und „abschreckendem Beispiel".

- In Goethes „Faust" heißt es: „Wer Gutes will, der sei erst gut." Nimm begründet Stellung zu dieser Aussage.

- Die „Evangelische Landesarbeitsgemeinschaft für Suchtfragen" (ELAS) gehört zur → Diakonie. Beschreibe kurz ihre Tätigkeiten. Beurteile, inwiefern diese Arbeit zu den Zielen von Diakonie passt.

- Erläutere an einer Person aus diesem Kapitel, inwiefern sie als Vorbild zeitlos, d.h. immer noch aktuell ist.

Können

- Erstelle einen Beitrag zum Wettbewerb „Wer sind deine Vorbilder?" (Seite 150). In der Ausschreibung hieß es: „Die Form ist dabei ganz dir überlassen: Filme, Fotos, Texte, Songs, Collagen, Comics, Radiosendungen." Legt gemeinsam die Kriterien fest und prämiert die besten drei Beiträge der Klasse.

Anwenden

- Suche eine diakonische Einrichtung auf und erstelle ein Videoporträt eines Mitarbeiters oder einer Mitarbeiterin.

- Gestalte ein T-Shirt: Auf der Vorderseite steht „Ich bin ein Vorbild!" oder „Ich bin kein Vorbild!". Auf der Rückseite nennst du die Gründe für die jeweilige Aussage.

- Schaut euch Ausschnitte des Spielfilms „Gorillas im Nebel" an. Verfasse eine Rezension (eine Besprechung des Films), in der du beurteilst, ob Dian Fossey dort angemessen dargestellt ist.

Bekannte Methoden

Methoden-Karte: (biblische) Geschichten erzählen

Religionen leben von ihren Erzählungen. Wer richtig gut erzählen kann, der erweckt Geschichten zum Leben und zieht die Zuhörer in seinen Bann.

So kannst du vorgehen:
1. Gib deiner Erzählung einen passenden Rahmen durch eine Einleitung und einen Schluss.
2. Schmücke die Erzählung an wichtigen Stellen aus.
3. Beschreibe die Gedanken und Gefühle der Personen so, dass man mitfühlen kann.
4. Verwende wörtliche Rede.
5. Benutze treffende und abwechslungsreiche Adjektive und Verben.
6. Verdeutliche die jeweilige Stimmung der Geschichte, indem du zum Beispiel deine Stimme änderst.
7. Fertige dir einen Spickzettel mit den wichtigsten Stichworten an.

Methoden-Karte: das Placemat-Verfahren durchführen

Placemat heißt „Platzdeckchen". Mit einem unbeschrifteten Mittelfeld und vier freien Außenfeldern bildet es die Grundlage für das Placemat-Verfahren.
Manchmal will sich eine Gruppe auf ein gemeinsames Ergebnis einigen, das von den verschiedenen Vorstellungen der Einzelnen abhängt. Das können Regeln, Werte, Lieblingsthemen oder Schritte einer gemeinsamen Aktion sein. Dann bietet sich die Placemat-Methode an.

So könnt ihr vorgehen:
1. Teilt euch in Vierergruppen auf. Zeichnet in eurer Gruppe die fünf Placemat-Felder auf ein großes Blatt Papier (mindestens DIN A2).
2. Arbeitet zunächst einzeln in je einem der Außenfelder. Notiert dort in einer vereinbarten Zeit, was euch persönlich zum Thema wichtig ist.
3. Stellt euch die Gedanken der einzelnen Gruppenmitglieder gegenseitig vor. Ihr könnt das Papier dazu nach und nach drehen, um die Notizen der anderen zu lesen.
4. Einigt euch in der Gruppe auf das, was euch allen wichtig erscheint. Schreibt das gemeinsame Ergebnis in die Mitte.
5. Vergleicht die Gruppenergebnisse in der Klasse.

Methoden-Karte: eine Bibelstelle finden

In der Bibel gibt es sehr viele verschiedene Bücher. Jedes dieser biblischen Bücher ist in Kapitel, jedes Kapitel in Verse unterteilt. Damit man verschiedene Ausgaben und Übersetzungen nebeneinander benutzen kann, verständigt man sich nicht über Seitenzahlen, sondern sucht nach dem Buch, dem Kapitel und dem Vers.
Bei der Angabe einer Bibelstelle wird das Buch abgekürzt.

So kannst du vorgehen:
1. Schlage das Inhaltsverzeichnis einer Bibel mit den einzelnen Büchern des Alten und Neuen Testaments auf. Achtung: Je nach Bibelausgabe heißen manche Bücher ein wenig unterschiedlich, zum Beispiel „Die Sprüche Salomos" oder „Das Buch der Sprichwörter".
2. Schlage die im Inhaltsverzeichnis angegebene Seitenzahl auf, auf der das gesuchte Buch beginnt.
3. Suche das gewünschte Kapitel, das du an den großen Zahlen erkennst, und dann die Verse (kleine Zahlen). Wenn nur Teile von Versen gemeint sind, steht hinter der Versangabe ein kleines „a" oder „b". Verschiedene Versstücke in einem Kapitel trennt man mit einem Punkt.
4. Wenn du Bibelstellen ähnlichen Inhalts suchst, schlage die klein gedruckten Bibelstellen (Verweise) nach. Sie stehen in manchen Bibelausgaben unter dem betreffenden Vers, manchmal auch unten auf der Seite.

Methoden-Karte: eine Collage gestalten

Eine Collage ist ein Klebebild, das sich aus verschiedenen Materialien zusammensetzt. Dabei geht es nicht darum, irgendetwas zusammenzustellen, sondern mit der Collage auf eine bestimmte Frage eine Antwort zu geben oder ein bestimmtes Thema in seinen vielfältigen Aspekten zu gestalten.

So kannst du vorgehen:
1. Schaue dir die Fragestellung genau an und überlege, was du in deiner Collage darstellen möchtest.
2. Nimm ein großes Blatt Papier oder Karton, mehrere Stifte, eine Schere und Klebstoff.
3. Verwende geeignete Bilder, Fotos, kurze Texte aus Zeitschriften oder anderen Materialien oder eigene Zeichnungen und Texte.
4. Füge die Materialien so zusammen, dass der von dir geplante Gesamteindruck entsteht.

Methoden-Karte: eine Internetrecherche durchführen

Jeder darf Seiten ins Internet stellen. Man findet daher zu fast jedem Thema etwas. Manche Informationen sind aber falsch, schwer verständlich oder nicht für Kinder geeignet. Wer bestimmte Seiten wiederfinden möchte, braucht genaue Angaben – auch, weil die Seiten sich ab und zu verändern oder ganz aus dem Internet herausgenommen werden. Am Anfang ist es gut, wenn dir ein Erwachsener hilft.

So kannst du vorgehen:
1. Wähle eine Suchmaschine, eine Kindersuchmaschine (Blinde Kuh, fragFinn …) oder ein Kinderportal (Internet-Abc → Religion).
2. Überlege dir ein oder mehrere Suchwörter. Diese sollten keine „Allerweltswörter" sein, sondern typisch für deine Recherchefrage.
3. Vergleiche erst die Treffer genau und wähle dann eine passende Seite.
4. Kopiere oder schreibe nur das heraus, was du verstehen kannst.
5. Notiere die genaue(n) Adresse(n) und das Datum, damit andere wissen, wann und wo du die Informationen gefunden hast.

Methoden-Karte: ein Interview führen

Interviews mit verschiedenen Menschen müssen gut vorbereitet sein. Folgende Fragen müssen vorab geklärt werden:
Zu welchem Thema und welchen Aspekten soll die Befragung durchgeführt werden? Wer soll wo und wann interviewt werden? Verläuft das Interview nach einem festen Fragenkatalog? Oder sollen die Interviewten mit Frageimpulsen zu spontanen und freien Äußerungen gebracht werden? (Beides lässt sich auch miteinander kombinieren, indem ihr einige feste Fragen aufschreibt und am Ende noch einen offenen Impuls liefert.) Wie werden die Interviews protokolliert? Wird das Interview in Stichworten notiert oder aufgenommen (nur Ton oder auch mit Bild)? Und wie werden die Ergebnisse in der Klasse präsentiert?
Es ist sinnvoll, das Interviewen in der Klasse auszuprobieren, bevor ihr euch Gesprächspartner/innen außerhalb der Klasse zuwendet.

So könnt ihr vorgehen:
1. Klärt die oben genannten Fragen.
2. Bereitet das Interview vor, indem ihr eure Fragen sehr genau formuliert.
3. Sucht euch Menschen, die ihr befragen könnt. Ihr könnt auch Experten (in diesem Fall z. B. einen Pastor/eine Pastorin oder eine andere Mitarbeiterin/einen anderen Mitarbeiter einer Kirchengemeinde) in die Schule einladen.
4. Führt die Interviews durch.

Methoden-Karte: **einen Kirchenraum erkunden**

Einen Kirchenraum kann man auf verschiedene Weisen erkunden. Wichtig ist es, deine Eindrücke zu den Beobachtungsaufträgen und deine Antworten auf die Untersuchungsfragen schriftlich festzuhalten. Wenn möglich, fertige Skizzen vom Grundriss der Kirche und von besonderen Gegenständen an.

So kannst du vorgehen:
1. **Sich vorbereiten:** Legt Beobachtungsaufträge und Untersuchungsfragen fest. Recherchiert Informationen über die Geschichte des Gebäudes, den Namen und seine Bedeutung. Findet Personen der Gemeinde, die bei Fragen helfen können.
2. **Eintreten:** Gehe einmal außen um die Kirche herum. Was entdeckst du? Die Kirchentür ist eine Schleuse zwischen der Alltagswelt und einem Raum für den Kontakt mit Gott. Wodurch wird dies außen angezeigt?
3. **Einen Weg durch den Raum suchen:** Nimm dir Zeit, still durch den Raum zu gehen. Finde deinen Lieblingsplatz und setze dich. Achte darauf, was du dort hörst, riechst, empfindest und wohin der Raum deine Blicke lenkt.
4. **Verstehen, was man wahrnimmt:** Räume können etwas „sagen" durch die Art, wie sie gestaltet sind. Erkunde, wie der Raum aufgebaut ist und welche Gegenstände sich an welchem Ort befinden. Untersuche, was dies über ihre Bedeutung verrät. Notiere Fragen, wenn dir ein Gegenstand oder seine Funktion unklar erscheinen.
5. **Ausprobieren:** Es ist möglich, zu erproben, wie es klingt und wirkt, in der Kirche gemeinsam einen → Psalm im Wechsel zu sprechen oder ein Lied zu singen.
6. **Nachspüren, was man mitnimmt:** Halte in einer Zeichnung einen Gegenstand oder ein Bild aus der Kirche fest und notiere deine Gedanken und Empfindungen dazu.

Methoden-Karte: **ein Lerntempo-Duett durchführen**

Bei einem Lerntempo-Duett hast du die Möglichkeit, in deiner eigenen Geschwindigkeit zu arbeiten. Die Ergebnisse vergleichst du mit denen eines anderen. Es kommt nicht darauf an, wer am schnellsten ist.

So kannst du vorgehen:
1. Bearbeite die Aufgabe zunächst in Einzelarbeit.
2. Wenn du mit der Aufgabe fertig bist, stehe auf und bleibe so lange an deinem Platz stehen, bis ein anderer Schüler oder eine andere Schülerin in der Klasse ebenfalls aufsteht.
3. Vergleiche nun mit diesem Partner deine Ergebnisse und kehre anschließend an deinen Platz zurück.

Arbeite sorgfältig, aber ohne zu trödeln und verhalte dich in jeder Arbeitsphase leise.

Methoden-Karte: ein Plakat erstellen

Ein Plakat soll „ins Auge springen", damit Menschen die Informationen darauf lesen. Der Platz auf einem Plakat ist begrenzt, deshalb musst du die Informationen gut auswählen und ein Konzept erstellen, bevor du anfängst, das Plakat zu beschriften.

So kannst du vorgehen:
1. Wähle ein Papierformat von mindestens der Größe DIN A1 in einer hellen Farbe.
2. Platziere die Hauptbotschaft an zentraler Stelle (zum Beispiel in der Mitte).
3. Beschränke dich auf die wichtigsten Inhalte („Weniger ist mehr"!).
4. Schreibe Stichworte statt ganzer Sätze. Die Stichworte müssen allerdings auch ohne weitere Erklärung verständlich sein.
5. Schreibe die Texte mit dicken Filzstiften. Die Buchstaben müssen auch von Weitem lesbar sein (Schrift mindestens 3 cm hoch).
6. Füge Bilder oder Fotos ein, sie lockern das Gesamtbild auf.
7. Lasse leere Flächen auf dem Plakat. Wenn man das ganze Plakat voll mit Texten und Bildern hat, mag es niemand mehr lesen.
8. Setze Kästen um wichtige Informationen und arbeite mit verschiedenen Farben. Das erleichtert die Orientierung.

Methoden-Karte: eine Rollenbiografie verfassen

Eine Rollenbiografie hat ihren Platz eigentlich im Theater. Sie hilft, sich in eine bestimmte Person einzufühlen. Dabei darfst du alle Einzelheiten erfinden, die gut zu der Person passen.

So kannst du vorgehen:
1. Sammle die Angaben und Informationen zur jeweiligen Person.
2. Verfasse zunächst einen Rollentext, in dem du folgende Fragen beantwortest:
   - Wie heißt die Person?
   - Wie sieht sie aus?
   - Wie sind ihre Lebensbedingungen?
   - Wo kommt sie her?
   - Was ist für sie wichtig und beschäftigt sie?
   - Wie steht sie zu anderen?
   - Welchem Beruf geht sie nach?
   - Wie sieht sie sich selbst: Fühlt sie sich schwach/sicher/mächtig …?
   - Mit wem lebt die Person zusammen?
   - Welche Ziele verfolgt sie?
   - …
3. Schreibe in Ich-Form und so, wie es die Person selbst tun würde. Du kannst deine Rollenbiografie nutzen, um eine Szene zu spielen.

Methoden-Karte: **ein Soziogramm erstellen**

Ein Soziogramm ist ein Schaubild, das die Beziehungen verschiedener Personen zueinander darstellt. Es macht auch deutlich, welche Gefühle die jeweiligen Personen haben.

So kannst du vorgehen:

1. Schreibe die Namen aller Personen in ausreichendem Abstand auf ein Blatt Papier.
2. Verbinde die Namen mit Pfeilen. Nutze passende Strichstärken und verschiedene Farben.
3. Beschrifte die Pfeile mit Stichworten, wie sich eine Person der anderen gegenüber verhält oder was sie über sie denkt.
4. Notiere weitere Informationen zu einer Person in Stichworten unter- oder oberhalb des Namens, wenn sie dir wichtig erscheinen.

Methoden-Karte: **eine Wandzeitung gestalten**

Eine Wandzeitung ist ein großes Plakat, auf dem Ergebnisse wie in einer Zeitung präsentiert werden: mit Schlagzeilen, Berichten, Fotos, Leserbriefen, Kommentaren oder selbst ausgeschnittenen Artikeln und Bildern. Wie bei einer „richtigen" Zeitung ist eine Wandzeitung ein Gemeinschaftsprodukt.

So könnt ihr vorgehen:

1. Besorgt euch großes Papier, zum Beispiel Restrollen einer Zeitungsdruckerei oder alte Tapetenbahnen.
2. Entscheidet, welche Form oder Textsorte zu welchem Inhalt passt. Ihr könnt euch auch in verschiedene Redaktionsgruppen aufteilen (Berichte, Leserbriefe, Bilder …).
3. Sammelt bis zum Ende des Themas so viele Beiträge wie möglich.
4. Achtet darauf, dass die Schrift groß genug und leserlich ist.

Methoden-Karte: Grafisieren

Durch Grafisieren kann man Texte *anschaulich* machen. Dabei wird das, was sie „sagen", *sichtbar* gemacht, um es so besser erklären zu können.

Veranschaulichen kannst du Dinge durch Zeichen oder kleine Bildchen (zum Beispiel „geboren" durch ein Sternchen *). Du kannst auch Beziehungen zwischen Dingen oder Personen deutlich machen. Hier hast du viele Möglichkeiten: einfache Pfeile, Doppelpfeile, gestrichelte Linien, verschiedene Farben, Symbole.

Natürlich darfst du auch Begriffe oder Namen aus dem Text in deiner Grafisierung verwenden.

So kannst du vorgehen:
1. Lies den Text, den du grafisieren willst, sorgfältig durch.
2. Markiere bei einem zweiten Lesen wichtige Personen, Begriffe und Kernaussagen.
3. Ordne diese Begriffe so an, dass sichtbar wird, in welcher Beziehung sie zueinander stehen.
4. Veranschauliche sie und statte sie mit verbindenden Elementen aus.

Methoden-Karte: Karikaturen interpretieren

Karikaturen sind Zeichnungen, die einen Sachverhalt überspitzt darstellen. Sie haben einen „Witz", die sogenannte Pointe, die entschlüsselt werden muss. Karikaturen sollen zum einen auf einen Missstand hinweisen und zum anderen zum Handeln motivieren. Um Karikaturen zu verstehen, musst du dich gut im Thema auskennen und dir manchmal zusätzliche Informationen beschaffen.

So kannst du vorgehen:
1. Beschreibe die Karikatur genau.
2. Finde den „Witz" der Karikatur.
3. Deute die Karikatur.
4. Bewerte die Aussage des Karikaturisten.

Methoden-Karte: **Mindmapping**

Eine Mindmap ist eine „Gedankenkarte", die sichtbar macht, wie du ein Thema im Kopf strukturierst. Du gehst dazu von einem zentralen Begriff eines bestimmten Themas aus und verfeinerst diesen nach und nach durch weitere Einfälle (Assoziationen).
Mithilfe der Mindmap kannst du Neues erschließen, aber auch Bekanntes strukturieren und üben.

So kannst du vorgehen:
1. Nimm ein großes, weißes Blatt im Querformat. Schreibe das Thema oder den Begriff, um den es geht, groß in die Mitte und kreise ihn ein.
2. Ordne rundherum Schlüsselbegriffe an und verbinde sie durch Äste mit dem Begriff in der Mitte. Die neuen Begriffe sind wie Überschriften verschiedener Kapitel.
3. Gehe von den neuen Begriffen aus und füge weitere Zweige mit Begriffen hinzu. Setze die Wege weiter fort.
4. Gestalte deine Mindmap mit verschiedenen Farben.

Methoden-Karte: **Standbilder inszenieren**

Standbilder sind menschliche Statuen, bei denen eine Aussage in einem „eingefrorenen Bild" zum Ausdruck gebracht wird.

So könnt ihr vorgehen:
1. Verständigt euch in Kleingruppen darüber, was ihr konkret darstellen wollt.
2. Erarbeitet ein Standbild: Was denkt, was fühlt, wie verhält sich die einzelne Person und wie stehen die Personen zueinander? Welche Körperhaltung, welche Mimik entspricht dem, was ihr darstellen wollt? Probt eure Inszenierung.
3. Stellt euer Standbild der Klasse vor. Haltet dabei mindestens zwei Minuten still.
4. Lasst die anderen beschreiben, was sie sehen und wie sie das Gesehene deuten. Sie können auch zum Standbild hinzutreten und den Akteuren ihre Stimme leihen, indem sie ihnen einen Satz in den Mund legen.
5. Vergleicht das, was die anderen in eurem Standbild gesehen haben, mit dem, was ihr darstellen wolltet, und erklärt eure Entscheidungen.

Abkürzungsverzeichnis biblischer Bücher

Altes Testament

Gen	Genesis	Ps	Die Psalmen
	(1 Mose = Das 1. Buch Mose)	Spr	Das Buch der Sprichwörter
Ex	Exodus		(= Die Sprüche Salomos)
	(2 Mose = Das 2. Buch Mose)	Koh	Das Buch Kohelet
Lev	Levitikus		(Pred = Der Prediger Salomo)
	(3 Mose = Das 3. Buch Mose)	Hld	Das Hohelied
Num	Numeri		(= Das Hohelied Salomos)
	(4 Mose = Das 4. Buch Mose)	Weish	Das Buch der Weisheit
Dtn	Deuteronomium		(= Die Weisheit Salomos)
	(5 Mose = Das 5. Buch Mose)	Sir	Das Buch Jesus Sirach
Jos	Das Buch Josua	Jes	Das Buch Jesaja
Ri	Das Buch der Richter	Jer	Das Buch Jeremia
Rut	Das Buch Rut	Klgl	Die Klagelieder des Jeremia
1 Sam	Das 1. Buch Samuel	Bar	Das Buch Baruch
2 Sam	Das 2. Buch Samuel	Ez	Das Buch Ezechiël
1 Kön	Das 1. Buch der Könige		(Hes = Das Buch Hesekiel)
2 Kön	Das 2. Buch der Könige	Dan	Das Buch Daniel
1 Chr	Das 1. Buch der Chronik	Hos	Das Buch Hosea
2 Chr	Das 2. Buch der Chronik	Joel	Das Buch Joel
Esra	Das Buch Esra	Am	Das Buch Amos
Neh	Das Buch Nehemias	Obd	Das Buch Obadja
Tob	Das Buch Tobit	Jona	Das Buch Jona
	(= Das Buch Tobias)	Mi	Das Buch Micha
Jdt	Das Buch Judit	Nah	Das Buch Nahum
Est	Das Buch Ester	Hab	Das Buch Habakuk
1 Makk	Das 1. Buch der Makkabäer	Zef	Das Buch Zefania
2 Makk	Das 2. Buch der Makkabäer	Hag	Das Buch Haggai
Ijob	Das Buch Ijob	Sach	Das Buch Sacharja
	(Hiob = Das Buch Hiob)	Mal	Das Buch Maleachi

Neues Testament

Mt	Matthäusevangelium	1 Tim	1. Timotheusbrief
Mk	Markusevangelium	2 Tim	2. Timotheusbrief
Lk	Lukasevangelium	Tit	Titusbrief
Joh	Johannesevangelium	Phlm	Philemonbrief
Apg	Apostelgeschichte	1 Petr	1. Petrusbrief
Röm	Römerbrief	2 Petr	2. Petrusbrief
1 Kor	1. Korintherbrief	1 Joh	1. Johannesbrief
2 Kor	2. Korintherbrief	2 Joh	2. Johannesbrief
Gal	Galaterbrief	3 Joh	3. Johannesbrief
Eph	Epheserbrief	Hebr	Hebräerbrief
Phil	Philipperbrief	Jak	Jakobusbrief
Kol	Kolosserbrief	Jud	Judasbrief
1 Thess	1. Thessalonicherbrief	Offb	Offenbarung des Johannes
2 Thess	2. Thessalonicherbrief		

Fachbegriffe

Abrahamitische Religionen
Der Begriff betont die enge Verwandtschaft von Judentum, Christentum und Islam. Diesen drei Religionen ist nämlich gemeinsam, dass sie sich auf Abraham berufen können: Juden verstehen sich als Kinder Abrahams, Isaaks und Jakobs. Nach der Geschichte in Gen 32,23–33 bekommt Jakob den Namen „Israel"; das zeigt die enge Verbindung zwischen dem Volk Israel als religiöser Gemeinschaft und den Nachkommen Abrahams. Christinnen und Christen glauben: Das, was Gott Abraham versprochen hat, gilt auch für alle Menschen, die an Jesus Christus glauben. Das Vertrauen Abrahams in die Verheißungen Gottes, ihn zu einem großen Volk zu machen, gilt Christinnen und Christen als vorbildhaft. Muslime sehen in Abraham (arabisch: „Ibrahim") ihren Stammvater, weil sie sich als Nachkommen Ismaëls, des ersten Sohnes Abrahams, bezeichnen.

Apokryphen
sind diejenigen Bücher des Alten Testaments, die nicht in der Hebräischen Bibel stehen, sondern nur in der griechischen Übersetzung der Hebräischen Bibel. Martin Luther hat sie deshalb nicht mit in das Alte Testament aufgenommen, obwohl er sie „gut und nützlich zu lesen" fand. Heutige katholische Bibelausgaben enthalten sie, evangelische in der Regel nicht.

Bar Mizwa/Bat Mizwa
bedeutet „Sohn der Pflicht". Die Bar Mizwa wird gefeiert, wenn ein jüdischer Junge ab dem Alter von 13 Jahren als Erwachsener (im religiösen Sinn) betrachtet wird. Er darf zum Beispiel öffentlich aus der → **Tora** vorlesen. Nach altem Brauch gilt das Fest für Jungen, heute feiern häufig auch Mädchen ihre **Bat Mizwa.**

Bergpredigt
Diese berühmte Rede Jesu hat der Evangelist Matthäus aus Worten Jesu zusammengestellt. Sie umfasst drei Bibelkapitel (Mt 5–7). Sie beginnt mit den sogenannten Seligpreisungen und enthält viele bekannte christliche Lebensregeln: die → **Nächstenliebe** und Feindesliebe, die → **Goldene Regel** und vieles mehr. Als Jude knüpft Jesus an die → **Tora** an. Genau in der Mitte der Bergpredigt steht das Vaterunser. Der Name „Bergpredigt" kommt daher, dass Jesus zu Beginn auf einen Berg steigt (Mt 5,1f.).

Davidstern
ist nach König David benannt. Er besteht aus zwei Dreiecken: Das eine zeigt mit der Spitze nach oben, das andere nach unten. Der Davidstern ist ein Symbol für die jüdische Religion und das Volk Israel.

Diakonie
bedeutet übersetzt „Dienst". Zur christlichen → **Nächstenliebe** gehört es, anderen Menschen zu helfen und ihnen beizustehen. Daher ist „Diakonie" eine wichtige Aufgabe der Kirche. Zur evangelischen Kirche gehört das „Diakonische Werk", das Kindergärten, Altenheime, Krankenhäuser und viele weitere Einrichtungen betreibt. Etwa die Hälfte der Mitarbeiterinnen und Mitarbeiter arbeitet ehrenamtlich, erweist also den Menschen in der jeweiligen diakonischen Einrichtung ihren „Dienst" ohne eine geldliche Gegenleistung.

Doppelgebot der Liebe
Jesus betont, dass die Nächstenliebe und die Liebe zu Gott zusammengehören. Beides zusammen ist für ihn das höchste → **Gebot** (Mk 12,28–34). „Doppelgebot" wird es genannt, weil man es auffassen kann wie eine Münze mit zwei Seiten. Es gibt viele Gründe dafür, Gottes- und Nächstenliebe zusammen zu denken. Jeder Mensch ist als Ebenbild Gottes geschaffen. Außerdem liebt Gott den Menschen. Wer Gott verehren will, muss also auch seinen Nächsten lieben – und umgekehrt.

evangelikal

nennt man Gruppierungen und theologische Anschauungen innerhalb der evangelischen → **Konfessionen**, die die unbedingte Autorität der Bibel vertreten. Meistens ist damit auch die Forderung verbunden, man müsse oder solle als „richtige" Christin oder „richtiger" Christ eine persönliche Beziehung zu Jesus Christus haben. Für eine solche Beziehung kann man sich, so denken evangelikale Christinnen und Christen, aufgrund individueller Erweckungs- und Bekehrungserlebnisse entscheiden. Deshalb spielen missionarische Aktivitäten, sogenannte Evangelisationen, innerhalb evangelikaler Gemeinschaften eine große Rolle. Evangelikal ist nicht gleichbedeutend mit → **fundamentalistisch**.

evangelisch

Mit der → **Reformation** entstanden weitere → **Konfessionen**. Diese Konfessionen unterscheiden sich in einigen Auffassungen und Gebräuchen. „Evangelisch" bedeutet: allein auf das → **Evangelium** bezogen. In der katholischen Kirche haben auch der Papst und andere Kirchenleute großen Einfluss, weil ihr Amt als heilig gilt. Das fanden Martin Luther und andere Reformatoren nicht richtig. Als Substantiv zu „evangelisch" verwendet man meistens „Protestantin"/„Protestant". Diese Bezeichnung geht auf den feierlichen Protest der evangelischen Reichsstände auf dem Reichstag zu Speyer (1529) zurück.

Evangelium

kommt aus dem Griechischen und bedeutet wörtlich „gute" oder „frohe Botschaft". Im engeren Sinn bezeichnet Evangelium eines der vier Evangelien (Mt, Mk, Lk, Joh). Man gebraucht es aber auch für die gute Botschaft insgesamt, also für das ganze Neue Testament, manchmal auch für die ganze christliche Bibel.

fundamentalistisch

ist eine geistige Haltung, die durch kompromissloses Festhalten an religiösen (oder ideologischen) Grundsätzen gekennzeichnet ist. Besonders bei fundamentalistischen Christinnen und Christen in den USA ist dies verbunden mit einer Ablehnung historischer oder sprachlicher Forschungsmethoden in Bezug auf die Bibel, die als irrtumsfreies und direkt von Gott inspiriertes Wort gilt. Die Erkenntnisse der modernen Naturwissenschaften werden als Angriff auf den Glauben empfunden und entsprechend bekämpft.

Gebet

Ein Gebet ist eine Zwiesprache mit Gott. Dabei gibt es feste Formen, aber man kann auch ganz formlos mit Gott sprechen. Gebete enden meistens mit dem Wort „Amen". Wer betet, vertraut darauf, dass Gott ihn hört. Es gibt viele verschiedene Arten: Man kann sprechend, singend oder in der Stille beten. Man kann Gott danken oder klagen, man kann ihn loben oder für sich selbst und andere bitten. Man kann mit eigenen Worten beten oder gemeinsame Texte (zum Beispiel → **Psalmen**) sprechen.
Häufig steht man und faltet die Hände, um sich auf Gott zu konzentrieren. Katholische Christinnen und Christen knien, um ihren Respekt vor Gott auszudrücken. In einigen Familien sind Tisch- oder Nachtgebete üblich. Das wichtigste christliche Gebet ist das Vaterunser, das Jesus seinen Jüngern beigebracht hat und das normalerweise in jedem Gottesdienst gebetet wird. In manchen Religionen gibt es feste Gebetszeiten und Gebräuche wie Waschung und Kopfbedeckung.

Gebot

Ein Gebot (oder Verbot) ist eine religiöse Vorschrift. In manchen Religionen spielen zum Beispiel Speisegebote eine Rolle. Anders als bei Geboten und Verboten im Straßenverkehr kommt es in der Religion aber auch auf die innere Einstellung an. Im Alten Testament erhält Mose auf zwei Steintafeln die Zehn Gebote (Ex 20,1–17). Jesus antwortet auf die Frage, welches das höchste Gebot sei, mit dem → **Doppelgebot der Liebe**.

Genesis

ist ein griechisches Wort. Es ist der Name für das 1. Buch Mose und bedeutet „Entstehung". Das erste Buch der Bibel beginnt nämlich mit Texten, die Gott als → **Schöpfer** preisen.

Gerechtigkeit (menschlich)

ist dann gegeben, wenn Güter, aber auch Chancen fair verteilt sind. Ob es gerecht ist,

• wenn jeder gleich viel bekommt,
• wenn jeder bekommt, was er verdient oder
• wenn jeder bekommt, was er benötigt, ist manchmal schwer zu entscheiden. Klar ist: Ungerecht behandelt zu werden, tut weh. Christinnen und Christen glauben, dass Ungerechtigkeiten beseitigt werden können, wenn Menschen aus Barmherzigkeit und → **Nächstenliebe** handeln und sich an die → **Gebote** Gottes halten.

Gerechtigkeit (Gottes)

wurde lange nur so verstanden, dass Gott jeden Menschen so behandelt, wie er oder sie es auch verdient hat. Da niemand ohne Sünde ist, hatten die Menschen natürlich große Angst vor höllischen Strafen. Gottes Gerechtigkeit ist anders als die eines Richters: Aus Barmherzigkeit macht er alle Menschen gerecht (→ **Rechtfertigung**). Wie anders Gottes Gerechtigkeit ist, kann man zum Beispiel im → **Gleichnis** von den Arbeitern im Weinberg erfahren (Mt 20,1–15).

Gleichnis

Gleichnisse sind kleine fiktive Erzählungen, die einen Vergleich mit etwas Alltäglichem aus der Lebenswelt der Zeitgenossen Jesu enthalten. Dadurch sollten die Menschen Jesu Botschaft besser verstehen. Manches kann man nur schwer begreifen oder sich kaum vorstellen, zum Beispiel das → **Reich Gottes**. Jesus wollte den Menschen aber von Gott erzählen und die Freude weitergeben. Deshalb erzählte er in Gleichnissen: Gott ist wie ein Hirte oder Vater, das Reich Gottes wie ein riesiger Baum, der aus einem winzigen Senfkorn wächst.

Gnade

bedeutet, dass Gott den Menschen liebt und erlöst, obwohl er es eigentlich nicht verdient hat. Christinnen und Christen glauben, dass kein Mensch ohne Sünde ist. Das heißt: Niemand verlässt sich vollkommen auf Gott, und wir leben nicht in Gottes Gegenwart wie in paradiesischen Zeiten. Die biblische Geschichte vom Sündenfall macht das deutlich. Dass Gott den Menschen trotzdem annimmt, ist wie ein Geschenk und wird als Gnade bezeichnet.

Goldene Regel

ist ein sehr alter und in vielen Religionen bekannter Grundsatz: Jeden soll man so behandeln, wie man selbst auch behandelt werden möchte. Jesus spricht die Regel in der → **Bergpredigt** aus (Mt 7,12).

Götze

ist ein abwertender Begriff für einen falschen Gott, einen sogenannten Abgott. Am Anfang der Zehn Gebote wird vor Götzendienst gewarnt: „Du sollst keine anderen Götter haben neben mir!" (Ex 20,3). Bilder und Statuen werden besonders scharf abgelehnt. Das bekannteste biblische Beispiel für ein Götzenbild ist das Goldene Kalb (Ex 32,1–4). Man kann aber auch von Götzen sprechen, wenn Menschen ihr ganzes Herz an Geld, Macht, oder andere Dinge hängen.

Imam

kommt aus dem Arabischen und bezeichnet denjenigen, der in der → **Moschee** von der Gebetsnische aus das Gebet anleitet. Oftmals sind Imame ausgebildete Religionsgelehrte, haben zum Beispiel Islamwissenschaften studiert und einen akademischen Abschluss.

katholisch → evangelisch

Kiddusch

ist der Segenspruch, der am → **Sabbat** und an anderen jüdischen Feiertagen unmittelbar vor dem Essen über einem Becher Wein gesprochen wird.

Konfession

ist ein lateinisches Wort. Es heißt „Bekenntnis" und wird benutzt für eine Untergruppe einer Religion. Im Christentum gibt es die → **evangelische**, die **katholische**, aber auch noch viele andere Konfessionen.

Koran

ist die heilige Schrift der Muslime. Die insgesamt 114 Abschnitte heißen Suren. Der Koran gilt Muslimen als direktes Wort Gottes. Die einzelnen Suren sind Muhammad in den Jahren von 610 bis ca. 630 n. Chr. „ins Herz" (beziehungsweise vom Erzengel Gabriel „auf die Zunge") geschrieben worden. Das bedeutet: Anders als die Bibel kann man den Koran nach muslimischer Auffassung nicht wirklich in eine andere Sprache übersetzen. Viele Muslime studieren daher den arabischen Text oder lernen ihn auswendig.

Mennoniten

sind eine evangelische Glaubensgemeinschaft, die zu den Freikirchen gehört und aus der Täuferbewegung hervorgegangen ist. Täufer (englisch: Baptisten) befürworten die Taufe im Erwachsenenalter als bewusste Glaubensentscheidung.

Menora

Die Menora ist ein siebenarmiger Leuchter und eines der wichtigsten religiösen Symbole des Judentums. Sie ist nicht zu verwechseln mit dem achtarmigen Chanukka-Leuchter (von dem es auch Exemplare gibt, denen eine neunte Leuchte hinzugefügt ist, von der dann das Licht zum Entzünden der „eigentlichen" Chanukka-Lichter genommen wird). Die Menora wurde bei der Staatsgründung Israels in das Staatswappen aufgenommen. Der → **Davidstern**, ein anderes religiöses Symbol des Judentums, ist auf der israelischen Flagge abgebildet.

Menschenwürde

ist der Ausdruck dafür, dass jeder Mensch wertvoll ist und dieselben Rechte hat. Seine Eigenschaften (Alter, Aussehen, Krankheit) spielen dabei keine Rolle. Kein Mensch kann seine Menschenwürde verlieren, auch wenn er sich schlecht verhält. Deshalb stehen auch allen die Menschenrechte zu. Das sehen in Europa fast alle Menschen so, Christinnen und Christen aber auf jeden Fall. Denn die Bibel stellt heraus, dass jeder Mensch als Ebenbild Gottes erschaffen wurde (Gen 1,27).

Messe

ist die Kurzbezeichnung des katholischen Gottesdienstes. Die „Heilige Messe" besteht aus zwei Teilen: dem „Wortgottesdienst", an dem auch Nicht-Katholiken teilnehmen können, und der „Eucharistiefeier", in deren Mittelpunkt die „Kommunion" (Abendmahl) steht. → Ökumenische Gottesdienste können nur aus einem Wortgottesdienst bestehen und gelten deshalb nicht als Ersatz für die Teilnahme an einer „Heiligen Messe".

Messias

ist ein hebräisches Wort. Es bedeutet dasselbe wie das griechische Wort „Christus": der Gesalbte. Wer gesalbt wurde, war für ein wichtiges Amt ausgewählt. Im Alten Testament wird ein von Gott Gesalbter vorhergesagt, der die Welt rettet und Frieden für immer bringt. Juden erwarten den Messias noch. Christinnen und Christen glauben, dass Jesus dieser Friedensbringer ist. Deshalb nennen sie ihn Jesus „Christus" – Jesus, der Messias.

Moschee

Das Gotteshaus der Muslime wird für viele Zwecke genutzt, vor allem aber für das gemeinschaftliche → **Gebet**. Große Moscheen sind in der Regel prächtig geschmückt und haben Minarette (Türme), von denen der → **Muezzin** fünfmal täglich zum Gebet ruft. Deutsche Moscheen bestehen oft aus einfachen, unauffälligen Räumen.

Muezzin

Der Muezzin gehört zum Personal einer → **Moschee**. Er ist dafür zuständig, fünf Mal täglich mit einem bestimmten festgelegten Text die Muslime an ihr Gebet zu erinnern.

Jeder Gebetsruf beginnt mit den Worten „Allahu akbar", auf Deutsch: „Gott ist groß!"

Nachfolge

bedeutete ursprünglich, Anhänger Jesu zu werden und mit ihm zu gehen. Später wurde „Nachfolge" auf alle Gläubigen ausgedehnt: Wer Jesus „nachfolgt", führt ein Leben in seinem Sinne, also im Dienst von Frieden, Liebe und → **Gerechtigkeit**. Das ist zwar nicht immer bequem, aber mit einem sinnerfüllten Leben verbunden.

Nächstenliebe

bedeutet, andere Menschen mit ihren Fehlern und Schwächen anzuerkennen und ihnen zu helfen. Manche Leute glauben, man müsse sich deshalb selbst aufgeben. Nächstenliebe ist aber nur möglich, wenn man sich selbst annimmt (→ **Selbstannahme**). Auch Jesus forderte beides: „Liebe deinen Nächsten – wie dich selbst." Er betont, dass die Nächstenliebe und die Liebe zu Gott zusammengehören (→ **Doppelgebot der Liebe**). Für die Kirche ist es daher wichtig, sich für Behinderte, Alte und Kranke einzusetzen und auf anderen Feldern der → **Diakonie** Einsatz zu zeigen.

Ökumene

ist ein griechisches Wort und bedeutet „die ganze bewohnte Erde". Man benutzt es, um die Gemeinsamkeit von verschiedenen → **Konfessionen** zu betonen.

Paramente

nennt man die Behänge vor Altar, Kanzel und Lesepult. Im weiteren Sinne meint man damit auch liturgische Kleidungsstücke. In lutherischen Kirchen zeigen die Paramente die liturgischen Farben des jeweiligen Sonntags oder Festes an. In → **reformierten** Kirchen gibt es keine solche Tradition.

Pfingsten

liegt 50 Tage nach Ostern und zehn Tage nach Christi Himmelfahrt. Die → **Wundergeschichte** Apg 2,1ff. erzählt, wie die zwölf Apostel nach einem gewaltigen Brausen mit Flammen über den Köpfen vom Heiligen Geist erfüllt werden. Auch wenn die Bedeutung von Pfingsten oft wenig bekannt ist, handelt es sich um ein wichtiges Fest: Es bekräftigt, dass die Frohe Botschaft Jesu Christi auch nach seiner Himmelfahrt weiterlebt und weitergegeben werden kann. Gott unterstützt die Menschen durch seinen Heiligen Geist. Pfingsten ist daher das Gründungsfest der Kirche.

Pharisäer

Zur Zeit Jesu gab es verschiedene religiöse Gruppen im Judentum, unter anderem die Pharisäer. Wie die → **Sadduzäer** achteten sie darauf, dass die → **Tora** eingehalten wurde. Aber sie waren auch bereit, über die religiösen Vorschriften zu diskutieren und zu streiten. Im Neuen Testament erscheinen die Pharisäer als Gegner Jesu. „Pharisäer" ist deshalb noch heute ein Schimpfwort für jemanden, der etwas fordert, an das er sich selbst nicht hält. In Wirklichkeit stand Jesus dieser Gruppe sehr nahe.

Priestertum aller Gläubigen

In der Zeit der → **Reformation** kritisierte Martin Luther den Unterschied zwischen geweihten Priestern und nicht geweihten Laien. Er fand falsch, dass manche Menschen Gott wegen ihres Amtes näher stehen sollten als andere Christinnen und Christen. „Allgemeines Priestertum" bedeutet: Alle, die getauft sind, können die Frohe Botschaft verbreiten. Durch den Glauben an Jesus Christus sind sie vollständig mit Gott verbunden. Auch in der evangelischen Kirche wird Pastorinnen und Pastoren ihr Amt feierlich übertragen (Ordination). Das zeigt, dass nicht einfach jeder ohne weitere Ausbildung und Beauftragung durch die Kirche als Pastorin oder Pastor arbeiten kann. Aber anders als in der katholischen Kirche, in der nur unverheiratete Männer Priester werden können, werden evangelische Pfarrerinnen und Pfarrer nicht geweiht, heißen auch nicht ‚Priester' und bilden gegenüber der Gemeinde keinen besonderen herausgehobenen Stand von Glaubenden.

Prophet

kann mit „Hervorsager" übersetzt werden. Prophetinnen und Propheten kündigen Heil oder Unheil an, indem sie sich auf den Willen Gottes berufen. Sie sehen warnend auf das Verhalten der Menschen ihrer Zeit. Im Alten Testament findet man längere Prophetenbücher und eine Sammlung von zwölf „kleinen Propheten", im Neuen Testament werden Johannes der Täufer und gelegentlich Jesus als Propheten bezeichnet. Auch heute gibt es Menschen, die auf Unrecht und falsches Verhalten hinweisen und viel mit den alten Propheten gemeinsam haben.
Der Islam nennt viele Propheten und Gesandte, von denen Muhammad als der letzte und wichtigste bezeichnet wird.

Psalm

Die Bezeichnung „Psalm" geht auf den griechischen Begriff für „Saitenlied" zurück, also ein Lied, das mit einem Saiteninstrument (*psalterion*) begleitet wurde. Die Psalmen sind poetische Texte, die meisten sind Gebete, nur wenige (zum Beispiel Ps 49) enthalten keine direkte Anrede an Gott. Man unterscheidet den individuellen Klage- und Bittpsalm, den kollektiven Klage- und Bittpsalm, den individuellen Dankpsalm und den kollektiven Lobpsalm. Im christlichen Gottesdienst spricht man die Psalmen meist im Wechsel: Deshalb sind im Gesangbuch manche Verse eingerückt. Im Buch „Der Psalter" im Alten Testament sind 150 Psalmen gesammelt.

Rechtfertigung

bedeutet, dass Gott von der Sünde und Schwäche befreit, die tief in jedem steckt. Kein Mensch kann (und muss!) sich die Liebe Gottes selbst verdienen, etwa durch gute Taten. *Allein durch Jesus Christus* ist der Mensch gerettet, *allein* der Glaube macht ihn frei, und das ist *allein der → Gnade* Gottes zu verdanken. Diese große Entdeckung Martin Luthers ist für die evangelische Kirche grundlegend.
In heutiger Sprache kann man sagen: „Auch wenn du oft einsam bist, am Sinn des Lebens zweifelst und an dich selbst denkst: Du bist ein geliebter und wertvoller Mensch." Wer darauf vertraut, bekommt die Kraft, auch freundlicher auf andere zu sehen, diese Botschaft weiterzugeben und zum Guten beizutragen.

Reformation

bedeutet wörtlich „Erneuerung". Als Reformationstag wird der 31. Oktober gefeiert. An diesem Tag im Jahr 1517 soll Martin Luther 95 Thesen (Lehrsätze) veröffentlicht haben (ob tatsächlich an der Schlosskirche zu Wittenberg kann man heute nicht mehr sagen), die seine auch vorher immer wieder schon geäußerten Gedanken auf den Punkt brachten. Unter anderem kritisierte Luther darin die Rolle der Kirche: Niemand könne sich mit Geld von Sündenstrafen freikaufen (Ablass). Der Mensch sei schon durch den Tod Jesu Christi „gerechtfertigt" (→ **Rechtfertigung**). Das löste Auseinandersetzungen um den rechten Glauben aus, in die sich Herrscher, Kirchenleute und weitere Reformatoren einschalteten. Die „Erneuerung" endete mit der Entstehung weiterer → **Konfessionen**. Die Reformationszeit veränderte die Welt. Die Freiheit des Einzelnen war wichtig geworden.

reformiert

Evangelisch-reformiert nennen sich die protestantischen Kirchen, die den Schweizer Reformatoren Johannes Calvin und Ulrich Zwingli folgen. Typisch für reformierte Kirchen ist, dass die einzelnen Gemeinden sehr selbstständig sind, dass es keine Bilder im Kirchenraum gibt und dass die Predigt sehr wichtig ist. In Deutschland sind zwei der 20 Landeskirchen reformiert.

Reich Gottes

ist ein Ausdruck für eine vollkommen gute Welt, in der nichts gegen Gottes Willen verstößt. Im Vaterunser bitten wir darum: „Dein Reich komme". Jesus hat in → **Gleichnissen** von diesem kommenden Himmelreich erzählt und in seinen Wundern (→ **Wundergeschichte**) Menschen erfahren lassen, wie sich die Gottesherrschaft anfühlt. So wird für die, die Jesus nachfolgen, ein Stück des Himmelreiches schon Wirklichkeit.

Sabbat (Schabbat)

bedeutet „Ruhetag". Für Juden ist der siebte Wochentag heilig. Es darf nicht gearbeitet werden. Der Sabbat beginnt am Freitagabend und endet am Samstagabend.

Sadduzäer

Zur Zeit Jesu gab es verschiedene religiöse Gruppen im Judentum, unter anderem die Sadduzäer. Sie achteten sehr genau darauf, dass die → **Tora** eingehalten wurde. Neuerungen wollten sie nicht. Viele Sadduzäer waren Priester, sie kamen wahrscheinlich aus adligen und reichen Familien.

Sakramente (Taufe und Abendmahl)

sind sichtbare Zeichen, die die Zuwendung Gottes zu den Menschen besonders spürbar machen. Nach evangelischem Verständnis müssen sie von Jesus eingesetzt sein. Daher gelten nur Taufe und Abendmahl als Sakramente. Sie wirken – unabhängig von der Würdigkeit des Spendenden – im Glauben. In der katholischen Kirche gibt es sieben Sakramente: neben Taufe und Eucharistie (Abendmahl) auch Ehe, Beichte, Krankensalbung, Firmung und Priesterweihe (anders: → **Priestertum aller Gläubigen**). Sie wirken aufgrund des richtigen Vollzugs der Handlung, also unabhängig von Rechtschaffenheit des Spenders der Sakramente. Zeichen der Taufe ist das Wasser. Schon Jesus wurde von Johannes dem Täufer im Jordan getauft. Die Taufformel lautet: „Ich taufe dich im Namen des Vaters und des Sohnes und des Heiligen Geistes". Taufe bedeutet: Du gehörst zu Gott und bist wie neu geboren.
Das Abendmahl hat zwei Zeichen: Brot und Wein. Denn beim letzten Abendmahl mit seinen Jüngern hat sich Jesus selbst mit Brot und Wein verbunden. Die Evangelien nach Matthäus, Markus und Lukas erzählen davon, aber auch schon Paulus in 1 Kor 11,23–26.

Schofar

Der Schofar oder das Schofarhorn wird in der Regel aus Widderhorn gefertigt und dient im Judentum als religiöses Signalhorn, das zur Besinnung und Umkehr ruft. Es wird beim jüdischen Neujahrsfest und an Jom Kippur, dem Versöhnungsfest, geblasen.

Schöpfer

ist der Ausdruck für jemanden, der etwas „erschaffen" oder „geschaffen" hat. Wenn man Gott „Schöpfer" nennt, drückt man aus: Alles kommt von Gott, Himmel und Erde, aber auch der Mensch.

Schuld und Vergebung

Wenn jemand einem anderen Unrecht getan hat, bekommt er meistens Schuldgefühle, ein schlechtes Gewissen. Es tut gut, wenn der andere dann eine „Ent-Schuldigung" annimmt, also verzeiht oder vergibt.
Religiös gesehen ist jede Schuld zugleich ein Verstoß gegen die → **Gebote** Gottes. Deshalb gibt es im Vaterunser die Bitte: „Und vergib uns unsere Schuld, wie auch wir vergeben unseren Schuldigern." Der christliche Glaube sieht in jedem Menschen den Drang, sich von Gott ab- und dem Bösen zuzuwenden. Diese grundsätzliche Schuld nennt man „Sünde". Zugleich ist durch die Taufe und den Glauben dem Bösen im Menschen sein Recht bestritten und das Ende seiner Macht angesagt.

Selbstannahme

bedeutet, sich selbst mit seinen eigenen Fehlern und Schwächen anzuerkennen. Kein Mensch ist fehlerlos. Christinnen und Christen glauben deshalb, dass alle Menschen auf Gott angewiesen sind. Weil Gott aber alle Menschen liebt, kann jeder Mensch sich selbst annehmen. Erst wenn das gelingt, wird auch → **Nächstenliebe** möglich.

Sufi

Im Islam existieren viele verschiedene Strömungen wie Sunniten, Schiiten, Aleviten oder Sufis. Ziel der Sufis ist die Vereinigung mit Gott. Die kann zum Beispiel erreicht werden durch Anhören und Singen von bestimmten Liedern, durch Tanzen in rhythmischen Bewegungen und durch Andachtsübungen.

Sunna

Neben dem Koran ist die Sunna die zweite Erkenntnisquelle des Islam. Man meint damit die Handlungsweisen Muhammads, dem die Muslime nacheifern sollen, und zwar sowohl im religiösen als auch im alltäglichen Leben.

Synagoge

heißt das Gebäude, in dem Juden gemeinsam beten und den → **Sabbat** feiern. Außerdem gibt es Räume zum Lernen oder Versammlungsräume. Zu jeder Synagoge gehören bestimmte Dinge wie ein Schrein für die → **Tora**. Auch Jesus war Jude und ging in die Synagoge.

Talar

Langes, meist schwarzes Obergewand, das heute von Professoren, Geistlichen und Juristen als Amtstracht getragen wird. Ursprünglich war der Talar die Ausgehkleidung der Professoren an mittelalterlichen Universitäten. Es handelte sich nicht um ein liturgisch-sakrales Kleidungsstück, sondern um Alltagskleidung, die von verschiedenen Berufsgruppen getragen wurde.

Talmud

ist ein hebräisches Wort und heißt übersetzt so viel wie „Belehrung" oder „Lehre". Der Talmud besteht aus zwei Teilen: der Mischna („Wiederholung" – gemeint ist die Wiederholung der mündlichen Lehre, die Mose neben der → **Tora** am Sinai bekommen hat) und der Gemara („Diskussion" – gemeint sind die ergänzenden Erläuterungen und Kommentare zur Mischna). Im Talmud werden die 613 Gebote und Verbote der Tora erklärt, also zum Beispiel die Speisevorschriften, die Anweisungen für die Gestaltung des → **Sabbats** und der anderen Festtage oder Vorgaben für die Hochzeit, Ehe und Ehescheidung. Außerdem werden im Talmud Fragen des Zivil-,

Schadens- und Strafrechts geklärt. Antworten auf wichtige Fragen des Lebens sind also darin zu finden, weshalb der Talmud als wichtigstes Buch neben der Tora gilt.
Die Erläuterungen der Ge- und Verbote haben vor langer Zeit Rabbiner in Form von Geschichten und Gleichnissen zu Papier gebracht; Rabbi Schlomo ben Jitzchak und seine Schüler haben sie später kommentiert.

Tanach

ist die Hebräische Bibel der Juden, die aus drei Teilen besteht: T steht für Tora, N steht für Newiim (das sind die Bücher der → **Propheten**) und CH (= K) steht für Ketuvim (das heißt übersetzt „Schriften"; sie werden noch einmal unterteilt in die poetischen Schriften: die Psalmen, Sprüche und Hiob; die „fünf Rollen": Hoheslied, Rut, Klagelieder, Kohelet und Esther; und die geschichtlichen Schriften: Daniel, Esra, Nehemia und Chroniken I und II).

Tora

ist ein hebräisches Wort und heißt „Lehre" oder „Weisung". Im Alten Testament wird Tora für Einzelbestimmungen, für das fünfte Buch Mose und für die fünf Bücher Mose insgesamt gebraucht. Im nachbiblischen Judentum wurde Tora zu einem umfassenden Inbegriff für alle Weisungen, das heißt für die gesamte Bibel („schriftliche Tora") und für die gesammelten Auslegungen („mündliche Tora"). Meistens meint man mit „Tora" die fünf Bücher Mose. In → **Synagogen** wird die Tora in Form von Schriftrollen aufbewahrt, die mit der Hand beschrieben wurden. Sie sind sehr kostbar und werden in einem eigenen „Tora-Schrein" aufbewahrt.

Wundergeschichte

Eine Wundergeschichte erzählt von einem erstaunlichen Ereignis, das dadurch erklärt wird, dass Gottes Macht eine Rolle spielt. Im Neuen Testament sind etwa 30 Wundergeschichten Jesu zu finden, zum Beispiel Heilungen oder Auferweckungsgeschichten. Diese Wunder sind keine Tatsachenberichte, sondern Erzählungen. Ihr Sinn liegt darin, dass sie etwas über Jesus und das → **Reich Gottes** sagen, aber auch über die Erfahrungen, die Menschen mit Jesus und Gott gemacht haben: Die Erfahrung, dass Gottes Macht in unserem Leben wirksam wird.

Zeloten

Zur Zeit Jesu gab es verschiedene religiöse Gruppen, unter anderem die Zeloten.
Wie alle Juden hofften auch sie auf den → **Messias**. Aber sie glaubten, für den Frieden kämpfen zu müssen. Von der Herrschaft der Römer wollten sie sich mit Waffen befreien.

Textquellenverzeichnis

10 PAUL B., KÖLN, Die Gewissensfrage, in: Dr. Dr. Rainer Erlinger, Die Gewissensfrage, aus: Süddeutsche Zeitung. Magazin. Heft 15/2007, auch unter: http://sz-magazin.sueddeutsche.de/texte/anzeigen/2693; **13** von Christian Heinrich, Tobias Hürter, Stefanie Kara und Claudia Wüstenhagen, Die Kunst der Entscheidung, in: ZEIT Wissen Nr. 6/2011 v. 11.10.2011, auch auf: http://www.zeit.de/zeit-wissen/2011/06/Entscheidungen, 30.11.2016; **15** Die Toten Hosen: Gewissen. Text: Andreas Frege. © copyright 1993 by Edition Die Toten Hosen – weltweit; **16** 100 Worte Gerechtigkeit, v. 26.05.2006, auf: http://saarbruecken.katholikentag.de/100-worte-gerechtigkeit/index.php?page=4; **17** Aus: Grundgesetz mit Vertrag über die abschließende Regelung in bezug auf Deutschland, Menschenrechtskonvention, Bundesverfassungsgerichtsgesetz, Parteiengesetz und Gesetz über den Petitionsausschuß. München 2001, Seite 13; **18/19** aus: Laubi, Werner: Geschichten zur Bibel. Elia, Amos, Jesaja: Ein Erzählbuch für Schule, Familie und Gemeinde, Verlage Benziger und Kaufmann, Zürich u. a. 1983, leicht verändert und gekürzt.; **21** Gute Nachricht Bibel. Altes und Neues Testament. © 2000 Deutsche Bibelgesellschaft, Stuttgart; **22** Gutes tun? Ehrensache! Wie Kinder sich für andere einsetzen, v. 19.08.2011, auf: http://www.spiegel.de/deinspiegel/0,1518,776634,00.html, 26.03.2012, leicht verändert; **24** Tim Bendzko: Keine Maschine. Text: Tim Bendzko. © Universal Music Publishing GmbH, Berlin; **25** Lutherbibel. Bibeltext in der revidierten Fassung von 1984. Herausgegeben von der Evangelischen Kirche in Deutschland. © 2006 Deutsche Bibelgesellschaft, Stuttgart; **26** Martin Luther, Auslegung des 1. Gebotes im Großen Katechismus, auf: https://www.ekd.de/glauben/grundlagen/grosser_katechismus-erste-gebot-13480.htm, 4.12.2016; **30** Ich heirate mich selbst. Eine Niederländerin hat endlich die Single-Ehe durchgesetzt, aus: Frankfurter Rundschau vom 18.02.2003, gekürzt und leicht geändert; **32** Gute Nachricht Bibel. Altes und Neues Testament. © 2000 Deutsche Bibelgesellschaft, Stuttgart; **32** Gute Nachricht Bibel. Altes und Neues Testament. © 2000 Deutsche Bibelgesellschaft, Stuttgart; **33** aus: Jürgen Ebach: Mensch, wo bist du? Beobachtungen zur Losung des Deutschen Evangelischen Kirchentags 2009 in Bremen und zu ihrem biblischen Bezugstext in 1. Mose 3. Sonderdruck des Dt. Ev. Kirchentages, gekürzt und leicht geändert; **33** Eva aus Sicht der feministischen Theologie, aus: Phyllis Trible: Eva und die Schlange. In: Moltmann-Wendel, Elisabeth (Hg.): Frauenbefreiung. 2. Aufl. München 1978. S. 93 ff., gekürzt. Chr. Kaiser Verlag; **34** Zitat nach Wilfried Härle, zitiert nach: Wilfried Härle, Dogmatik, Berlin 2. Auflage 2000, S. 459, leicht geändert. De Gruyter; **36** (c) Merle Büter (Autorentext); **37** Burgess, Melvin: Billy Elliot. I will dance. Ravensburger S. 60 ff., gekürzt; **38** Viele homosexuelle Christen leiden in fundamentalistischen Gemeinden, v. 07.04.2009, aus: http://www.3sat.de/page/?source=/kulturzeit/themen/132782/index.html; **38** Jan Heinisch, Verbotene Liebe?, aus: Lauffeuer 11/2002; **39** aus: Manfred Kock: Störung der Ökumene? Streit über homosexuelle Paare im Pfarrhaus. Nicht trennend. Die biblische Ablehnung der Homosexualität meint etwas anderes. In: zeitzeichen 6/2011, S. 47, gekürzt; **39** aus: Stellungnahme der HuK vom 13.02.2011, Erklärung des Vorstands zur Debatte über lesbische und schwule PfarrerInnen im Pfarrhaus, www.huk.org/cms/front_content.php?idart=459&lang=1; **40** http://www.personalausweisportal.de/DE/Buergerinnen-und-Buerger/Der-Personalausweis/der-personalausweis_node.html und http://www.personalausweisportal.de/DE/Buergerinnen-und-Buerger/Der-Personalausweis/Beantragung/beantragung_node.html; **42** Gabi Schlag/ Benno Wenz: Folgen der Selbstdarstellung Ich im Netz, In: SWR2 Wissen, v. 19.12.2015, bearb. v. Ulrike Barwanietz & Ralf Kölbel, unter: http://www.swr.de/swr2/programm/sendungen/wissen/ich-im-netz/-/id=660374/did=16215042/nid=660374/1rw0oca/index.html, 7.11.2016; **43** Daniel Miller: Das wilde Netzwerk. Ein ethnologischer Blick auf Facebook. Aus dem Englischen von Frank Jakubzik. Berlin 2015, Seite 160f.; **44** Einfach klein sein (Liedtext). Text: Lukas Nimscheck/ Markus Pauli/ Florian Sump. © Edition Aplus Publishing bei Hanseatic Musikverlag GmbH & Co. KG, Hamburg / Wintrup Musikverlag Walter Holzbaur, Detmold; **45** John Locke, Gedanken über Erziehung, übers. v. Heinz Wohlers. Stuttgart: Reclam 2007; **45** Boris Becker, in: DER SPIEGEL, Nr. 38/1986; **45** Paula Modersohn-Becker, Briefe (an die Schwester, 12. August 1906); **45** Dieter Bohlen, in: Stern Nr. 41/2008 vom 2. Oktober 2008, S. 166; **45** Arthur Schopenhauer, Die Welt als Wille und Vorstellung, 1819; **45** Bernhard Bueb, in: ders.: Lob der Disziplin: Eine Streitschrift, List Verlag 2006, S. 47; **45** Joachim Krol, in: Frankfurter Allgemeine Zeitung Nr. 98/2008 vom 26./27. April 2008, S. C3; **51** aus: Bernhard Heinzlmaier, Jugend unter Druck, Wien 2007, S. 8, unter: https://www.jugendkultur.at/wp-content/uploads/Leistungsdruck-Report_2007_jugendkultur.at_.pdf; **52** Stark (Liedtext). Text: Annette Humpe. © Ambulanz Musikverlag – Annette Humpe/ Aquarium Edition; **54** Gute Nachricht Bibel. Altes und Neues Testament. © 2000 Deutsche Bibelgesellschaft, Stuttgart; **54** Gute Nachricht Bibel. Altes und Neues Testament. © 2000 Deutsche Bibelgesellschaft, Stuttgart; **55** BasisBibel. Das Neue Testament © 2010 Deutsche Bibelgesellschaft, Stuttgart; **57** BasisBibel. Das Neue Testament © 2010 Deutsche Bibelgesellschaft, Stuttgart; **58** BasisBibel. Das Neue Testament © 2010 Deutsche Bibelgesellschaft, Stuttgart; **60** BasisBibel. Das Neue Testament © 2010 Deutsche Bibelgesellschaft, Stuttgart; **60** In: Martin Luther. Die reformatorischen Grundschriften. Band 1. Gottes Werke und Menschenwerke. München 1983, Seite 62; **61** Aus: Rechtfertigung und Freiheit" 500 Jahre Reformation 2017, Ein Grundlagentext des Rates der Evangelischen Kirche in Deutschland (EKD), Gütersloher Verlagshaus 2014, Seite 32–34, gekürzter Auszug; **62** BasisBibel. Das Neue Testament © 2010 Deutsche Bibelgesellschaft, Stuttgart; **63** http://www.duden.de/rechtschreibung/fremd; **64** BasisBibel. Das Neue Testament © 2010 Deutsche Bibelgesellschaft, Stuttgart; **70** http://www.bibel.com/faq/offener-brief-an-dr-laura.html (massiv gekürzt); **72** Gute Nachricht Bibel. Altes und Neues Testament. © 2000 Deutsche Bibelgesellschaft, Stuttgart; **73** aus: Babylonischer Talmud, Traktat „Schabbath" 31a (zitiert nach: Kommentar zum Neuen Testament aus Talmud und Midrasch, von Hermann L. Strack und Paul Billerbeck. Erster Band. Das Evangelium nach Matthäus, C. H. Beck,

München 8. Auflage 1982, S. 357; sprachlich angepasst); **74** BasisBibel. Das Neue Testament © 2010 Deutsche Bibelgesellschaft, Stuttgart; **74** aus: Tacitus Hist. IV, 81, in: Jaeger, Wolfgang: Die Heilung des Blinden in der Kunst. 2. Aufl. Sigmaringen 1976. S. 9f. Thorbecke; **76** BasisBibel. Das Neue Testament © 2010 Deutsche Bibelgesellschaft, Stuttgart; **77** aus: Luise Rinser; Mirjam, S. Fischer Verlag GmbH, Frankfurt am Main 1983, S. 124–125, Rechtschreibung angepasst; **78** Gute Nachricht Bibel. Altes und Neues Testament. © 2000 Deutsche Bibelgesellschaft, Stuttgart; **79** Gute Nachricht Bibel. Altes und Neues Testament. © 2000 Deutsche Bibelgesellschaft, Stuttgart; **80** Auszüge aus: Jan von Flocken: Wie Martin Luthers Bibel unsere Sprache prägt, 25.01.2008, Welt-online (http://www.welt.de/kultur/history/article1590611/Wie_Martin_Luthers_Bibel_unsere_Sprache_praegt.html); **81** Die Bibel. nach Martin Luthers Übersetzung. Lutherbibel. revidiert 2017. Deutsche Bibelgesellschaft Stuttgart. S. 303; **82** in: Der Koran. Erschlossen und kommentiert von Adel Theodor Khoury. Düsseldorf: Patmos Verlag 2005, Seite 28–29; **83** Annette M. Boeckler, Mit anderen Worten, in: Zukunft 12. Jg. Nr. 9/ 28.09.2012, unter: http://www.zentralratdjuden.de/de/article/3829.mit-anderen-worten.html, 14.11.2016; **84** aus: Kompendium feministische Bibelauslegung, hg. von Luise Schottroff und Marie-Theres Wacker, Gütersloher Verlagshaus 3. Auflage 2007, gekürzt; **84** BasisBibel. Das Neue Testament © 2010 Deutsche Bibelgesellschaft, Stuttgart; **84** aus: Der Koran. Übersetzung von Adel Theodor Khoury unter Mitwirkung von Muhammad Salim Abdullah, Gütersloher Verlagshaus 2001; **85** A. F. in einem Leserinnenbrief an „Huda. Netzwerk für muslimische Frauen e. V.", aus: http://www.huda.de/frauenthemen/sure_4_34.html; **85** aus: Muhammad Salim Abdullah, Islam für das Gespräch mit Christen, Gütersloher Verlagshaus 2. Auflage 1995, S. 109.; **92** BasisBibel. Das Neue Testament © 2010 Deutsche Bibelgesellschaft, Stuttgart; **94** hhttps://jesusfreaks.de/jesus-freaks/, leicht verändert und gekürzt; **96** Martin Luther, Aufbruch zur Reformation, in: Karin Bornkamm und Gerhard Ebeling, Martin Luther. Ausgewählte Schriften, Bd. 1, Frankfurt a.M., 1982, S. 155–157; **99** aus: Martin Luther, Ausgewählte Schriften, Bd. 1, hg. von Karin Bornkamp und Gerhard Ebeling, Frankfurt/M. 1982, S. 22–24, verändert. Insel Verlag; **100** aus: Martin Luther, Ausgewählte Schriften, Bd. 1, hg. von Karin Bornkamp und Gerhard Ebeling, Frankfurt/M. 1982, S. 22–24, verändert. Insel Verlag; **100** BasisBibel. Das Neue Testament © 2010 Deutsche Bibelgesellschaft, Stuttgart; **102** Anne Kampf, Aktion Segensflieger: Ein Churchmob im Social Web, v. 18.10.2011, unter: http://www.evangelisch.de/inhalte/106584/18-10-2011/aktion-segensflieger-ein-churchmob-im-social-web; **103** Mt 6,5–14, gekürzt, in: Die Volxbibel. Neues Testament, übers. v. Martin Dreyer, Pattloch 2009; **104** aus: Andreas Steidel: Auf Luthers Spuren. Orte der Reformation in Baden und Württemberg. Stuttgart 2016, Seite 40–43; **110** aus: Gerd Theißen: Die Religion der ersten Christen, Gütersloher Verlagshaus, Gütersloh 2. Auflage 2001, S. 397; **110** aus: Rudolf Bultmann: Neues Testament und Mythologie. Das Problem der Entmythologisierung der neutestamentlichen Verkündigung. Nachdruck der 1941 erschienenen Fassung, hg. v. E. Jüngel, München 1985 (BEvTh 96), S. 16. Kaiser Verlag; **110** Glauben Sie an ein Wunder? Die meisten Deutschen sagen Ja, v. 20.09.2006, aus: http://www.n-tv.de/panorama/Die-meisten-Deutschen-sagen-Ja-article335012.html, leicht verändert; **110** aus: Stephan Sigg: Gleichnisse und Wunderberichte aus der Bibel, Auer 2010, S. 8; **112** BasisBibel. Das Neue Testament © 2010 Deutsche Bibelgesellschaft, Stuttgart; **114** aus: Jürgen Ziemer: Seelsorgelehre, Göttingen 2004, S. 342, gekürzt. UTB; **116** Wolfgang Huber: Recht auf den eigenen Lebensentwurf, aus: Bericht des Rates der EKD (4. Tagung der 70. Synode der EKD, Berlin, 6. bis 7. November 2005), http://www.ekd.de/synode2005/synode2005_ratsbericht_a_3.html; **117** Gute Nachricht Bibel. Altes und Neues Testament. © 2000 Deutsche Bibelgesellschaft, Stuttgart; **118** aus: Theißen, Gerd: Der Schatten des Galiläers, Gütersloh 2004. Gütersloher Verlagshaus; **119** BasisBibel. Das Neue Testament © 2010 Deutsche Bibelgesellschaft, Stuttgart; **120** aus: Gerd Laudert-Ruhm: Jesus von Nazareth. Das gesicherte Basiswissen. Kreuz Verlag Stuttgart/Zürich 2002, S. 117; **121** aus: Duden. Die deutsche Rechtschreibung, Bibliographisches Institut & F. A. Brockhaus AG, Mannheim 2006, 24. Auflage, S. 447; **122** Heinz-Horst Deichmann im Gespräch: Auszüge aus einem Interview mit Hanno Gerwin, http://www.gerwin.de/; **123** aus: Anthony de Mello: Gib deiner Seele Zeit. Inspirationen für jeden Tag. übers. v. Anton Lichtenauer, Herder Spektrum, Band 5659, Freiburg u. a. 2005, S. 61; **124** ZDF/Svea Pietschmann, http://www.fernsehserien.de/index.php?serie=14827&seite=12, v. 5.10.2009; **124** Wunder gescheh'n. Text: Nena Kerner. © EMI Songs Musikverlag GmbH, Berlin; **125** Bruce Allmächtig. Steve Oedekerk, Mark O'Keefe, Steve Koren. Touchstone. Übersetzt von Sven Hasper. 2003; **132** aus: Harry Behr/ Raosel Rabeya Müller, Saphir 5/6, S. 114/115. München: Kösel 2008, gekürzt und leicht verändert; **135** nach: Kaddor/Müller/Schlamminger: Der Koran für Kinder und Erwachsene, Beck 2010; **136** Michael Ashelm, Mesut Özil betet. v. 11.06.2010, unter: http://www.faz.net/artikel/C30644/fussball-nationalmannschaft-mehr-leistung-durch-vielfalt-30250843.html, leicht geändert; **137** Udo Kelch, aus: Tworuschka, Monika/Udo – Vorlesebuch Fremde Religionen; Judentum/Islam, S. 338/339, gekürzt und leicht verändert. Kaufmann Verlag; **138** WDR.de: Jedes Jahr 30 Tage lang fasten – haltet ihr das immer durch?: http://www1.wdr.de/themen/kultur/ramadan100.html, stark gekürzt; **139** aus: Mohagheghi/Steinwede: Was der Koran uns sagt. S. 107/108. Bayerischer Schulbuchverlag 2010; **140** Rabbiner Yitzhak Ehrenberg, unter: http://www.juedischeslebenberlin.org/judisches-leben/koscher-essen/, 16.11.2016; **142** aus: Der Koran. Übersetzung von Adel Khoury unter Mitwirkung von Muhammad Salim Abdullah, Gütersloher Verlagshaus. Gütersloh 2. Auflage 1992.; **143** Mein Kopf gehört mir (Kübra Gümüsay, geb. Yücel): www.taz.de/Kolumne-Das-Tuch/!51080, Kolumne vom 14.04.2010, gekürzt und leicht vereinfacht; **144** Aus: Michael Landgraf: Salam Mirjam. Eine Begegnung mit dem Islam. Wiesbaden 2008, Seite 194–196; **150** step21 – Initiative für Toleranz und Verantwortung, Jugend fordert! c/o Deutscher Fördererkreis der Universität Haifa, unter: http://www.step21.de/Wettbewerbs-Infos.511.0.html, gekürzt; **152** aus: Rolf-Bernhard Essig: Wann ist ein Held ein Held?, Carl Hanser Verlag, München 2010, S. 113–125, verändert und gekürzt; **154** Albert Schweitzer: Die Ehrfurcht vor dem Leben. Grundtexte aus fünf Jahrzehnten. Hrsg. v. Hans Walter Bähr. München 2008, Seite 13 f. und 20.; **155** Albert Schweitzer: Die Ehrfurcht vor dem Leben. Grundtexte aus fünf Jahrzehnten. Hrsg. v. Hans Walter Bähr. München 92008, Seite 13f und 20.; **156** Ausschnitte aus dem Beitrag von Christina-Maria Bammel im Deutschlandradio Kultur am 11.4.2010; http://www.deutschlandradiokultur.de/der-ewig-zweite.1124.de.html?dram:article_id=176996, 2.1.2017; **158** Beatrix Gramlich, Das Taizé des Orients, unter: https://www.kontinente.org/de/mar_musa_das_taizé_des_orients.html; **159** Papst Franziskus: Evangelii gaudium, unter: http://w2.vatican.va/content/francesco/de/apost_exhortations/documents/papa-francesco_esortazione-ap_20131124_evangelii-gaudium.html; **161** Elke Worg, http://www.diakonie.de/geschichten-zum-freiwilligen-engagement-in-der-diakonie-7607-elas-suchtselbsthilfe-7569.htm, v. 05.01.2011, gekürzt und leicht verändert; **162** http://www.diakonie.de/Diakonie_U-Material_DiakonieSein_SekI.pdf, gekürzt; **162** http://www.diakonie.de/wir-orientieren-unser-handeln-an-der-bibel-1353.htm; **166** Zitate (marginal gekürzt) von http://www.utopia.de/utopia und http://www.utopia.de/utopia/award-2011

Die **Bibelstellen des Alten Testaments (Ausnahme Psalmen) wurden nach der Gute Nachricht Bibel wiedergegeben**. © Deutsche Bibelgesellschaft, Stuttgart
Die **Psalmen wurden nach der Lutherbibel (revidierte Fassung von 1984) wiedergegeben**. © Deutsche Bibelgesellschaft, Stuttgart
Die **Bibelstellen des Neuen Testaments wurden nach der BasisBibel wiedergegeben**. BasisBibel. Neues Testament und Psalmen, © 2012 Deutsche Bibelgesellschaft, Stuttgart

Liedquellenverzeichnis

97 Ein Schiff, das sich Gemeinde nennt. Text + Melodie: Martin Gotthard Schneider. © Gustav Bosse Verlag, Kassel; **119** Alle Knospen springen auf. Text: Wilhelm Willms. Melodie: Ludger Edelkötter. © KiMu Kinder Musik Verlag GmbH, 64285 Darmstadt

Bildquellenverzeichnis

Umschlag Getty Images (Tim Roberts), München; **4.1** Steiger, Ivan, München; **4.2** shutterstock (Sunny studio), New York, NY; **5.1** Steiger, Ivan, München; **5.2** Evangelische Kirche von Westfalen, Bielefeld; **5.3** Hirtreiter, Wolfgang, Gröbenzell; **6.1** Fotolia.com (Jasmin Merdan), New York; **6.2** Imago, Berlin; **10** Markert, Jürgen, Duisburg; **12** Felix Göhrmann – Flix, Berlin; **13** REX/Shutterstock (villorejo); **15** shutterstock (Irina Adamovich), New York, NY; **17** shutterstock (Mirro), New York, NY; **22.1** Fotolia.com (Felix Mizioznikov), New York; **22.2** Fotolia.com (farbkombinat), New York; **22.3** Fotolia.com (xalanx), New York; **23.1** Fotolia.com (creative studio), New York; **23.2** Fotolia.com (anoli), New York; **24** shutterstock (Cherries), New York, NY; **26** Deutscher Evangelischer Kirchentag e.V., Berlin; **28** Steiger, Ivan, München; **30** shutterstock (visi.stock), New York, NY; **31** Friedemann, Claudia, Chemnitz; **32** akg-images, Berlin; **34** Emil Nolde, Verlorenes Paradies (1921), Ölfarben auf grober Leinwand (Sackleinen), 106,5 x 157 cm, © Nolde Stiftung Seebüll; **35.1** shutterstock (RimDream), New York, NY; **35.2** Fotolia.com (pickks), New York; **37** Billy Elliot – I will dance, R: Stephen Daldry, BR / FR 2000 © Picture-Alliance (Mary Evans Picture Library), Frankfurt; **38** Fotolia.com (FRAN), New York; **39** Marcus Haffner, CC-BY-4.0, siehe *1; **40** Quelle: Bundesministerium des Innern; **41** shutterstock (Digital Storm), New York, NY; **42.1** https://twitter.com; **42.2; 42.7; 42.8; 42.9** Logo, Stuttgart; **42.3** https://de-de.facebook.com/; **42.4** Fotolia.com (Ivan Kopylov), New York; **42.5** https://www.snapchat.com/l/de-de/; **42.6** Google Inc.; **43** photo by Dusty Albanese, artwork by Morley; **46** closeup.de, Ostfildern; **48** shutterstock (Sunny studio), New York, NY; **51** tfactory, Hamburg / TIMESCOUT Welle 12 (2007): rep. für 11- bis 39-jährige Trendsetter und Early Adopters, n=1200, Sonderauswertung 11–29 Jahre www.jugendkultur.at/Leistungsdruck%20Report_2007_jugendkultur.at.pdf, S. 7; **53.1** Fotolia.com (shootingankauf), New York; **53.2** Fotolia.com (Amir Kaljikovic), New York; **55** Fotolia.com (Mike Kiev), New York; **56** akg-images (Pirozzi), Berlin; **58** Yahoo! Deutschland GmbH (fishy.schattenspiel). Mit freundlicher Genehmigung von IKEA Deutschland. CC-BY-4.0, siehe *1; **59** Klett-Archiv-RM-HF (Joachim Jeska), Stuttgart; **60** Mit freundlicher Genehmigung der katholischen Kirche Duderstadt / www.kirche-duderstadt.de / Martin Grosche; **61** shutterstock (freesoulproduction), New York, NY; **62** George Shuklin, CC-BY-4.0, siehe *1; **64** Sieger Köder, Der verlorene Sohn © Sieger Köder-Stiftung Kunst und Bibel, Ellwangen; **66** laif (Arie Kievit / Hollandse Hoogte), Köln; **67** Steiger, Ivan, München; **71** Fotolia.com (York), New York; **75** Deutsches Apotheken-Museum, Heidelberg; **76** Germanisches Nationalmuseum, Nürnberg; **78** akg-images, Berlin; **80** akg-images (Bildarchiv Monheim), Berlin; **82** gemeinfrei (PD / Ras67); **83** iStockphoto (orrza), Calgary, Alberta; **86.1** Wikimedia Deutschland (Library of Congress / Mathew Brady / PD), Berlin; **86.2** Schlatter, Gerhard, Zülpich – Enzen; **86.3** Fotolia.com (tauav), New York; **86.4** PIXTAL, New York NY; **88** Evangelische Kirche von Westfalen, Bielefeld; **91** evlk Evangelisch-lutherische Landeskirche (Ulrich Ahrensmeier), Hannover © Hermann Buß; **93** Genehmigung: STIFTUNG WILLY FRIES CH-9630 WATTWIL; **94** Picture-Alliance (dpa), Frankfurt; **98** Ullstein Bild GmbH (AISA), Berlin; **100.1** Steiger, Ivan, München; **100.2** Steiger, Ivan, München; **101** Steiger, Ivan, München; **102.1** Interfoto (Sammlung Rauch), München; **102.2** Dietrich, Bernhard, Marburg; **103** Volxbibel Verlag, Bodenborn; **106** Klett-Archiv-RM-HF (Dennis Kramer), Stuttgart; **108** Hirtreiter, Wolfgang, Gröbenzell; **110** Fotolia.com (Elenathewise), New York; **111.1** www.radioplay-project.com / Julia Nestler, Unterpremstätten; **111.3**

1. Auflage   1 ⁶ ⁵ ⁴ ³ ² | 26 25 24 23 22

Alle Drucke dieser Auflage sind unverändert und können im Unterricht nebeneinander verwendet werden.
Die letzte Zahl bezeichnet das Jahr des Druckes.

Autoren: Carmen Große, Matthias Janke
Unter Mitwirkung von: Martina Hoffmeister, Dr. Bärbel Husmann, Dr. Joachim Jeska, Dennis Kramer, Christhard Löber, Annette Maschmeier, Rainer Merkel, Kirsten Rabe, Detlev Schneider, Martina Sewerin, Rebekka Tannen
Berater: Gebhard Böhm

Entstanden in Zusammenarbeit mit dem Projektteam des Verlages.

Gestaltung: AAA, Frank Wildermuth
Titelbild: Getty Images (Tim Roberts), München
Illustrationen: Klaus Bauer, Steffen Jähde, Jaroslaw Schwarzstein
Satz: Fotosatz H. Buck, Kumhausen
Reproduktion: Meyle + Müller, Medien-Management, Pforzheim
Druck: Industriedruck Brandenburg GmbH, Wustermark

Printed in Germany
ISBN 978-3-12-007068-9